本书受上海市促进文化创意产业发展财政扶持资金和
上海工程技术大学出版基金资助

长三角文化创意产业融合发展研究

曹如中 胡 斌 著

管理
MANAGEMENT

Research on the Integrative Development of Cultural and
Creative Industries in the Yangtze River Delta

上海交通大学出版社
SHANGHAI JIAO TONG UNIVERSITY PRESS

内容提要

　　本书从当前科技、文化、经济等相互融合的时代背景出发,结合创新驱动经济增长和长三角一体化发展的国家战略,运用理论研究、深度访谈、问卷调查、质性研究、统计分析等定性和定量的方法,从跨产业与跨区域两个视角,提出长三角文化创意产业跨界融合与协同发展的理念与政策建议,拟为长三角区域一体化发展提供决策参考。本书具有鲜明的时代特色,在内容上按照理论探讨、现状分析、实证评价和政策建议的逻辑框架层层推进,可以作为高等院校、产业园区和政府决策部门参考用书。

图书在版编目(CIP)数据

　　长三角文化创意产业融合发展研究 / 曹如中,胡斌著.
—上海:上海交通大学出版社,2020
　　ISBN 978-7-313-23109-3

　　Ⅰ.①长… Ⅱ.①曹…②胡… Ⅲ.①长江三角洲-文化产业-产业发展-研究 Ⅳ.①G127.5

　　中国版本图书馆 CIP 数据核字(2020)第 049225 号

长三角文化创意产业融合发展研究
CHANGSANJIAO WENHUA CHUANGYI CHANYE RONGHE FAZHAN YANJIU

著　　者:曹如中　胡　斌
出版发行:上海交通大学出版社　　　　地　　址:上海市番禺路 951 号
邮政编码:200030　　　　　　　　　　电　　话:021-64071208
印　　刷:上海天地海设计印刷有限公司　经　　销:全国新华书店
开　　本:710mm×1000mm　1/16　　　印　　张:16.5
字　　数:283 千字
版　　次:2020 年 5 月第 1 版　　　　　印　　次:2020 年 5 月第 1 次印刷
书　　号:ISBN 978-7-313-23109-3
定　　价:78.00 元

前　言

Preface

　　研究表明,跨界融合与协同发展成为新时代区域经济发展新趋势和产业发展新常态,许多国家和地区纷纷从政府和市场两个方面,加快推进产业之间的跨界融合和区域之间的协同发展。本书从当前长三角一体化发展的国家战略出发,提出文化创意产业跨区域和跨产业融合发展的理念,旨在为长三角一体化国家战略的推进提供决策参考。本书在结构上遵循理论研究、现状分析、实证评价和政策设计的逻辑思路而展开,做到既有充分的理论支撑,又结合长三角发展的实际,还运用统计分析工具与方法展开实证评价,并提出相应的政策建议,以做到理论与实践相结合。

　　在理论研究方面,本书基于文本分析的基础上分析了文化创意产业融合发展的理论内涵与功能作用,在基于价值实现的基础上分析了文化创意产业融合发展的效应与作用机理,在基于创意扩散的基础上探讨了文化创意产业融合发展的过程模式和选择模式,以此厘清理论界对文化创意产业融合发展的逻辑认知。在现状分析上,本书通过深度访谈和实地调研,全面梳理了长三角文化创意产业融合发展的现状与问题,探讨了长三角文化创意产业融合发展过程中所面临的诸多挑战,并分析了具体的原因。在实证分析方面,本书运用文献归纳法构建了长三角文化创意产业融合发展评价的指标体系,运用熵权法对评价指标权重进行赋值,并构建综合评价函数展开对长三角文化创意产业融合发展水平的实证评价,运用耦合度评价模型展开对长三角各省市文化创意产业融合度分析。在比较分析方面,本书选择美国、法国、德国、日本、韩国等为例,在全面分析这些国家文化创意产业融合发展的基础上,总结归纳了发达国家文化创意产业融合发展的经验与启示。国内以京津冀、长三角和珠三角为例，分析了区域文化创意产业融合发展的基本情况。在政策建议方面，本书设计了长三角文化创意产业融合发展的战略方案，提出了长三角文化创意产业协同发展的总体要求、战略定位、重点内容和具体措施。

　　本书的研究得出以下基本结论。随着长三角经济社会的发展特别是一体化战略的实施，使上海、浙江、江苏、安徽文化创意产业迎来了产业布局重组、区域分工合作、产业转型升级等发展契机。目前，合理的产业政策、多元的投资机制、有效的政府激励、富有特色的文化资源、创意萌动的创新氛围，给长三角文化创意产业注入了充足的活力。各地文化创意产业园区也为长三角文化创意产业提供了成长环境和发展载体，为区域内文化创意产业跨界融合与协同发展提供了良好的交流空间和共享平台。而长三角文化创意产业的融合发展也为区域内经济增长、文化传播、城市地位提升和品牌形象提升提供了极为有效的途径。

　　然而，在多年的发展过程中，由于长三角对区域文化创意产业融合发展缺乏统一的空间规划和结构优化，导致上海、浙江、江苏、安徽等地文化创意产业存在产业同构、定位类似、方向趋同、分工不明等问题，远未体现出长三角一体化发展过程中应有的联动与协同效应，极大地影响了区域经济的发展和产业结构的转型升级，未能发挥出文化创意产业应有的价值优势。未来长三角区域一体化发展过程中，要想避开产业发展弯路，破解产业同质化问题，必须解除条块分割式的产业管理机制，放下各自为政的利益诉求与冲动，建立统一开放的产业市场，着力推进区域内文化创意产业的跨界融合与协同发展，以免导致利益垄断下的无序竞争、资源浪费和重复建设。

　　同时，无论是理论研究还是实践经验都表明，文化创意产业特有的集聚性质和高融合性特点都注定长三角文化创意产业的发展必定会倾向于在具有特定优势的城市集聚，并不是每一个具有意愿和积极性的城市都适合发展文化创意产业，或者说文化创意产业的融合功能在任何城市都能见效，必须具备一定的环境条件并按照产业发展规律才可能取得成功。因此，未来长三角各级地方政府在发展文化创意产业过程中必须根据自身所具备的区位与资源优势，遵循文化创意产业融合与渗透的内在发展规律，通过跨界融合与协同发展，寻求与区域内文化创意产业错位发展，避免目前大多数地区存在的内容不充分、主题不明确的"跑马圈地"现象，禁止一味追求园区建设速度、园区开发数量和产业规模扩张。

　　通过实地调研和深度访谈发现，当前长三角大多数文化创意产业跨界融合与协同发展的影响因素主要包括以下几个方面。一是政府条块式分割和各自为政的现象,严重影响产业市场的统一开放;二是各园区产业链不完整,资源整合能力不强,不能充分发挥产业集群的协同效应;三是产业关联性不强,产业组织之间并未通过契约与交易等方式形成良性的竞争与合作关系;四是区域内尚未形成正式或非正式的产业关联,区域内网络化的组织构架也不明显;五是区域内产业集群已初步形成,但信息共享、知识外溢和要素创新等优势并不突出。通过从跨产业和跨区域两个不同的角度,选择不同的评价指标展开实证分析发现,长三角各地文化创意产业融合发展水平和耦合程度各不相同。以 2011—2017 年为例,其中融合发展程度最好的是上海,其次为浙江、江苏和安徽。而整个长三角文化创意产业也由轻度不融合发展到濒临融合和今天的勉强融合趋势。

　　未来长三角文化创意产业跨界合作与协同发展必须做好以下几个方面的工作。一是积极转变政府职能,构建区域联动机制;二是打破区域行政壁垒,构筑一体化管理机制;三是构建区域合作交流机制,促进产业有序发展;四是完善产业价值链条,提高产业关联度;五是要培育创意阶层,营造良好的创意氛围;六是要加强知识产权保护,打造创意园区品牌。

　　本书的研究只是起一个抛砖引玉的作用,意在引起更多专家学者对长三角文化创意产业融合发展这一问题的关注。本研究成果旨在解决长三角文化创意产业发展过程中所遇到的瓶颈问题,为深化长三角一体化发展框架,促进区域经济发展和长三角各省市产业转型升级提供决策参考。

　　本书是在上海市促进文化创意产业发展财政扶持资金研究项目"长三角文化创意产业融合发展机制"的基础上形成的,同时也受到上海工程技术大学出版资金资助,成书的过程中还得到上海交通大学出版社提文静老师及许多同行的帮助,在此对上述单位以及未能提及的专家学者表示衷心感谢。同时需要说明的是,由于研究时间和精力等方面的原因,本书难免存在许多不足之处,特别是研究结论的科学性以及政策建议的合理性仍有待进一步的实践检验,特在此恳请相关专家学者不吝批评指正。

目　录

Contents

第 1 章

绪　论

自 20 世纪末期以来,文化创意产业作为一种全新的产业业态,在全球范围内迅猛发展。由于文化创意产业是文化、创意与高科技等多元素融合诞生的产物,不仅具有传统产业的属性,而且具有附加价值高、科技含量大、产业渗透性强等特点。因此,世界各国纷纷出台相应的产业政策加以扶持。时到今日,文化创意产业成为促进区域经济振兴和产业转型发展的战略性新兴产业,被许多国家视为推进国民经济增长的支柱产业。我国也于新世纪初逐步重视文化创意产业发展,文化创意产业的示范和带动效应十分明显,目前文化创意产业在全国形成燎原之势,产业增加值正在稳步攀升。而文化创意产业发展的实践也引起了理论界的极大关注,许多研究者从不同的角度对文化创意产业展开了理论研究与实证分析。本章通过全面分析国际国内文化创意产业发展现状,提出研究的背景和意义,为后续研究奠定理论基础。

1.1　研究的背景

20 世纪末期,英国作为曾经最为发达的老牌资本主义国家在历经半个多世纪的兴盛以后,逐步被美国以及欧洲其他国家超越,开始出现经济上的严重衰退以及失业等社会问题。为了寻求经济复兴之路,英国经过多年探索,企图通过产业结构的转型升级来寻求新的经济增长点,率先在全球范围内提出发展文化创意产业的口号,英国文化创意产业的发展及其成功为其他国家刺激经济和促进发展提供了示范和经验,最终导致文化创意产业在全球范围内的兴起。目前,文化创意产业每天给全球带来的经济价值不少于 220 亿美元,并且以年均 5% 的速度进行递增。在西方发达的工业国家,文化创意产业的增长速度更快,如美国高达 14％，英国则约为 12％左右（全球文化创意产业所占 GDP 比例和就业比例如图 1‑1 所示）。据"文化时代——第一张文化与创意产业全球地图（Cultural Times — The First Global Map of Cultural and Creative Industries)"的报告显示，全球文化创意产业 2016 年的全球产值达到 2.25 万亿美元，超过了电信服务行业（全球产值为 1.57 万亿美元）和印度的 GDP（约 1.9 万亿美元）。截至目前，文化创意产业已成为英、美、日等发达国家的支柱产业。

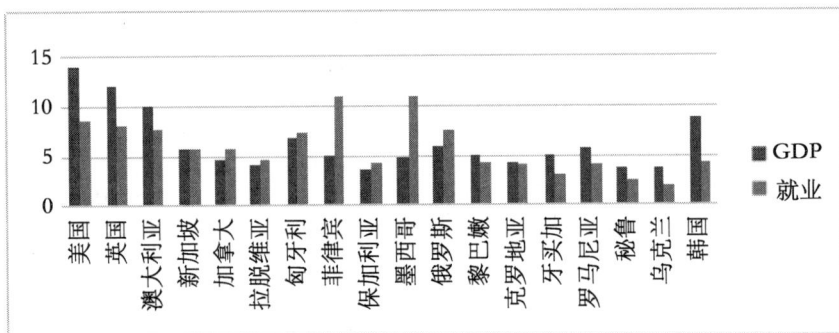

图 1‑1　全球主要国家文化创意产业的 GDP 占比及就业贡献率

　　研究表明，随着高科技的发展，进入到全新的 21 世纪以后，文化创意产业已经成为促进国民经济发展的战略性支柱产业，许多西方发达的工业国家和后发优势明显的亚太国家和地区，也都同时将文化创意产业看成是提升国民经济增长的切入点，并且提升到国家发展的战略高度。文化创意产业作为一种科技含量高、附加价值大、产业创造力强的新兴产业类型，不仅能够通过融合、渗透等方式提升传统产业的科技含量和附加价值，而且能够调整优化产业结构，培育新的产业品牌，提高产品知名度，给区域经济发展注入强大的活力。文化创意产业借助高科技手段，通过赋予传统产业创意元素和文化内涵等全新的动力因子，促进传统的资源耗费型、增长粗放型、投资驱动型经济增长方式向知识密集型、科技附加型、文化内涵型的现代经济发展方式转型。作为一种全新的产业形态，文化创意产业是具有独特产业价值取向、较高关联和带动效应、成长方式快速的新兴产业。在当前我国经济社会转型发展的关键时期，大力促进文化创意产业融合发展无论是对产业结构转型升级还是国民经济持续增长，都具有极其重要的现实意义。

　　我国文化创意产业发展起步较晚，随着我国对文化管理体制的深化改革，社会主义市场经济体制背景下的文化市场不断扩大,各种产业主体迅速增加,不仅人们对精神文化的需求越来越强烈,经济社会对文化领域的投入也越来越大,国家和地区也纷纷出台各种产业政策加以扶持,使文化创意产业步入迅猛发展时期,文化创意产业在国民经济中所占的比例逐步增加。据中国统计年鉴数据显示,早在 2016 年我国文化及相关产业增加值已达 30 185 亿元。到目前为止,我国各级地方政府已经有了共同的认知,文化创意产业作为一种战略性新兴产业,不仅能够通过跨界融合促进产业结构的优化调整升级,而且可以通过协同发展促进区域经济社会和谐发展,在保障民生、满足精神文化需求、吸纳就业等方面有着其他产业部门无法比拟的诸多优势。

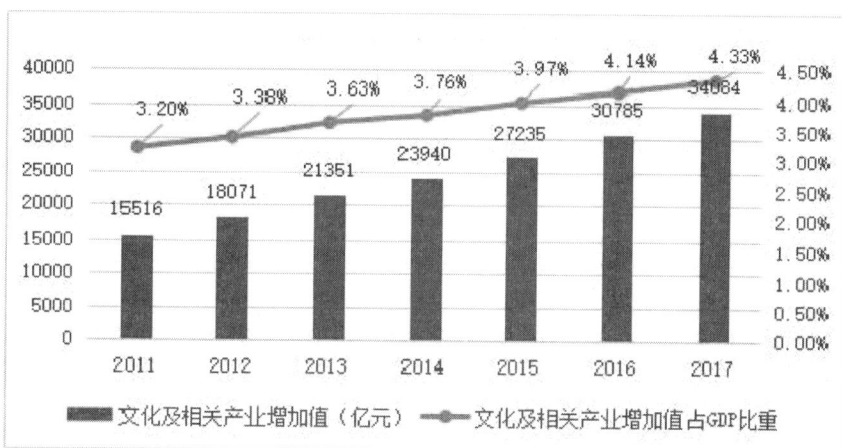

图 1-2　2011—2017 年我国文化及相关产业增加值的增长情况

　　鉴于文化创意产业强大的融合渗透功能,目前我国许多地区都把文化创意产业作为推动经济转型升级和社会发展进步的重要抓手。从全国三十多个省市地区的"十三五发展规划"中不难看出,借助高科技发展手段,通过促成区域内文化创意产业跨界融合与协同发展,形成"互联网＋创意＋文化＋"等全新的产业形态,已然成为区域经济发展的既定思路。到目前为止,全国已初步形成六大文化创意产业聚集区(如表 1-1 所示)。文化创意产业作为促进国民经济增长的一种新生力量,不断为区域经济发展注入新的活力。从东部发达省份到中、西部发展省份,在红红火火的文博会、文交会、艺博会、创博会、创意设计周、时尚服装周、创意展会等活动及其配套的创意消费活动中,越来越多的文化内涵和创意元素被有效地融入传统产业中,不少相关博览会也开始成为地方文化旅游节庆活动的重要组成部分,文化创意产业的融合与带动作用在经济效益和社会效益中得到明显体现。

表 1−1 当前我国六大文化创意产业集聚区

集聚区名称	核心城市	其他代表城市
京津冀文化创意产业集聚区	北京	天津、石家庄
长三角文化创意产业集聚区	上海	南京、苏州、杭州
珠三角文化创意产业集聚区	广州、深圳	珠海、佛山、东莞
滇海文化创意产业集聚区	昆明	丽江、三亚
川陕文化创意产业集聚区	重庆	西安、成都
中部文化创意产业集聚区	长沙	武汉

1.2　问题的提出

理论研究表明,随着区域经济一体化进程的加速和城镇化建设步伐的推进,文化创意产业明显表现出在相对集中的区域集聚化发展的趋势。文化创意产业在特定空间的跨界集聚程度,也成为衡量区域经济是否发达的重要标志之一。文化创意产业向特定区域集聚的现象也引起了国内外众多研究者的极大关注,到目前为止,理论界取得的相关研究成果颇多。国外以 Caves、Howkins、Florida 等为代表的早期学者对文化创意产业展开了深入研究,稍后的学者阿伦·斯科特从理论上研究了文化创意产业在地理上的聚合现象。而贝叶斯利实证研究的结果也表明,基于区域集聚的文化创意产业是 OECD 国家经济新的增长点。国内众多的研究也表明,城市是文化创意产业集聚的理想场所,城市具备文化创意产业发展的所有基础要素,文化创意产业适宜在城市特定区域集聚式发展,集聚化发展也有利于文化创意产业范围经济的形成和规模经济的发挥。因此,如何加强文化创意产业向特定区域进行地理集聚,促进文化创意产业实现跨区域、跨产业的融合发展,也成为国内理论研究全新的动向。目前,围绕如何促进文化创意产业的跨界合作与协同发展正逐步引起研究者的关注,并取得了初步的研究成果。如大多数研究都注意到,由于产业集聚区在建立健全产业链、集中优势发展重点行业、激活文化创新、推进文化进步方面具有明确优势。因此,产业集聚区在促进文化创意产业融合发展中具有重要作用,产业集聚区是促进城市文化创意产业要素集聚的重要载体。但这些研究较多地停留在产业发展这一角度来考虑,缺乏从更为宏观的空间和地理视角的考量,从而导致文化创意产业在发展中呈现出区域分割和散乱发展状态。正是由于理论研究缺乏对区域文化创意产业整体和系统的研究,致使社会力量未能对文化创意产业跨界合作与协同发展倾注足够的关注,也无法使文化创意产业获得更大的发展空间。

结合长三角文化创意产业发展的现状来看,作为我国经济发展先行区,长三角随着区域一体化融合发展,面临着提高自主创新能力、缓解资源环境约束、着力推进改革攻坚等方面的繁重任务,整个产业体系正处于转型升级的关键时期。而文化创意产业因为其融合和带动作用,越来越被政府所重视。有数据显示,近年来,长三角文化创意产业跨界融合与协同发展的层次结构不断深入,数字、媒体、出版、娱乐、会展等在高科技的催化和互联网的作用下释放出前所未有的发展活力,文化创意产业正成为引领其他产业发展的先导力量(工业化进程中产业演进的一般模式如图 1-3 所示)。

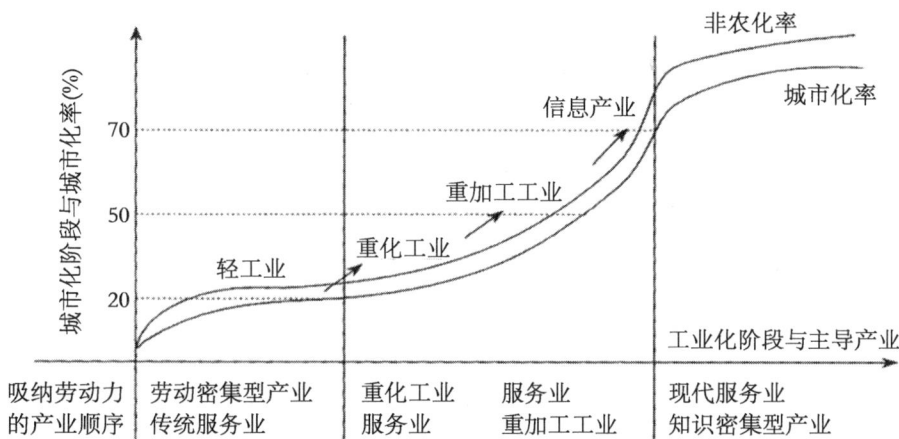

图 1-3　工业化进程中产业演进的一般模式

同时,随着长三角一体化国家战略的实施,长三角文化创意产业迎来了产业布局重组、区域分工、产业转移等重大战略实施的良机。根据 2016 年国务院批复的《长江三角洲地区区域规划》明确要求,上海着重发展服务全国和面向国际的金融、航运、贸易等产业,浙江以杭州为中心重点发展文化创意、旅游休闲、电子商务等产业,江苏以南京为中心重点发展现代物流、科技、文化旅游等产业,安徽以合肥为中心重点发展电子信息制造、轻工纺织、新材料与新能源、食品医药、汽车与装备等产业。虽然各省市产业分工有所不同,但以上产业的推进均与文化创意产业发展密切有关。事实上,自国务院发布长三角一体化战略以来,长三角文化创意产业一直处于快速发展阶段,文化创意产业已成为引领和支撑长三角新一轮发展的支柱产业,对长三角区域经济发展的贡献率逐年提高,区域文化创意产业市场及其开放政策正显现出桥头堡作用。可以预言,文化创意产业融合发展成为长三角促进区域产业转型升级和国民经济可持续增长的必然选择。

然而,在肯定成绩的同时也要看到,长三角文化创意产业发展方向趋同,重复建设和同业竞争现象严重,普遍存在"小、弱、散"的现象,区域联动与合作效应远未体现,严重影响了区域文化创意产业整体竞争力的有效形成。究其原因主要在于,长三角区域、城市、城乡之间存在较大的差异,再加上各种各样的地方规范和制度约束了文化创意产业要素的合理流动,使长三角文化创意产业整体上仍然处在"错乱生成"或"混合成长"的转型阶段。因而通过跨界融合与协同发展,促成长三角调整现有产业政策、构筑区域合作机制、强化产业链条建设、推进区域内文化创意产业跨界合作,将成为提升长三角文化创意产业发展的有力突破口。

1.3　国内外文献综述

1) 有关产业跨界融合的研究综述

研究表明,融合发展是促进产业集聚化和促成产业资源优化配置的重要内容,体现的是"在竞争中合作,在合作中竞争"的现代竞合关系。因此,产业跨界与融合发展一直是理论界关注的焦点问题。这种思想在西方发达国家一直受到重视,并且早已成为一种推动产业发展的重要手段。围绕产业融合发展的概念、模式以及机理等问题,国内外学者展开了一系列深入研究。如早期的美国学者卢森伯格(Rosenberg)首次从技术角度提出产业融合的概念。此后,英国学者塞海尔(Sahal)、意大利学者多西(Dosi)等从不同的角度对产业融合进行了诠释。随后,美国学者乔尔·科特金则契合时代发展背景对产业的融合发展理念进行了合理的解释:"产业已不再局限于单一领域的发展,而是呈现出交融和汇合的现象,产业固有的边界被打破,并且横跨不同行业,实现了'跨界域'的融合重组。"1998年哈佛商学院教授迈克尔·波特发表《集群与新竞争经济学》一文,作者从产业集群的角度,系统地提出特定产业中互有联系的公司或机构在特定位置集聚的思想,逐步形成了新竞争经济学中的产业集群理论。根据波特的理解,产业集群包括具有上、中、下游关系的众多产业组织或关联机构,无论是原料供应商、竞争者、合作者、顾客等,他们对于整个产业的发展都十分重要。产业集聚化发展通常会促成相关产业价值链的完善,除了中间的生产制造等环节,产业链向下延伸到下游的营销与服务,向上也会延伸到研发设计等环节。而关联的政府机构、高等院校、科研院所及中介组织也会为产业发展提供必要的支持。日本学者植草益从技术角度分析认为,产业的融合通过技术革新和放宽限制,提高了劳动生产率和产业竞争力。如美国学者 Greenstei 和 Khanna 从产业边界角度分析认为,产业融合促成了产业边界的收缩或消失,降低了行业之间的壁垒,促进了不同行业之间的合作。我国学者厉无畏则认为,产业融合既可以促成不同生产要素和资源在不同产业之间相互渗透,也可以促成同一行业内不同产业的交叉融合,并逐步形成新的产业业态。更多的研究表明,产业融合是在全球经济一体化和高新技术不断涌现的大背景下,不同行业产业之间通过跨界,逐步实现不同要素、资源和价值的渗透,而迅速发展起来的一种产业组织形式。从本质上来分析,产业融合实质上是借助于现代高科技手段,通过发达的工业制造工艺,推动不同资源要素和不同产业的融合发展,其结果既可以是促进传统产业的转型升级,也可以是新兴产业的出现,最终实现经济增长和价值增值。因此,跨界融合与协同发展是转变经济发展方式的需要,是未来产业发展的必然趋势,是促进国民经济发展的主要形式,已经成为当今国际产业发展的必然趋势。

2) 有关文化创意产业集聚化发展的研究综述

随着文化创意产业的兴起,世界各地纷纷通过集聚区建设迅速推动产业的融合发展和新兴产业的形成。而文化创意产业由于具有的开放和闭合特征,能够在产业内部构成立体的多重交织的链环,由此成为推动产业动态关联和跨界融合,并重新形成新兴产业和综合效应的重要举措。文化创意产业与关联产业的融合可以带动产业链条上的每个微观经济活动主体,每一次融合都意味着产业价值链条的延伸或完善,并由此带来新的市场机遇和新产品的出现。特别是自 20 世纪 90 年代后,随着信息技术的发展,文化创意产业作为一种产业业态出现并且成为引领全球产业发展潮流,文化创意产业向特定区域集聚化融合发展的问题引起了国内外研究者的广泛关注。到目前为止,国内外研究者主要从集聚化这一视角来深入研究文化创意产业的融合发展,并且取得了相当丰硕的成果。如贝叶斯利用 OECD 国家 1980—1996 年的数据进行了实证分析,研究结果证明文化创意产业集聚化发展是 OECD 国家在统计区间内经济增长的一个重要因素。阿伦·斯科特从地理分布上分析了文化产业具有聚合的倾向,认为文化创意产业在地理上的集聚是产业发展的一种趋向。康小明和向勇的研究则证实了文化创意产业具有明显的规模经济、范围经济特征,适宜集聚式发展。与传统产业相比,文化创意产业集聚的形态更丰富和复杂,但大多以园区形式出现。特别是对于尚处于发展初期的我国文化创意产业而言,文化创意园区是文化创意产业要素集聚的重要载体,文化创意产业园区一方面在建立健全产业链、集中优势发展重点行业、激活文化创新、推进文化进步方面有着先天的优势;另一方面,园区的建设还可以充分引起社会对文化创意产业的关注,为文化创意产业获得更大的发展空间而服务。如好莱坞被公认为世界电影产业的集聚中心,集聚了全球范围内的电影人才、科技和资金,全球电影产业的 80% 就产生于此,分析那些炙手可热的好莱坞国际巨星的国别就更能形象地说明文化创意产业集聚化发展特征。

从国内外文化创意产业发展的实践来看,文化创意产业的要素集聚有利于范围经济的形成和规模效应的发挥,不仅可以促成区域文化创意产业链的延伸,而且可以促进区域内产业要素资源的一体化融合。目前许多国家将文化创意产业视为经济增长的重要引擎,我国许多城市也十分重视文化创意产业集聚化发展。如上海市杨浦区依托所在区域的高等院校、科研院所、现有产业,在结合城市发展规划的基础上发挥区域和产业联动优势,形成各具特色的集聚化产业基地,产业融合发展的结果最终导致相关产品更好地满足了顾客需求,使市场覆盖率达到最大化。

3) 有关文化创意产业融合发展的研究综述

文化创意产业的高融合性的特点决定了它可以与很多产业融合发展产生更多新的产业。因此,20 世纪 90 年代末期,随着文化创意产业在全国各地的实践推进,国内学者通过引入国外研究成果,在参考西方研究方法的基础上,对产业融合的概念、成因等也进行了广泛研究。如李萱认为产业之间的融合有三种形式,包括新技术的渗透融合;产业之间的融合以及产业内的融合。朱欣悦、李士梅、张倩等人认为文化产业与其他产业相比则具有更高的耦合性,可以与旅游、体育、信息、物流等多个产业融合发展。文化创意产业与相关产业融合发展,将创意理念渗透到其他各产业的设计、制作、研发各个环节,促进相关产业优化升级。鲁皓、张玉蓉等人以产业融合为基础,对我国的旅游业与文化创意产业进行了实证研究,认为我国旅游业与文化创意产业融合发展最为重要的动因是社会与政府支持、建立产业对接机制、行业组织参与在内的环境引导力。此外,围绕文化创意产业如何与相关产业进行跨界融合与协同发展,众多研究者也做出了有益的探索。如程金亮认为协同创新是适合我国文化创意产业可持续发展的路径选择。孔令刚、蒋晓岚认为中国是一个文化资源大国,要抓住机遇,整合资源,把文化资源转变为文化创意产业。文化资源的整合即文化创意产业发展的前身阶段,文化创意产业的可持续发展离不开文化的创意性。向勇认为文化在人们生活中产生了十分重要的作用,并且文化创意可以融入社会生活的方方面面而产生不同的创新价值。王林、顾江对长三角地区 14 个城市 1992—2006 年的年度数据,对该地区文化产业发展与经济增长之间的关系,以及文化产业作用于经济增长的机制进行了实证分析,结果显示,文化创意产业的发展对长三角地区的经济增长产生了显著的促进作用。更多的研究表明,文化创意产业的融合发展不仅有利于区域经济增长模式的改变,也有利于人才集聚度、科技竞争力、经济现代化的明显提高。

4) 研究述评

综上所述可以看出,文化创意产业与关联产业的融合发展,已经成为当今区域经济发展的潮流。文化创意产业作为一种附加价值高、渗透能力强、具有跨界融合功能的战略性新兴产业,其内涵十分广泛,所包含的产业门类较多。推动文化创意产业与关联产业的跨界融合,对于区域产业协同发展和经济发展方式转变具有极其重要的推动作用,我国在实践过程中必须通过各种手段推动文化创意产业的融合发展,为区域经济的可持续发展提供源源不断的动力。然而,尽管目前有关文化创意产业跨界融合的理论研究与实践推广已经在着手进行,但相关的研究尚不够全面和系统,实践推进者对有关文化创意产业跨界融合的机理及价值认知仍较为缺乏,有关文化创意产业跨界融合的问题仍有待进一步的深入研究。特别是当前长三角文化创意产业发展取得较大实践成就并且在全国产生较大的影响力和引领作用的情况下,关于长三角文化创意产业跨界合作发展的问题尚未引起相关研究者的足够重视,关于长三角文化创意产业如何跨区域合作、长三角文化创意产业如何跨产业协同、长三角文化创意产业如何跨要素融合、长三角文化创意产业竞争力如何整体提升的研究成果并不多见,尚有待理论界进行系统而深入的研究。

1.4 研究的价值与意义

作为我国经济发展速度最快、经济总量规模最大、经济潜质最好的经济区域之一,长三角在发展文化创意产业方面优势明显,在创意基地和产业园区建设方面积累了丰富的经验,文化创意产业增加值已超过 GDP 增幅,成为长三角地区新的经济增长极。先天的区位优势、独特的资源禀赋、发达的经济水平、海派的文化特质、先进的科技水平、雄厚的资本实力、发达的工业体系等条件,使长三角文化创意产业的发展走在全国前列。但目前长三角在通过加速文化创意产业集聚区建设来推动文化创意产业集聚化发展的过程中,正遭遇前所未有的瓶颈,导致长三角文化创意产业无法取得跨越式发展。如产业整合不深、产业同构问题十分突出;集聚区数量虽多,但形成品牌效应和具有国际影响力的却并不多见;大多数园区内企业仍处于低层次的地理集聚,彼此之间的聚合度不够紧密;跨界合作不强,文化创意产业存在恶性竞争和无序竞争的现象;区域和区域之间联动不够,政府对产业的扶持不到位,产业技术开发体系不完善,区域之间的创新网络没有形成,公共服务平台与市场服务体系不健全。究其主要原因在于,长三角在区域经济发展过程中未能打破行政藩篱,至今未能建立跨省(市)域的文化创意产业跨界融合与协同发展的调节机制,对于区域内重大战略资源无法实施联合开发,区域内重大基础设施建设也不能联合进行,也未能对区域内生态环境实施联合保护,未能通过制订长三角文化创意产业一体化发展规划来促进区域经济社会的长远发展,无法通过制订专业分工的文化创意产业发展战略来协助区域内二三线城市文化创意产业的融合发展,使地方性文化创意产业发展规划与长三角文化创意一体化发展的整体规划无缝对接。

而现有关于长三角文化创意产业的研究表明,在目前创新驱动经济增长的新时代,文化创意产业对于长三角区域经济的贡献十分明显,对各省市经济的拉动力量巨大。特别是长三角在文化创意产业园区开发建设方面也已经取得了较大的成就,对于区域文化创意产业发展起到了极好的推动作用,促进文化创意产业跨界融合与协同发展,也成长三角经济社会转型发展重要突破口。大力发展文化创意产业,不仅可以为长三角带来无限商机,而且也可以成为未来长三角经济发展的新引擎。但由于发展模式趋同、开发手段单一、地方行政分割等原因,导致文化创意产业对关联产业的融合与带动作用尚未充分发挥出来。而如何从产业和区域层面来区别于过去只竞争不合作的状态,在促进竞争的前提下寻求长三角文化创意产业与关联产业的跨界融合,通过区域联动机制实现区域内不同产业的协同发展,有效推动区域经济可持续增长,成为当前长三角经济社会发展过程中必须解决的一个现实问题。

本课题通过对长三角文化创意产业跨界合作与协同发展的研究,旨在破解长三角区域经济一体化发展中面临的现实难题,其研究成果不仅可以有力地推动区域内关联产业的有机融合,而且可以促成长三角文化创意产业在更大范围内集聚化发展,最终实现长三角文化创意产业走向全国、走向世界的目标,因而具有较大的理论与现实意义。

1.5 研究的方法与数据来源

本书在研究过程中运用理论研究、文献研读、网络分析、深度访谈、问卷调查、质性研究、统计分析等定性和定量的方法,展开对文化创意产业园区管委会、产业管理者、企业决策层和政府行政管理部门官员的实地调查,文章中对长三角文化创意产业融合发展现状的调研、问题的诊断、原因的思考、对策的提出相当一部分内容即是来自这些实地调研获得的信息的提炼。此外,部分统计数据来源于长三角各省市相关的统计年鉴。

第 2 章

文化创意产业融合发展的理论认知

随着近年来科技与经济的融合发展,越来越多新兴产业在全球范围内纷纷涌现,原来泾渭分明的产业边界开始模糊,不同产业之间相互渗透,产业价值链不断延伸。文化创意产业作为一种全新的产业业态,是作为新兴生产要素的文化创意元素与传统产业相互融合和不断进化的结果,目前在世界各地呈现出迅猛发展的态势。文化创意产业并不是指某一特定的产业部门,而是一个产业类型,其核心在于通过文化创意元素和高科技手段,实现不同产业之间的跨界融合,从而推动整个产业族群整体提升和协同发展。有数据表明,目前文化创意产业已经成为世界第三大产业,发达国家纷纷出台相应的产业政策加以扶持,以期通过发挥文化创意产业的融合功能,带动区域产业族群的协同发展。针对国际上文化创意产业迅猛发展的态势,我国自 20 世纪 90 年代后期将文化创意产业视为战略性新兴产业,通过开发建设各种产业园区,大力推动文化创意产业及关联产业的融合发展。事实证明,尽管我国作为发展中国家,工业发展水平相对落后。但经过改革开放 40 年的发展,目前已具备了相对雄厚的工业基础,尤其是制造业相对发达,为文化创意产业的融合发展奠定了较好的条件。在当前我国经济社会转型发展和产业结构优化升级的关键时期,促进文化创意产业跨界融合,可以激发新的增长点,对于区域经济的可持续发展有着积极而重大的意义。回顾历史,曾经由于起步较晚,起点较低,导致新中国成立以后我国自主创新能力长期处于相对较弱的状态。而近年来,随着出口、投资和消费的衰退,使我国国民经济增长进入中低速增长的新常态,经济发展方式亟须转型升级。而文化创意产业是在高科技手段催化下,文化创意资源与传统产业的有机融合,具有高附加值、高融合性、高辐射力等特点,不仅可以通过产业融合带动传统产业的转型升级,而且因为较高的科技含量和附加价值能够实现国民财富的可持续增长。

因此,如果能够利用好文化创意产业跨界融合与协同发展功能,可以顺利实现我国经济发展方式的转型升级。从现实来看,我国是一个文化大国,五千多年的悠久发展历史为文化创意产业的融合发展积淀了极为丰富的资源基础,文化创意产业跨界融合的空间十分巨大。因此,推动文化创意产业集聚化发展,充分发挥其融合带动效应,成为促进区域经济发展的重要手段。为了澄清人们对文化创意产业融合发展的认知,本章先从理论上对本书核心概念进行界定。

2.1　文化创意产业的理论内涵

2.1.1　文化创意产业的内涵界定

根据英国政府 1998 年公布的《创意产业发展路径》,文化创意产业主要是指来源于人的创意、技巧及才华,以文化或创意为核心资源,通过高科技的手段,借助现代工业为载体,将个体的知识与技能,通过运用知识产权保护,开发出来的极具财富创造、价值附加和就业潜力的战略性新兴产业部门,主要包括影视传播、广告会展、时尚艺术、景观建筑、工业设计、旅游休闲、文物交易、数字媒体、出版发行、软件制作等不同的经济部门,既具有服务、贸易等第三产业的职能,又具有研发、生产等第二产业的职能。这一概念既强调以开发设计为主的高端价值属性,也重视以服务为主的第三产业属性,更揭示了文化创意产业的融合属性。这是世界上最早提出的创意产业概念。这一概念侧重于"智力创造行为与智力创造成果的传播"的综合,是对知识作为最具活力、最具价值创造力、最具可持续的生产要素的广泛认同。"从创意产业的特性看,在每个产业门类的产业链中,位于前端的创意设计或咨询策划就应属于创意产业的范畴,因此,创意产业不仅包括一些具体的门类,更包含在所有门类产业链的前端环节之中"。有着"创意之父"之称的经济学家 John Howkins 认为,文化创意产业是指属于知识产权保护范围内的产业,只要是由设计、版权、专利、商标等富含知识元素组成的创造性经济组织或产业部门都可以作为文化创意产业。因此,文化创意产业的内涵是指一个由市场化的行为主体实施的,以创意为核心,以满足人们的精神文化消费需求为目标,为社会提供文化产品或文化服务的大规模产业集群。由此可见,文化创意产业跨越多个产业部门,是附加值较高的不同产业门类的集合。

国内通常将那些通过建立在人的智慧、技能和天赋基础上、依托高科技手段对文化资源与创意思想进行开发和利用以后、能够创造高附加值的产业称之为文化创意产业。作为一种在经济全球化背景下产生的、以智力资本(主要表现为人的创造力)为核心要素、具有知识产权的新兴产业业态,文化创意产业是一种由产业行为主体实施的以市场化和产业化为目的,以文化和创意等知识资产为核心资源,以传统产业为载体和平台,通过高科技手段,促成各种生产要素之间的融合与互动,为人们提供具有文化价值和科技含量的产品,并能够满足人们精神文化需求的规模性经济活动。从广义上而言,文化创意产业其实并非指某一个特定和专门的产业,它是指将创意融合在其他产业之中产生的一个产业部门。将创意融合在其他关联产业中,使产业蕴含文化和科技含量,并使之实现完美融合,就可以叫做文化创意产业。从微笑曲线来分析,任何产业部门都有着上中下游这样的产业链条,其中,位于产业价值链最前沿研究、开发与设计这一环节都离不开知识资产的参与,甚至在产业销售与服务环节的咨询与策划等也需要创意资源。从这一角度来分析,文化创意产业既可以指一个单独的产业门类,有着特定的产业业态,也可以指各种富含文化知识和科技含量的相关产业。因此,文化创意产业是一种智力创造产业,更加讲求产业内含的智力创造行为,是智力成果的综合与传播,是当今最具活力的知识资产作用于产业要素的结果。这主要是因为当今知识经济社会,传统生产要素在经济发展中的作用退居其次,而知识性的生产要素上升到了一个相对重要的地位。与传统产业相比较,文化创意产业是一种附加价值高、发展潜力大、能源消耗低、对环境无污染的绿色和朝阳产业。

进入 21 世纪以来,文化创意经济已经成为社会经济的主流,到目前为止,经济上较发达的国家,无一例外都把文化创意产业作为经济建设的切入点,并且将其提升到了与政治、军事、经济、外交等硬实力同等重要的高度。文化创意产业作为一个高附加值的产业,承载着文化价值、艺术价值和娱乐价值,可以大幅度提高传统制造业产品的文化和知识含量,提高其产品附加值,提升传统产业的品牌知名度和国际竞争力,并促进城市的可持续发展。从全球范围来看,文化创意产业已经成为众多国家的支柱产业之一。正如哈佛大学教授米切尔·沃尔夫所言:"文化、娱乐——而不是那些看上去更实在的汽车制造、钢铁、金融服务业——正在迅速成为新的全球经济增长的驱动轮。"

2.1.2　文化创意产业的功能特点

从上述不同角度的定义可以看出,文化创意产业是与科技、文化、创意、智慧等要素资源紧密相联的,在本质上是不同产业的融合。从它内含的要素的相互关系来看,文化创意产业是知识经济时代科技、经济、文化融合发展形成的一种新型产业形态,它是建立在人的创造力基础上的,以科技和创意为基本元素,借助于高科技手段,以传统产业为载体,以先进的制造工艺为平台的产业业态。文化创意产业与文化产业、创意产业具有较高的重合性,但相互之间并不能简单地等同和替代,文化创意产业更加强调创新和个人的创造力,体现出对传统文化产业内容的扩充和对中国传统文化底蕴与当代创意精神智慧结晶的包容。文化创意产业具有以下几个方面的特征。

(1)文化创意产业科技含量大,可以拓展和延伸传统产业价值空间。文化创意产业与信息技术、数字技术和传播技术的运用密切相关,它以价值创造为主,以创意为核心理念,通过依靠人的智慧、灵感、想象力及创造力,借助高新技术对传统的文化资源进行开发和提升,为产品和服务注入新的科技元素,提升产品的文化内涵和科技含量,最终形成自主知识产权。文化创意产业的形成正是基于科技高度发展基础上,产业要素资源的价值含量高,高科技手段使其具有强大的渗透性,能够促成不同行业与产业之间的跨界融合,价值附着使其具有强大的融合功能,实现产业内不同环节的"价值嫁接"功能,还能通过创新生产方式和销售模式,促进传统产业结构的优化升级,带动关联产业的发展,并形成衍生产业。通过价值的渗透和科技的融合,促成产业的跨界融合,这正是调整优化传统产业结构和转变经济发展方式的关键所在。

(2)文化创意产业附加值高,有利于破除资源环境的硬约束。文化创意产业以文化资源和创意理念为主导,处于产业价值链的研发位置和微笑曲线的高端环节,不管是创新创业还是对传统资源的改造,通过卖理念、设计、体验等,激发潜在的消费需求,实现产业的增值效应。无论是新兴产业的诞生,还是传统产业的转型升级,其产业价值效应十分明显。文化创意产业通过以创意元素为基础,运用人的创造力,借助科学技术实现不同资源要素的相互融合,使得智力资本(文化、创意等)成为促进经济发展的主导资源,实现了产业价值链的延伸,拓展了传统资源(自然、人文及其他资源等)的功能价值,丰富了资源的价值内涵,使经济发展方式由传统的资源依赖型向创新型转变,资源基础由原来能耗较高、污染较大且相对有限的自然资源,转向具有能耗低、无污染、附加价值高、可塑造性强的文化资本,传统有形的自然资源对产业发展有着空间和硬性的有限约束,而无形的知识资本给经济发展带来了无穷无尽的增长空间,这种资源要素上的软性约束突破了传统资源与环境的约束,创造了新的价值空间。

(3)文化创意产业融合渗透性强,可以催生新的经济增长点和产业业态。文化创意产业是伴随着后工业经济时代制造水平的提高和服务业的繁荣而发展起来的,传统农业经济时代和工业经济发展前期,尽管也存在着大量的文化资源和创意元素,但却无法把文化、创意、技术和市场等要素融为一体,实现不同行业和产业之间的渗透和不同要素资源的重组,不能形成新的产业形态和催生出新的经济增长点。只有在后工业经济时代,所有的条件都具备的时候,才可能出现这种产业上的跨界甚至催生出产业生态集群。

(4)文化创意产业协调效应强,有利于增强自然、经济、社会的和谐发展。文化创意产业属于绿色、环保、节能和高赢利产业,可以极大地满足未来消费需求,促进经济社会和谐发展。由于人的创造力是无限的,使得以智力资本为核心的文化创意产业,弱化了经济增长对有形资源的硬性约束。同时,随着国民经济的快速发展和居民收入的不断提高,人们基本的物质需求已极大地得到满足,未来的需求必将向更高层次延伸和变化,精神和文化方面的需求不仅多元而且巨大。而文化创意产业可以满足不同层次和不同需求的消费者,延长了传统产业价值链条,极大地拓展了价值增长空间。文化创意产业内在的张力促成了区域产业结构优化升级和经济发展方式的转变,为产业融合发展奠定了坚实的基础。当前,我国正处于经济社会转型发展的关键时期,促进产业结构优化升级,促成经济发展方式的转变,是整个经济社会改革发展的重要任务。从经济社会发展的现状和经济增长的内生规律来看,未来我国必须重点解决资源环境约束、产业结构优化和经济社会可持续发展等问题。由于文化创意产业天然具有内在的融合和渗透性,可以实现产业之间的跨界融合,因此,发展文化创意产业成为我国区域经济发展的理想选择。

2.2　文化创意产业融合发展的理论内涵

2.2.1　文化创意产业融合发展的内涵界定

研究表明,文化创意产业是一种在全球化背景下以人的创造力(知识产权)为核心,以高科技为手段,以工业制造平台为基础,通过知识产权的开发与市场化交易实现价值增值,强调依靠智力(个人或团队)或技术来对文化创意资源进行产业化开发和商业化推广,从而产生巨大经济效益的行业。因此,文化创意产业是经济社会发展到特定阶段的产物。自20世纪末以来,随着城镇居民经济收入的不断增加和生活水平的不断提高,人们对精神文化层次的追求越来越高,从传统的加工制造到现在的创意设计,从以前追求吃饱穿暖发展到当今追求时尚舒适,倒逼传统产业向文化创意产业转型升级。特别是在现代信息技术的催生下,科技、经济、文化相互融合,以文化为核心的无形的创意元素与以物质为载体的有形的产品相结合,促成了文化创意产业的迅猛发展。因此,出现于 20 世纪90 年代后期的文化创意产业并不是无中生有,而是有着特定的历史背景和基本要求。尽管从远古时代开始,人类社会的发展过程中便体现出了无穷无尽的智慧因素,但作为一种能够参与收益分配的生产要素形态出现的文化创意尚是近代以来的事情。特别是由于文化创意在很大程度上以具有产权价值的无形资产形式出现,必须通过一定的物质载体来体现,导致作为产业形态的文化创意产业,相对于传统产业而言,在文化内涵与创意属性等价值属性上更加鲜明。

如图 2-1 所示,文化创意产业的核心层是由人的创造力迸发形成的知识产权,主要以专利、技术或标准为表现形式。中间层通过与特定的有形生产要素形成文化创意产业业态,属于文化创意产业的核心部门,主要以文化创意产品为表现形式。往外形成依附于文化创意产业的关联产业形态,属于文化创意产业的衍生部门,主要以文化创意衍生品为表现形式。因此,文化创意产业内含具有知识产权属性的无形生产要素,通过与关联产业的融合渗透,能够带动区域内其他产业协同发展。因此,跨界融合是文化创意产业与生俱来的天然本质与价值属性,而文化创意资源与不同生产要素之间的交叉渗透、各种高科技开发手段的合理利用、产业形成过程中对文化创意资源凝聚的深度和广度,决定着文化创意产业的价值范围和发展空间,也决定了文化创意产业跨界融合的功能属性。

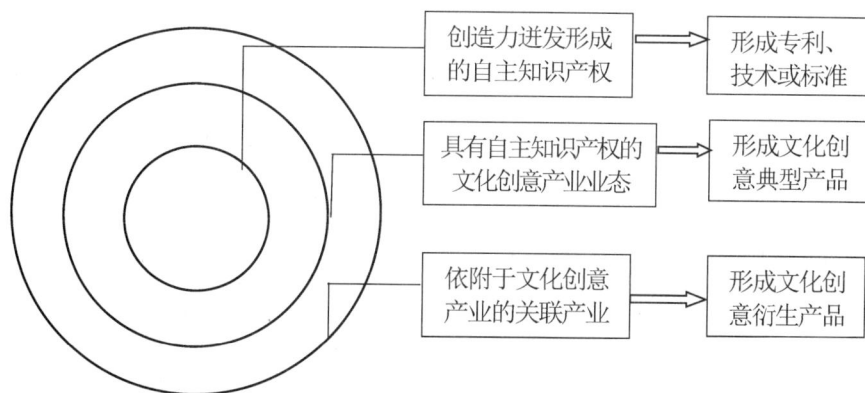

图 2-1　文化创意产业形态及其产品属性

相比较而言,传统产业部门都是分门别类或相对单一地发展。而随着时代的发展,这种单一的产业发展模式已不能满足全球化背景下市场多元化发展的需求,特别是"快消费"时代的来临呼吁未来的产业在生产要素和结构层次上更加丰富多元。而 20 世纪 90 年代以后,高新科技的发展为产业之间的跨界融合创造了条件,使各产业的界限被逐渐打破,产业之间相互渗透的速度不断加快。特别是在信息技术的支撑下文化创意产业迅速发展起来,数字技术的出现更是将文化产品、信息产品、通信产品等有机结合。而不同产业之间的跨界融合不仅使文化创意资源的合理开发利用与高新技术手段的施展有了更为广阔的发展空间和附加载体,而且打破了产业分立的传统运作模式,原来相互独立的产业走向彼此关联和相互依赖。因此,文化创意产业跨界融合主要是指随着现代高科技的发展,文化创意资源等附加价值高的生产要素进入传统产业,通过取代传统生产要素,或与传统生产要素相融合,从而促成产业内部结构的调整优化,进而提升产业自身在价值链中的位置,或转型升级后形成全新的产业业态。

文化创意产业的跨界融合实现了对旧有产业价值链的重构,促成了区域产业一体化发展模式,对于区域经济的发展和产业结构的优化升级有着极其重要的作用和意义。时至今日,作为一种新兴的产业业态,文化创意产业具有突破产业边界又促进产业跨界融合和协同发展的特点,是科技、经济、文化相互融合、相互渗透的结果。文化创意产业的跨界融合既可能意味着一种产业替代另一种产业,也可能是不同产业边界模糊后不同生产要素相互渗透形成一种全新的产业。因此,文化创意产业跨界融合的发展模式既可以汇集更加丰富的资源,使产业之间的联系更加紧密,也可以促成新的价值链结构与产业组织形式的诞生,为资源的合理利用与开发提供全新的载体,打破过去产业之间相互分立的局限。促进文化创意产业跨界融合的目的在于推动文化创意产业与关联产业之间的协同发展,通过实现产业结构优化升级,实现国民经济持续快速发展。一方面,文化创意产业的跨界融合可以促进关联产业的发展。另一方面,关联产业的发展又为文化创意产业提供了更为广阔的发展平台与动力。所以,文化创意产业的跨界融合就是不同产业系统之间相互协调和相互耦合的协同发展过程。

从目前理论研究和实践经验来看,文化创意产业的跨界融合至少包含以下三个方面的逻辑。一是文化创意作为生产要素融入传统产业发展过程中,赋予传统产业文化内涵、创意元素与高科技含量,提升了传统产业的价值属性;二是文化创意产业与不同产业之间通过"越界—扩散—渗透—联动"等形式,彼此之间相互融合渗透,带动关联产业的优化升级;三是文化创意产业与关联产业之间的跨界融合形成纵向与横向的网络结构,带动整个区域产业结构的优化升级,为区域经济发展提供新的增长点。

2.2.2　文化创意产业融合发展的功能作用

1) 延长产业生命周期,促进产业价值的整体提升

产业是国民经济发展的命脉,高速的经济增长是以产业发展为前提。尽管在当今时代科学技术对国民经济的贡献越来越大,但产业才是促进国家经济健康发展和科技创新能力稳步提升的前提基础。由于历史的原因,我国产业发展曾经相对落后,工业基础较为薄弱,长时间沦为"世界工厂",在世界分工体系中处于微笑曲线的中部,产业利润空间小,价值创造空间有限,产品技术含量和附加值低。而占据微笑曲线两端的研发和营销等利润空间大、附加价值高的部分在全球价值链中所占的份额较少。借助文化创意产业跨界融合,不仅可以优化我国的产业结构,而且可以解决产业大而不强的问题,使我国由低利润、低附加值的"中国制造"向高利润、高附加值的"中国创造"发展。文化创意产业的核心是人的创造力,在研发、设计、策划与营销方面有很大的优势,通过文化创意产业的跨界融合,运用创意思维和设计手段,在传统产业的各个环节嵌入创意元素和科技含量,使产业边界得以模糊,使产业链条不断地向价值链高端延伸。通过迎合全球创意产品市场需求和创意生产,可以提高我国在全球产业分工体系中的地位。如图 2-2 所示,通过文化创意产业的跨界融合,借助于文化创意元素的融入,传统产业的附加价值得到整体提升,微笑曲线将发生整体上移。其中,由于研发设计和营销服务本身处于价值链高端,上升的幅度和空间较少,但在生产制造和组装环节,价值提升空间较大。传统产业生产能力虽然很强,但在物料的占用与消耗方面巨大,所带来的负责效应也不容忽视。特别是随着精细化消费时代的来临,传统产业庞大的生产规模与简单重复的机构化操作,使产品同质化现象严重,在满足个性化消费需求方面的能力越来越有限。而文化创意产业的跨界融合使传统产业有了巨大的发展空间,通过与传统产业相互取长补短,借助于传统产业这一载体,将文化创意依附于具体的产业上,使传统产业承载更多的价值理念和文化内涵,由此可以改变传统产业的生命周期,延长产品的生命线。

2) 催生全新的产业业态,带来良好的经济增长效应

随着生活节奏的加快和消费市场的个性化发展,传统产业发展模式下生产出来的产品已经不能完全满足人们对高层次精神文化的追求,高附加价值的文化创意产品和高科技含量的技术表现手段,越来越成为现代产业发展的灵魂。

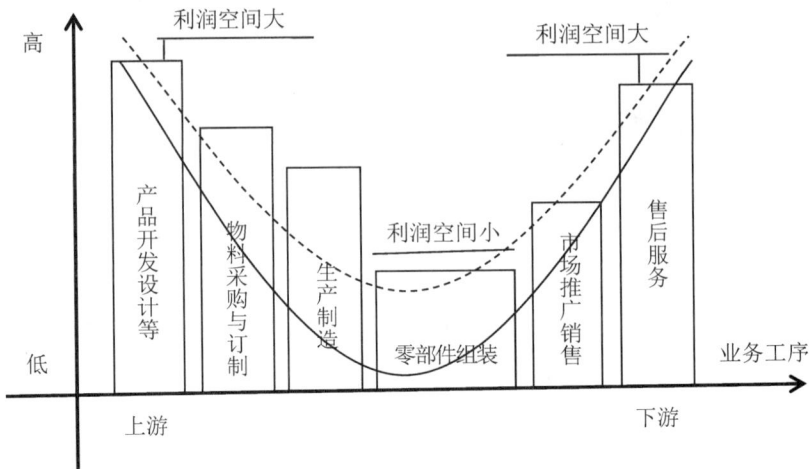

图 2 - 2　文化创意产业跨界融合下传统微笑曲线发生位移

相比于传统产业发展所依赖的工业制造优势,文化创意产业有着敏感的市场洞察力,可以迎合和满足经济发展到特定阶段后所派生出的精神文化需求。而文化创意元素的无形性与高科技表现手段的多样性,为文化创意元素与传统产业的融合渗透奠定较好的现实基础,两者之间相得益彰,实现了有形与无形、载体与灵魂的有机融合。传统产业与文化创意元素的融合可以充分发挥有形资产作为载体的作用和无形资产提升价值空间的优势,为产业发展提供广阔的空间。相比较而言,传统产业主要由有形的物质生产要素构成,价值内涵与高科技附加价值较低,而文化创意产业的跨界融合可以促成文化创意因子与传统产业的生产要素有机渗透,使原本属于不同产业范畴内的生产要素交叉渗透到对方领域内,实现了不同产业之间的跨越,各种有形材质与文化创意元素相结合,形成各种不同形态的全新产业发展模式。目前,在很多经济领域中,文化创意与不同产业已经融合形成许多新的产业业态,并且产生了良好的经济增长效应。一方面,将文化创意因素结合到传统产业中,可以开发出新的产品,赋予传统产品更高的附加价值,这种结合能够使传统产业中隐藏的许多消费需求转变为现实的市场需求。另一方面,文化创意资源自身的价值能够通过具体的创意产品最大程度地得以释放和展现,实现了无形资源的合理利用和市场化推广。再次,将文化创意因素结合到经营管理中,依托文化创意资源的博大精深的转化力量和丰富多彩的价值内涵,可以创造出各具特色的经营风格和商业模式。

3）优化消费需求结构，释放潜在的消费需求

随着经济社会的快速发展，消费市场逐渐扩大，消费结构和消费层次也逐步发生改变，消费者对精神文化的追求越来越高，对产品的文化内涵和科技附加价值的消费追求越来越感兴趣，物质消费时代正在向创意消费时代转型。而文化创意元素融入消费型产业中，在一定程度上促进了传统消费型产业的发展，极大地延长了传统消费型产业链和价值链，可以极大地满足不同群体的消费需求，不断扩大和刺激消费。从近年来消费型产业发展的态势来分析，随着人们生活水平的不断提高，新兴的 90 后和 00 后不断成为高端消费主体，他们追求更多的精神消费与文化体验，仅仅具有使用价值的产品已经远远不能满足他们对高端消费的需求。在由传统的短缺经济向饱和经济再向过剩经济过度的过程中，只有不断提升商品的附加价值，将文化创意等价值理念赋予商品的消费服务中，才能赢得更加广阔的消费市场潜力；而文化创意与消费型产业的有机融合，不仅可以有效缓解产品市场的激烈竞争，而且可以极大地拓展消费需求空间，有效地优化了消费需求结构，释放潜在的消费需求。对于产业组织而言，如何整合现代工艺水平和制造技术，创造出丰富多彩的文化创意产品来满足消费者的精神文化需求，迎合用户的消费习惯，成为克敌制胜的关键所在。正如尼尔·波兹曼所指出的，尽管"我们的政治、宗教、新闻、体育、教育、商业都心甘情愿地成为娱乐的附庸，毫无怨言，甚至无声无息，其结果使我们成了一个娱乐至死的物种"，但我们不得不承认"这是一个娱乐的时代，一切公众话语都日渐以娱乐的方式出现，并成为一种文化精神"。

4）缓解市场竞争压力，促进传统产业转型升级

随着信息技术的高速发展和互联网的广泛普及，产品同质化使得产业面临的竞争环境越来越激烈，传统产业转型升级的压力越来越大。文化创意产业是传统产业发展的前沿和高端，构成现代产业的重要组成部分。文化创意产业本身就是借助于高科技对文化创意资源进行开发和提升，产生高附加值的文化创意产品。传统产业对文化创意的内在需求，文化创意产业对传统产业的附加与依赖，使二者的联系也越来越紧密。文化创意产业与传统产业的融合所产生的多元化表现手段和新兴产业形态，丰富了文化创意产品的多样性，改变了人们的生产和生活方式。传统产品市场由于文化创意的融入和高科技手段的表达，提升了产品的文化品位，发挥了人的价值创造性。特别是随着互联网的迅速普及，计算机硬件设施的完善，传统产品市场依靠市场容量这单一因素的增大来支撑市场需求变得不切实际，通过跨界融合来引导和挖掘客户的潜在需求，利用高新

技术手段来制造更多科技含量丰富和文化附加价值高的创意产品,成为拉动经济增长和产业转型升级的基本潮流。而文化创意产业与传统产业的跨界融合,在一定程度上模糊了产业边界,也扩展了原有产业市场,极大地丰富了产品类型,缓解了市场竞争压力,促进了产业转型升级。

2.3　文化创意产业融合发展的价值效应分析

研究表明,文化创意产业具有附加值高、科技含量大、渗透性强等特征,已经被世界上许多国家和地区列为重点扶持和优先发展的战略性新兴产业。作为一种在全球范围内迅速发展的战略型新兴产业,文化创意产业已经成为促进区域经济增长的驱动力。借助于高科技手段,推进文化创意产业与关系产业的跨界融合,通过文化创意产业的价值渗透,可以催生出全新的产业形态,形成新的经济增长点,是促成传统产业结构优化升级和转变经济发展方式的重要举措,这既符合当前我国创新创业的背景,也符合创新驱动经济发展的大趋势。然而,文化创意产业的发展不是孤立的,而是时代发展的产物,是伴随着工业经济的发展而逐步成长起来的,它不仅促进了传统产业的转型升级,带动了关联产业和大量衍生产业的发展,而且拓展了产业价值空间,延长了传统产业价值链条,推动了价值功能在不同行业产业之间的传递。从本质上来分析,文化创意产业是科技、经济和文化等因素相互交融而成的产物,文化创意产品是文化资源和创意要素的物化与市场化表现形式。价值传递过程中的关联性主要表现为高新技术产业与传统产业之间在价值上的相互渗透,如 IT 技术在传统产业中的广泛应用可以诞生出全新的文化创意产业形态。文化创意产业的实质是价值创造产业,产业关联为价值传递奠定了较好的基础,价值传递是产业融合的关键所在,高新技术产业在创造自身价值的同时也将价值渗透和传递到关联产业中。文化创意产业通过价值传递促进了文化资源、创意要素、产业载体、行业市场等的协同发展。

2.3.1　促成产业资源与要素集聚,形成区域共享平台经济效应

相对于空间和结构都相对松散的传统产业而言,区域产业融合发展可以通过整合政策资源、产业资源、研发资源、人力资源、市场资源等各种优质的要素资源,促成配套的软硬件等基础设施和不同的要素与资源在特定的时空范围内进行集聚,以集聚形成的合力作为经济发展内在引擎,引导区域内增量资本的迅速提升。区域文化创意产业融合发展,通过动力机制的形成、空间形态的变迁及其

演化效应的协同来创新区域一体化发展模式,既可以提升集聚区的竞争意识,也可以促成现有区域内不同产业之间的结构调整与空间优化,在区域一体化范围内形成相互合作局面。在区域一体化框架下,通过网络信息共享平台、投资信息平台、知识产权保护平台、人才培训平台、展示交易平台、研发设计平台、国际交流平台建设,不仅可以为不同产业主体提供信息、融资、知识产权保护、人才培训、交易、研发、设计、买卖以及国际间的交流合作,而且可以实现整个文化创意产业的转型升级,构建了相对于其他区域更加有力的整体竞争优势。如通过产业融合,既可以调整区域内不同产业之间的分工与合作,促成区域产业的专业化发展和区域经济结构的优化;也可以促成产业的区域集聚和规模经济效应,从而推动区域经济的快速发展。

2.3.2 通过高科技手段进行产业链重构,形成价值链优化效应

高科技是区域经济增长的重要源泉,也是促成产业融合发展的主要动力。在现代高科技的作用下,文化创意产业和关联产业向特定区域集聚,由此形成规模经济并带来巨大的增殖效应。这种效应通过文化创意的渗透与高科技的附加,促成传统产业价值链向高端延伸,或形成全新的产业价值链,使文化创意元素在传统产业中得到扩散,使得不同产业要素与资源产生融合和流动性。反过来,通过产业融合可以促成产业链重构,可以降低交易成本,促成技术创新和知识创造。文化创意产业通过高科技手段促成不同产业相互融合与重组,使不同产业价值链活动环节被打破和重组,在经过混沌状态的价值重构后,形成新的价值通道和新的价值链,构筑出全新的产业形态。新的产业价值链不仅包含了原有产业价值创造的核心环节,更是兼具原来各产业共同的价值特征,从而大大地推进了产业结构的升级换代。如通过文化创意、旅游节庆和会展等产业之间重组与融合,不仅吸引到了大量参观的人流,实现了节庆展会和文化旅游等不同产业资源的整合和重组,打造出全新的创意旅游这一产业形态。还提升了举办地的品牌形象,带动了文化创意产品的销售与传播,推动不同产业的融合发展。

2.3.3 借助区域关联和协同创新,促成区域产业集群经济效应

关联经济效应主要是研究经济组织的生产或经营范围与经济效益关系的基本范畴。产业的关联经济效应主要是指通过扩大经营范围,增加产品种类,生产多种不同规模型号的产品而引起的单位成本的降低。区域产业协同创新存在着纵向和横向两种联系。横向关系是指由于竞争机制相关企业产生挤压效应,促

成了一部分创新活动及其成果的出现,由于同处一个区域会给其他相关企业带来竞争压力,而这些企业会通过各种合法的渠道去了解、模仿新技术成果,进行更进一步的技术创新,以应付由此而带来压力的创新竞争机制。纵向关系上,一体化的集聚区促进上下游企业组成一条价值链,这条价值链上的各企业由于共同的利益而共同学习,产生集群效应,在学习过程中技术、信息得以传递,从而促进创新能力逐步提高。由于纵向和横向两种联系的存在,因此整个集群的技术创新活动就会层出不穷,从而不断提高产业集群的创新能力。所以区域一体化的产业集聚区在空间地理上的集聚,能够有效地推动既有明确社会分工,又需要区域内企业、研究机构和大学密切合作的创意产业实现创新能力和生产规模的跨越式发展。国内外实践经验表明,文化创意产业要想提高竞争能力,实现利润最大化,必须延长生产线与经营范围,这是由文化创意产业特有的价值特性所决定的。文化创意产业在初始阶段的创意萌生阶段成本极高,而在后续的生产和制造过程中成本极低,这一产业属性决定了文化创意产业存在着极大的关联经济效应。例如动画片市场,动画的制作已经有了细致的分工,动画产品也日益丰富与多样化,比如电视动画、电影动画、动画产品、动画服装与动画玩具等。文化创意产业的关联范围不断丰富了产业内容,扩大了产业范围,实现了规模经济效应,也带动了关联产业的价值增值与可持续发展。

2.3.4 通过创新拉动和技术外溢,带来区域外部经济增长效应

文化创意产业融合发展适应了区域资源的综合利用效率和环境保护的要求,从而与可持续发展的内在要求相一致,是区域创新发展的新趋势,融合发展促成了区域产业集聚,不仅对区域产业布局和空间分布等方面有着重要影响,可以改变产业空间分布形态和区域联系形态,而且使区域创新的内涵也更加丰富,能够产生技术外溢性,通过数量增长和规模扩张来推动区域经济增长。由于文化创意产业具有非竞争性和非排他性。非排他性商品的生产者带来大量的"外溢效应",而排他性商品的生产者则能够获得商品的全部收益,并最终会成为社会的公共知识产品。创意理念、创意作品、创意设计等都具有明显的非排他性,很容易被其他行业产业模仿,因而具有明显的外部效应。例如迪士尼系列作品,极大地带动了服装、玩具、旅游、影视、广告等产业的发展,使多个关联产业获得了巨大的市场效益。文化创意产品的价值传递涉及许多相关产业,这些产业间在一定程度上是非竞争性的,属于不同的产业类型。所以,创意工作者及研发人员的创意通常是"外部经济"的,文化创意产业价值传递具有明显的外部性特征。

第3章

文化创意产业融合发展的逻辑基础

    随着经济社会的持续快速发展,文化创意产业在世界各国和地区得到了不断推进,从最初的几个城市覆盖到现在全球范围,文化创意产业已经成为促进国民经济发展和产业转型的战略性支柱产业。在我国,随着城镇居民经济收入的增加和消费水平的不断提高,创意经济得到如火如荼的发展。然而,由于对创意扩散与产业融合的原理与机制认识不够全面,导致当前我国文化创意产业园区低水平重复建设现象严重,创意产品中的创意元素与科技含量并不高,产业研发与设计手段相对落后,产业创造力与带动作用明显不足。作为经济发展到一定阶段的产物,文化创意产业是一个以创意元素为基础、文化为依托、科技为手段、产品为载体的全新产业形态;文化创意产业的发展既是创意元素与传统产业载体相互融合的过程,也是将创意由抽象概念转变为现实产品的开发设计过程。因此,创意始终贯穿于产业发展的全过程中,也是整个产业的灵魂所在。而如何在产业发展过程中融入创意思维,促进创意的传播与扩散,有效发挥创意产业跨界融合的功能与作用,也成为理论界关注的焦点问题。通过文献检索发现,目前理论界对创意扩散原理的研究相对滞后,少量的相关研究基本上是在创新扩散理论研究的基础上展开的定性描述,较少有学者深入而系统地展开对创意扩散的技术分析,导致理论界对创意扩散的过程、原理、规律与机制的认识并不全面,在一定程度上影响了区域创意产业融合发展的实践推进。研究表明,创意的有效扩散与传播对于推动文化创意产业的融合发展有着极其重要的作用和意义。特别是随着知识经济的发展和消费时代的到来,我国城镇居民的受教育程度和需求层次极大提高,创意消费需求不断上升。而信息技术的普及和制造工艺的提升,为我国文化创意产业的发展奠定了坚实的基础,致使我国整体上进入创意萌动的全新时代。在当前创新驱动经济发展的转型时期,我国必须准确把握创意扩散的基本原理与过程,促成创意资源在更大范围内进行传播与扩散,为经济社会的转型发展和产业结构的优化升级做出贡献。为了展开对文化创意产业融合发展机理的研究,本章借鉴传染病扩散模型,探讨创意传播机制和创意扩散的环境条件,为后续研究奠定理论基础。

3.1　创意扩散的内涵与过程

3.1.1　创意扩散的理论内涵

扩散问题本是社会学和传播学研究的基本问题之一,但其基本原理与机制已被广泛应用到经济管理领域,并已形成了相对成熟的逻辑框架与理论体系。早期对扩散问题的研究主要围绕创新扩散进行。20世纪60年代美国学者罗杰斯认为:"创新扩散是指在一定时期内,新的思想通过某些渠道传播出去,并被社会系统中的其他成员采纳或拒绝的过程。"随着创意经济理论的提出,创新扩散的许多原理被借鉴到创意扩散中,大多数对创意扩散的分析都是基于创新扩散理论的基础上展开的。如王庆金、侯英津认为创意扩散类似于创新扩散,并且能够与其他产业融合发展。陈劲认为创意扩散类似于简单产品的创新扩散。根据目前理论界关于扩散的相关成果,本书认为,创意扩散是指作为生产要素和具有商业化前景的创意元素,在特定社会系统中经过传播以后,逐步被其他成员或组织采纳后融入产业发展中的过程。研究表明,扩散在传统的古典经济学模型中被看作是一个线性传播的过程,而随着近代竞争环境的变化和科技的发展,扩散越来越呈现出非线性和动态性。同样,创意扩散过程受到很多随机因素的影响,创意扩散既包括单向地从传递者到接受者的简单传播过程,也包括彼此联动而动态融合的过程。因为创意扩散除了必须依靠特定的传播通道以外,还存在一个相互理解和协同配合的过程。因此,从理论上来分析,创意扩散的实质既是一个通过特定的传播渠道将新思想或新理念传播给他人的过程(微观角度),也是一个将抽象思想、科学技术或实践经验在社会系统中逐渐扩散开来的过程(宏观角度,本书主要选择从宏观角度来论述)。特别是经过双向多次沟通以后,创意往往可以呈指数级增长,其效果十分可观。而完成创意扩散的要素至少包括四个方面:创意扩散主体、对该创意一无所知的主体(个体或群体)、对该创意有所了解或使用过的主体(个体或群体)、连接各主体的传播渠道。其中,传播渠道被认为是影响创意扩散的一个重要因素。从时间迁移的角度来分析,在整个传播过程中,创意传播主体包括早期生产者、中期的采集者、后期的追随者、晚期的革新者和落后者。从价值增值的角度来分析,早期创意生产者的地位最高,影响最大,通常是最受人尊敬的;中期创意采集者在认识到创意的价值以后,会据此深思熟虑地加以模仿;后期的创意追随者在看到扩散效果后会坚定地跟进;晚期创意革新者往往勇于对新事物进行大胆尝试;而落后者则行动滞后,失去许多发展机会。

根据罗杰斯的扩散理论,创意扩散往往会经历获取、认知、说服、决定、实施和评估等不同的过程。如图 3 - 1 所示,首先,创意接收者会通过各种不同的渠道感受到某种创意的存在(获知),然后会对这些创意可能带来的收益进行思考(认知),在几经权衡以后逐步形成自己的态度(说服),说服自己是采纳还是拒绝这一创意(决定),一旦接受这一创意,就会将该创意应用到具体的实践中(实施),最后不同的主体会根据应用结果来判断该项创意是否符合发展实践,以便于进一步确认将其应用于其他事物(评估)。

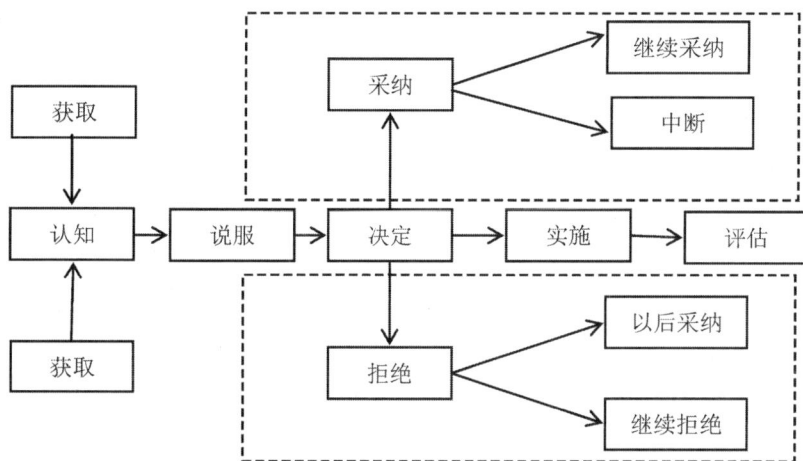

图 3 - 1　创意扩散的理论模型

3.1.2　创意扩散的过程描述

创意扩散最直接结果便是形成创意产业,创意借助某些传播途径和方法在社会系统中进行扩散以后与某种物质载体相互粘合,经过特定的技术平台进行加工制造等一系列复杂的过程以后,形成具有市场价值的创意产品。结合相关的研究成果来分析,创意产业的形成过程至少经历了初始创意源产生、创意产品化和创意商品化等不同阶段,最后产生具有市场效益和经济价值的商品(如图3-2所示)。其中,初始创意源是创意的拥有者,既可以是创意的产生主体,也可以是被主体创造出来的创意元素,两者之间往往具有黏附性,在整个创意扩散过程中具有决定性作用。创意元素是指独特的新思想或新理念,这些无形和抽象的创意经过扩散以后与各种产业相融合形成具体的创意产品,既为社会创造物质财富,也给拥有者带来精神上的享受或文化上的体验。创意扩散过程中的创意源(创新主体)具有极强的衍生性,这种衍生性主要体现为创意元素与产业载体的有机融合。而创意扩散过程则由创意扩散主体、创意扩散受体和创意扩散渠道三方面的要素构成。其中,创意主体也是构成创意产业的重要组成部分,在创意产业形成的各个阶段中充当着重要的角色。创意主体既可以是创意产业链相关的各个企业,如创意方案策划主体、创意生产制作主体、创意产品市场营销主体及创意衍生品开发主体等,也可以是创意消费者主体,如中介机构、高等院校、科研机构、地方政府和金融机构等,这些主体既是创意资源的提供者,也是创意的传播者。而创意扩散受体则主要是指创意元素的接收者或承载体,既可以是产业或产品,也可以是个体或群体。创意扩散渠道是指创意扩散的工具或通道,使创意能够顺利发生转移。

创意扩散过程往往伴随着创意产业的形成或创意经济效应的产生。最初源于个体头脑中的想法或灵感,经过投资开发后,形成初级创意产品,创意产品经过批量化生产制造后形成具有商业价值的创意商品,当创意商品被推向市场后,以产业化方式形成统一开放的创意市场。这个过程既是"科技、文化、经济"一体化融合发展的过程,也是一个由创意生成发展到创意扩散和创意传播的非线性和动态过程。其间,其他创新资源、产业主体和环境要素等持续跟进,彼此之间相互作用,形成如图3-2所示的复杂过程。在这个过程中,创意首先在产业内部进行扩散,创意由无形资产转变为有形产品,获得一定的经济效应;而后期伴随着创意产品的市场化推广,最初的创意开始在产业外部扩散,并且获得一定的社会效应。

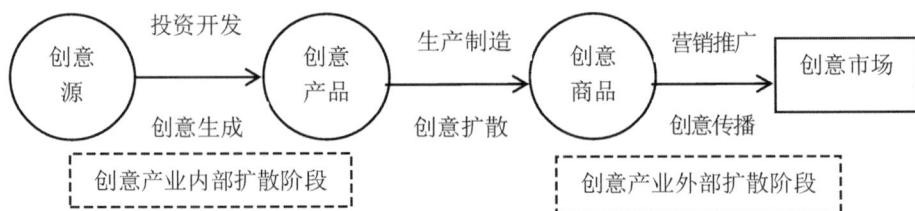

图3-2 创意扩散的过程机制

结合当前相关的研究成果来分析，创意扩散过程具有如下特点。①创意扩散过程是复杂的，创意从最初的想法或灵感，经过一系列的扩散过程最后形成创意产品和创意商品，呈现出一种非线性和动态演进的特点。②创意扩散过程是多层次的。这种多层次体现在创意不仅可以在各创意主体之间互相扩散，还在各扩散主体之间进行扩散，创意的碰撞可能进一步衍生出更多创意，由此诞生出更多的创意产品。③创意扩散过程具有高风险性。创意的前期开发周期较长，投入较大，但创意产品最终需要经过市场检验才能产生经济效益。而消费者的需求变化以及消费偏好等将会给创意扩散带来不可预测的风险。④创意扩散具有不确定性。创意扩散是创意源随着时间和空间的变化而不断延伸、扩展、进化的过程，在各个扩散环节中都存在着较高的不确定性，对技术、资金、人才等方面的要求都较高，由此带来许多不确定性。

3.2　基于传染病的创意扩散机理分析

3.2.1　传染病模型简介

传染病模型是经典的微观扩散模型之一，主要用来描述病毒扩散后通过某种传导方式，使更多接触到病菌的人群受到感染的现象。而创意扩散与传染病传播的原理与过程具有相似性。目前已有研究者通过借鉴传染病传播原理来展开对创意扩散的研究。如高长元借鉴传染病传播理论和方法，构建了创意扩散网络模型，探讨了创意扩散的传导原理及影响因素。王砚羽和谢伟借鉴传染病模型，从传染率和拒绝率的交互作用角度探讨了创意扩散的适用性问题，认为创意源的相对规模越大，创意扩散的动态性越强，达到均衡的时间越长。结合理论界相关的研究成果，将传染病传播模型中的关键概念迁移到创意扩散中来，两者之间可做如下对比，如表 3-1 所示。

表 3-1　传染病传播与创意扩散概念的对比

传染病模型	创意扩散模型	概念解释
易染态 S	潜在创意源（S）	愿意接受创意的成员，类似于容易受到病毒感染的群体

传染病模型	创意扩散模型	概念解释
感染态 I	接受创意并将创意进行转化的成员（Ia）	初步接受创意的群体，类似于已被感染但尚不能产生传染的群体
	吸收创意并且将创意扩散给其他个体的成员（Ib）	创意扩散的第二代群体，类似于具有传染性的感染群体
免疫态 R	创意免疫源（R）	不接受创意的成员，类似于免疫群体

（1）病原体。病原体是指疾病传播的主体或携带者，是疾病传播的源头。在传染病传播过程中，病原体源源不断将病毒传播出去。而在创意扩散过程中，创意主体（创意源）类似于传染病的"病原体"，而创意源所传播的是创意元素，其传染性在于创意的价值创造性。创意扩散中的病原体主要是指具有创意思维的主体或阶层。

（2）感染者。感染者主要是指传染病传播过程中受到传染的受体。在传染病传播过程中，抵抗能力较弱的主体容易感染传染病成为受体，而抵抗能力较强的主体则排斥传染不受感染。而在创意扩散中，创意接收者会根据自己的需要整体或部分吸收各种创意元素，因而成为创意受体。创意扩散中的创意感染者往往体现为关联产业或衍生产业。

（3）传染性。传染的实质在于受体发生整体或部分病变，受体的抵抗能力成为是否被传染的重要参数（阈值）。而在创意扩散过程中，传染性主要体现为创意受体被赋予附加价值高的文化内涵或科技含量。创意源本身的价值属性（如价值主张、价值创造、价值获取等）以及受体的接受能力（如市场洞察能力、产业资源基础、需求期望度等）成为影响创意扩散效果（传染性）的重要因素。创意扩散中的传染性主要体现为创意元素的传播。

（4）免疫性。传染病模型中，某些抵抗力强的主体具有抵抗病毒的能力——免疫性，但这种免疫能力具有一定的时效性，也就是说，具有免疫性的个体并不一定意味着永远都无法受到病毒的传染，病毒会在免疫能力暂时丧失的时候乘虚而入。创意扩散中的免疫性主要表现为某些产业可能拒绝接受创意元素，并不一定成为创意元素的受体，其免疫的原理与传染病受体的免疫性一样。

根据传染病传播原理和现有相关理论成果，在传染病传播过程中的群体往往存在易染态 S、感染态 I 和免疫态 R 三种状态，在此基础上形成的常见的传染病模型主要有 SI 模型、SIS 模型和 SIR 模型三种。SI 模型主要是指遭受传染后无法治愈的传染病类型,用来描述 S 类群体一旦被感染,就成为新的传染源,并将病毒继续传播出去;SIS 模型在 SI 模型的基础上加入治愈概率,使 I 类群体虽然有治愈的机会,但转化成 S 类群体的概率仍然很大,主要用于描述治愈后再病毒复发的现象;SIR 模型在 SI 模型的基础上加入 I 类群体转化成 R 类群体的过程,用来描述虽经传染但有机会治愈,或既不受传染也不会传染别人的群体。

3.2.2　创意扩散模型构建

借鉴传染病传播原理和现有相关理论成果,可以将创意集群抽象定义为以下三种类型,一类是潜在创意源(S),主要是指期待将创意进行扩散的主体;一类是接收创意的受体,主要包括愿意吸收和接受创意的成员(Ia)或愿意接收创意并且能够将创意扩散给其他群体的成员(Ib);一类是创意免疫源(R),主要是指不接受创意扩散的主体。结合传染病模型分析,创意扩散过程可以相应地划分为感染期、潜伏期、扩散期和恢复期。感染期指 S 类成员接收外界创意元素转化为 Ia 类成员的时期;潜伏期指 Ia 类成员接受创意元素后进行融合创新转化为 Ib 类成员的时期;扩散期指 Ib 类成员成为新的创意源并将创意扩散给其他成员的时期;恢复期指 Ib 类成员转化为 R 类成员后不再参与创意扩散的时期。根据传染病传播原理,如图 3-3 所示,随着时间推移,每一类成员都会以一定的概率转化为下一状态成员,并且在高科技和创意不断进发的作用下,该过程不断循环往复。

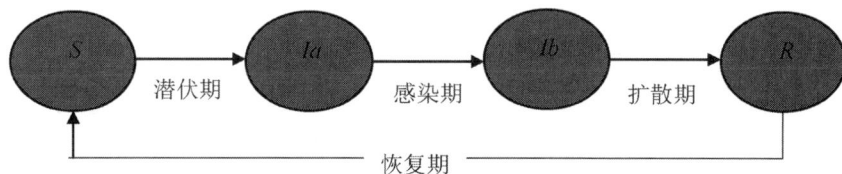

图 3-3　基于传染病的创意扩散过程模型

为了更进一步说明创意扩散的原理,根据传染病传播的基本原理,设 x 表式创意扩散系统中创造创意的个体比率,y 表示创意扩散系统中潜在创意者个体比率,那么,创意扩散的原理可以用如下方程组进行描述。令:

$$x + y = 1 \qquad (3-1)$$

用 a、b 分别表式拒绝率和传染率,可以建立以下创意扩散模型:

$$\begin{cases} x'=-ayx+by \\ y'=ayx-by \end{cases} \qquad (3-2)$$

将式(3-1)代入式(3-2)得：

$$x'=ax^2-(a+b)x+b \qquad (3-3)$$

令式(3-3)等于零,可得：

$$X_1=1, \; X_2=b/a \qquad (3-4)$$

当式(3-3)等于零时,代表该创意扩散系统达到了一种平衡稳定的状态。在起始阶段,还没有出现创意,因此 $a=0$,只要创意源开始进行创意扩散时, $b>0$,则该扩散系统会朝向 $X_1=1$ 这个稳定解发展。又随着创意的不断扩散, a 会不断地增强, b 则会慢慢地减弱,当出现 $a>b$ 这一情况时,该创意扩散系统会朝 $X_2=b/a$ 这个渐进稳定解发展。 a、 b 会受到很多方面因素的影响,在不同的时期,他们都是不断变化的,创意在不同时刻逐渐地趋向于某种稳定的状态(但在现实生活中很难趋于稳定)。

3.3 创意扩散的运行机制与环境条件分析

3.3.1 创意扩散的运行机制

创意扩散是一个各方主体和要素协同运行和配合进行的过程,而建立有效的运行机制可以根据需要对创意扩散进行具体调节,以便于为创意产业跨界融合与协同发展提供支撑和保障。目前理论界已有关于创意扩散机制问题的研究。如孙光磊将创意的传播过程描述为创意点在社会系统内的发射与吸收,认为创意的扩散过程是在时间中完成的,时间是影响创意扩散与传播的一个重要因素。武超认为创意扩散包括内部扩散和外部扩散,它们是描述所有创意活动的最微观层面,共同构成了创意产业集群存在和发展的基础。程茂吉从创意的形成及其扩散趋势层面研究创意源及其扩散场对区域经济结构转换所产生的影响。鞠晓峰通过对创意源、创意主体和创意受体进行抽象总结,借助自由碰撞理论,创建了创意扩散的抽象过程模型,分析了创意扩散的基本趋势。

```
┌──────────┐   ┌──────────┐   ┌──────────┐   ┌──────────┐   ┌──────────┐
│ 创意的提 │→  │ 创意的投 │→  │ 创意的推 │→  │ 创意的营 │→  │ 创意的消 │
│ 供与生成 │   │ 资与开发 │   │ 广与交易 │   │ 销与服务 │   │ 费与体验 │
└──────────┘   └──────────┘   └──────────┘   └──────────┘   └──────────┘
       ↑              ↑              ↑              ↑
    ┌─────┐        ┌─────┐        ┌─────┐        ┌─────┐
    │ 创  │        │ 产  │        │ 产  │        │ 商  │
    │ 意  │        │ 权  │        │ 品  │        │ 品  │
    └─────┘        └─────┘        └─────┘        └─────┘
```

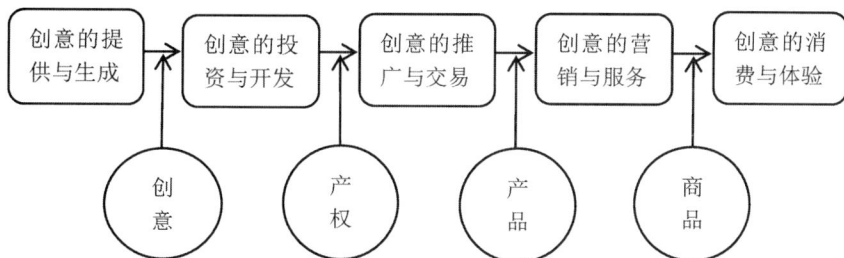

图 3 - 4　创意扩散运行机制

　　结合当前理论界现有研究成果来分析,创意扩散运行机制主要是指创意扩散过程中创意参与主体和参与要素的运行方式及其相互之间的结构关系,表现为创意主体以创意扩散为目的而建立起来的运行机制。根据创意扩散的基本原理来分析,创意扩散过程主要包括创意资源的提供与生成、创意的投资与开发、创意的推广与交易、创意的营销与服务、创意的消费与体验等基本环节,可用如图 3 - 4 所示的链条来表示。在整个创意扩散的过程中,创意从提供与生成到最后的消费与体验,每个环节中都伴随着创造性思维的融入。而且这种创造性思维在各个具体的运作环节所发挥的作用也不尽相同,创意在各阶段的表现形式也不尽相同。如从创意的提供和生成到创意的投资开发阶段,创意主要通过原创性的思想或理念形式来体现。而在创意的投资开发到创意的推广与交易阶段,创意主要通过产权的形式来体现。在创意推广与交易到创意的营销与服务阶段,创意主要通过产品的形式来体现,而在创意营销与服务到创意消费与体验阶段,创意主要通过商品的形式来体现。

　　根据前面的论述,由于创意扩散主要是指具有市场价值的新思想或新理念在社会系统中从一个主体传向另一个主体(这里的主体既可以是个体,也可以是群体),因此,构成创意扩散链的要素至少包括创意扩散源、创意扩散渠道、创意扩散受体三个方面。创意扩散源通常是指创意的生产者或提供者,创意扩散受体通常是指创意扩散的接收者,作为创意扩散过程中的参与者,彼此之间通过双向多元的沟通交流来达成创意扩散的目的。因此,在创意扩散过程中,创意扩散渠道显得尤其重要。创意扩散渠道主要是指不同主体之间进行创意传播的通道,扩散通道决定着不同个体之间创意元素传递关系的性质(即知情方在什么条件下将该创意传播给未知方)以及传播的效果。根据创意扩散的渠道不同,创意扩散可以分析大众传播、人际传播以及中介机构传播等不同各类。大众传播例如广播、电视、报纸、电子媒体、平面媒体、新媒体等是最有效也是最快的传播手段,他们能够使大多数人获得并了解到少数人的创意信息。大众传播优于人际传播,对创意的传播具有正向影响作用;人际关系传播一般是通过邻里、朋友、家人、同事接触等进行传播。人际关系传播优于中介传播,中介传播例如展销会或博览会、公共服务平台等对信息的传递。

由于创意扩散总是在特定的时空范围内进行,因此,选择从时间和空间的维度可以较好地阐述创意扩散的过程机制。研究表明,创意是灵感的迸发,尽管在产生的时间上可能只是一瞬间的事情,但创意的扩散却是一个动态和非线性的演进过程。根据传播原理,创意扩散过程可以用如图 3-5 所示的"S"曲线来描述。在创意扩散的初期,接受者可能需要一定的时间进行决策,决策的时间由双方知识位势上的差异程度以及创意传播的通道来决定,而创意扩散的速度也相对较慢;当接收者决定采纳之后,经过社会系统中不同成员各自的人际关系网络传播,S曲线迅速上升,进入"起飞期"。而经过市场化推广等一系列过程后,逐步形成商品化的创意产品用来满足消费者需求。至此,创意扩散的效果逐渐明显,不仅可以产生一定的经济效益,而且可以产生一定的社会效益。从扩散的整个过程来看,创意扩散随着时间的演进在空间范围内呈现出正态分布状态。

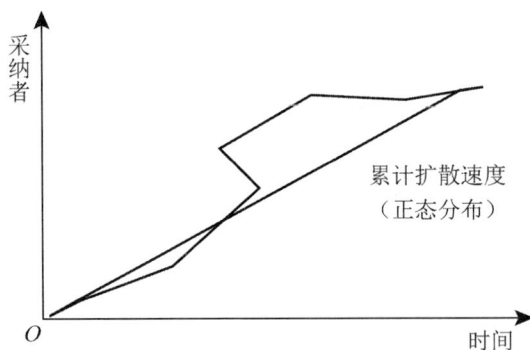

图 3-5　创意扩散的 S 曲线

3.3.2　创意扩散的环境条件分析

创意产业是特定环境下的产物,创意扩散的过程也是复杂、动态和非线性的,扩散过程依赖于特定的环境系统,满足特定的环境条件是进行创意扩散活动的基本前提。对于创意扩散的环境条件,已有相关研究者进行了初步的研究。如李沃源和张庆普认为创意的扩散需要一定的环境条件进行,创意扩散环境是进行创意扩散活动的基础和保障,不同的创意扩散环境为创意扩散提供了可靠的保障。张玲玲认为影响创意扩散的主要因素包括宏观的政策环境、微观的文化创意产业内部管理和创意人才的培养等。李南和黄杰结合 Bass 扩散模型运用 MATLAB 工具进行模拟仿真实验,探讨了创意产品的消费市场扩散影响因素,认为创意扩散的环境条件影响和决定着创意产品价值的实现。结合当前理论界的相关研究,本书认为影响创意扩散的环境条件主要包括市场环境、经济环境、政策环境、文化环境、社会环境和中介服务环境 6 类,不同的环境为创意扩散活动提供了不同的资源要素,各创意扩散环境的优劣直接或间接地影响创意扩散的速度、效果、规模和水平,各地在促进创意产业融合发展的过程中必须结合实际情况,有针对性地加强对各种环境条件的培育。

(1)市场环境。由于创意本身的特性和扩散带来的网络效应,创意扩散需要一个相对宽容的市场环境。良好的市场环境对创意扩散有着促进作用,过度的市场竞争或垄断会挫伤创意阶层的积极性,导致创意活动的减少。而不同的市场环境中消费者的需求和消费理念也会不一样,由此造成的不同消费行为模式也会影响到创意扩散的效果。

(2)经济环境。发达的经济环境是创意产业生存和发展的基本前提。正是由于经济发展环境不同,造成不同地区创意产业发展有着根本性的差别。快速发展的经济环境会吸引更多有创意的人才,孕育更多的创意阶层,加速创意的扩散和传播,进而创造出更多富有特色的创意产品。反过来,作为新兴业态的创意产业的快速发展,可以促进各地经济增长方式的转变和产业结构的优化升级,为区域经济增长营造良好的发展环境。

(3)政策环境。政策环境是创意扩散的制度保障,发达国家和地区纷纷出台各种产业发展规划和支持政策,旨在促进创意扩散与传播。如果没有良好的政策环境(法律制度和知识产权保护政策),创意极易遭到模仿和抄袭,严重损害原创者权益,打击和挫伤创新者积极性。而良好的政策环境可以保护知识产权,为创意扩散提供刚性的制度保障。如果不能从制度上提供强有力的保障,创意扩散范围将受到限制,创意产业的发展将举步维艰。

(4)中介环境。中介组织是创意传播的有效通道,各种创意元素的有效对接也离不开以诚信为主的中介环境。中介环境除了可以助推创意的宣传与推广,对创意传播主体起到辅助和支撑作用以外,还可以为创意受体提供咨询服务,为各种创新信息提供交流平台,为创意受体提供纽带和桥梁作用。因此,从传播的效果来看,中介机构对创意扩散有着十分重要的促进作用。

(5)文化环境。文化环境对于创意扩散具有重要的影响,越优越的文化环境越有利于创意的扩散,扩散速度越快,传播规模越大,扩散广度就越深。文化环境决定着一个地区创意氛围及其浓郁程度,越浓郁的文化环境氛围越有利于创意的迸发与创新性思维的诞生。根据弗罗里达的"3T"模型,文化环境越浓郁,人才受教育程度较高,则创意氛围越浓,创意阶层越活跃,越有利于创意的萌生与扩散。

3.4　创意扩散的作用机制

3.4.1　通过价值开发和创意设计形成了全新的产业业态

如果以文化创意的价值转化阶段或者发展状态为标准进行划分,文化创意产业价值链以创意萌生为起点,其间经历创意产品设计、创意产品生产制造等多个不同的价值传递环节,以创意消费的满足和市场价值的实现为终点,每一个环节始终都贯穿着文化创意元素的渗透和流转,创意也由最初始的知识状态转化为可视化的价值产品,产业链上的每一个递进过程也是价值的传递和转化过程。通过对文化创意资源的开发设计可以形成全新的产业业态,同时提升传统产业的价值链条,也在一定程度上促进了产业融合,产业融合必然产生新增的价值传递。文化创意产业取代传统产业并促成产业融合,最典型的例子莫过于近年来新兴的大量动漫产业和电子信息产业。这些产业都具有文化创意产业的典型属性,在本质上完全是新生产业,虽然在表现形式上离不开有形的物质材料,但能耗较少,科技含量和价值内涵十分丰富,是电子信息技术的深度开发,也可以称之为新兴技术的广泛应用。这种产业融合形态不是"混合物",而是经过特殊反应后形成的"化合物",新形成的产业具有特殊性的价值和使用价值。

3.4.2　通过功能互补和价值延伸实现传统产业转型升级

通过文化创意元素在不同产业或关联经济活动之间的功能互补和价值延伸,可以实现不同产业之间的跨界融合。这种情况必须是在产联产业之间发生,产业关联为价值融合奠定了坚实基础。在工业经济时代,传统产业主要依赖于有形的物质资源,导致能耗较高、污染较大。在后工业经济时代,借助于先进的生产制造工艺手段可以赋予传统产业众多科技元素,既丰富和提升了传统产业的内涵价值,赋予了原有产业全新的附加功能,又打破了传统产业之间的业务流程和运作边界,使不同的产业发生交叉融合,提升了传统产业的竞争优势。这种方式可以融合形成众多新的产业部门。例如张艺谋的"印象系列"、禅宗少林音乐大典等表现形式,就是中国传统文化元素在旅游产业中得以创造性运作的成功模式,延长了文化创意产业的价值链条,开创了产业价值传递的新路径。

3.4.3　通过价值的渗透与传递提升传统产业的价值功能

这种方式主要是通过文化创意元素的渗透和传递促成产业融合发展,主要表现为文化创意元素在同一产业环节以及不同产业之间进行价值的渗透和传递来完成。文化创意产业的价值传递是文化创意产业飞速发展的重要原因。价值传递可以极大地促进产业融合,其机理在于文化创意产业的价值传递模块化、产业关联性、范围经济性和外部性。文化创意产业价值链的形成除了具备一般产业链的特点以外,另一个重要的特点是通过文化创意元素的渗透和传递来促成产业的融合发展。在产业融合背景下,文化创意产业通过文化创意元素的渗透与传递,不断地推进不同产业之间的重组,带动产业价值链的延伸与产业的发展。在高科技的推动下,通过价值融合与渗透的方式,将原本属于不同领域的产业,通过重组全部或部分地无缝对接,从而形成全新的产业形态。这种融合方式促成原本属于不同的产业或经济活动交织在一起,大大扩展了原有产业的价值内涵,使得融合后的产业具有更丰富的价值功能,新产业具有更强的竞争优势。这种融合方式主要包括两种,一种是高科技元素渗透到文化创意产业中,如现代信息技术或数字技术在文化创意产业中的应用,形成和诞生了新的数字产业,文化创意产业的价值得到极大提升。另一种是文化创意产业向其他产业进行价值渗透,如文化创意在传统工业制造领域的应用,极大地提高了传统制造业的工艺设计水平。

第 4 章

文化创意产业融合发展的机理分析

为了深入揭示文化创意产业融合发展的机理,前面从创意扩散的角度对文化创意产业融合发展的逻辑基础进行了分析,诠释了文化创意作为一种附加元素如何促进产业发展的过程。为了说明不同文化创意产业门类之间的跨界融合,本章展开对文化创意产业融合发展的动力、融合发展的过程和融合发展的模式分析。

4.1 文化创意产业融合发展的动力机制

4.1.1 文化创意产业融合发展的理论模型

根据迈克尔·波特的产业价值链理论,产业发展过程中任何产品基本上都会经历研发设计、来料采购、生产制造、零部件组装、市场推广与营销、售后服务等环节(如图 4-1 所示)。从本质上来看,整个过程凝结着特定的文化烙印与价值理念,是人类智慧活动的结晶。根据价值链分析,理论界往往把涉及研发设计和售后服务等环节放在产业价值链顶端,而把生产制造和组装等环节视为价值链底端。事实上,很多国家已经把涉及研发、设计等环节的内容纳入文化创意产业范畴。正是由于创意无限,人类的智慧不仅为经济社会发展提供了不同种类的物质产品(有形),而且赋予各种物质产品丰富的文化内涵和价值体验(无形),使得文化创意产品能够最大程度地满足人们的物质需求与精神追求。透过对文化创意产品的消费,人们经常可以体验到隐藏在物质载体后面的价值理念和文化内涵,从而获得一种心理和精神上的满足感,文化创意产业的跨界融合与价值渗透功能从中可见一斑。

支持活动	企业基础设施					边际利润
	人力资源管理					
	技术开发					
	来料采购					
	研发设计	生产制造	部件组装	市场营销	售后服务	

← 主要活动 →

图 4-1　产业价值链分析模型

　　文化创意产业跨界融合的功能主要源于特定时期科技、经济、自然和社会的共同作用。20 世纪八九十年代,随着科技的进步,传统工业经济的增长给社会发展带来了许多的矛盾和问题,全球采购、流水线生产和模块化组装使产品同质化现象严重,人类社会迅速由传统的短缺经济时代进入饱和经济时代并逐步进入过剩经济时代,人们的消费需求越来越呈现出个性化,产业面临的竞争环境日趋白炽化。面对日益复杂动态多变的产业竞争环境,文化创意产业的跨界融合能够迅速改变传统产业结构和商业经营模式,从传统的生产制造到现代的工艺设计,既是人的创造力的迸发,也带来了传统产业的结构优化与转型升级。而高科技的快速发展,促成了文化创意元素在传统产业中的开发与广泛应用,科技含量与附加价值逐步渗透到传统产业的各个环节,文化创意元素与传统产业通过有机融合,扩大了产业业务范围,延长了产业价值链条,带动了传统产业的发展进步,彼此之间的融合机制可用如图 4-2 所示。从图中可以看出,在特定的政治、经济、文化、技术环境下,文化创意资源与传统产业相融合,在传统产业链的作用基础上,借助传统产业资源和载体,通过文化创意产业对传统产业发展的拉动、融合和促进作用,从而极大地延长了产业价值链。

4.1.2　文化创意产业融合发展的机理诠释

　　研究表明,文化创意产业的跨界融合是一个循序渐进的动态过程,融合的结果主要取决于文化创意产业与其他产业之间存在的渗透力和阻力。当渗透力大于阻力时,说明文化创意元素很容易渗透到另一产业中,原先清晰分明的产业边界不断变得模糊,原本相互分立的产业成分相互交叉,不同的生产要素渗透到对

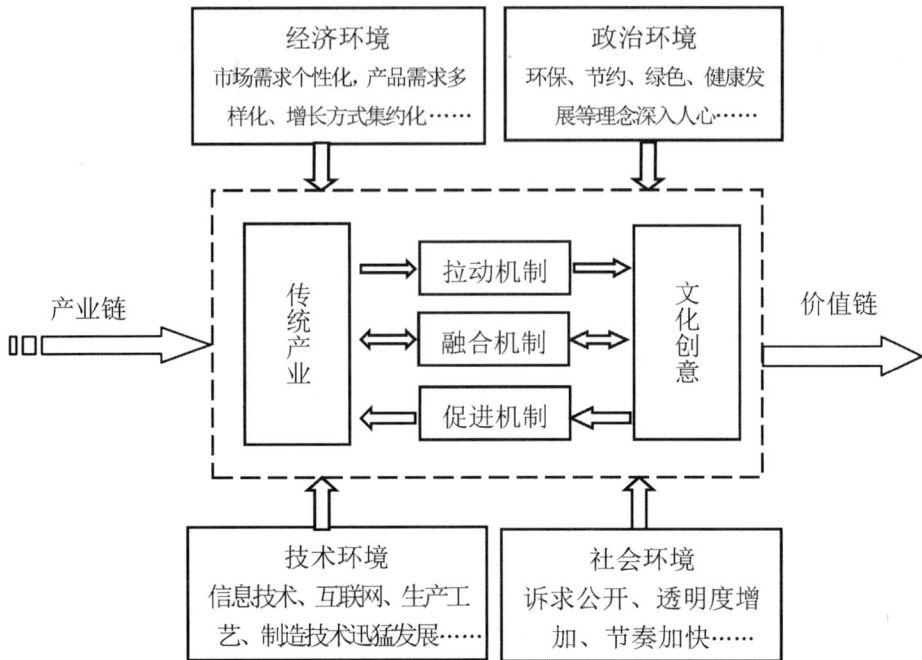

图 4‐2 文化创意与传统产业融合发展的理论模型

方的领域,最终形成兼具两大产业共同特点的新型产业结构,或者提升原有产业在价值链中的位置。当渗透力等于阻力时,文化创意元素与其他产业元素之间存在一种临界和对峙状态。只有当遇到更为强大的外部因素冲击并且打破这种临界状态时,才会使两者发生相互渗透。而当渗透力小于阻力时,文化创意元素与其他产业元素不存在关联,两者不能相互融合。即便勉强进行融合,也不能带来价值增长或效益提升。借鉴相关的理论成果,文化创意产业跨界融合的机理可以描述如下。

假设 T、R 分别代表关联产业部门和文化创意产业部门,和分别是度量它们发展水平的函数,其中,x、y 分别为 T 和 R 的特征向量,其中,t 是时间。关联产业与文化创意产业的协调是指和的相对离差系数,c 越小越好,则:

$$c = \frac{2|F_1(x,t) - F_2(y,t)|}{[F_1(x,t) + F_2(y,t)]}$$

变形可得:$c = 2\sqrt{1 - \frac{F_1(x,t) * F_2(y,t)}{\left[\frac{F_1(x,t) + F_2(y,t)}{2}\right]^2}}$

$$其中,F_1(x,t)*F_2(y,t)\leqslant\left[\frac{F_1(x,t)+F_2(y,t)}{2}\right]^2,\frac{F_1(x,t)*F_2(y,t)}{\left[\frac{F_1(x,t)+F_2(y,t)}{2}\right]^2}$$

越大时,c 值越小,$F_1(x,t)$ 和 $F_2(y,t)$ 之间的协调度越好。当关联产业部门与文化创意产业部门处于同一个水平时,即 $F_1(x,t)=F_2(y,t)$,$c=0$,离差最小,两个部门处于相互分立的临界状态,关联产业与文化创意产业之间不发生相互融合,彼此平行发展。

$F_1(x,t)>F_2(y,t)$ 时,则表明关联产业取得的发展势头良好,关联产业对文化创意产业的渗透力超过了文化创意产业,此时两者之间无法进行相互融合,甚至关联产业取得强势发展,文化创意产业发展处于滞后状态。

相反,当 $F_1(x,t)<F_2(y,t)$ 时,则表示关联产业对文化创意产业的渗透力落后于文化创意产业,关联产业发展相对滞后,文化创意产业与关联产业之间发生融合。

通过利用上述函数关系模型分别对关联产业与文化创意产业发展水平进行分析可以发现,产业发展水平决定了关联产业与文化创意产业之间融合的可能性。区域内文化创意产业与关联产业之间的融合发展取决产业渗透能力的高低与强弱。通过函数关系模型的进一步计算,则可以得出二者之间的相对离差系数 c,因此在 $F_1(x,t)<F_2(y,t)$ 的基础上可以将二者的融合程度进行量化。此外,二者的发展水平均会随着时间变量 t 的改变而改变,因此关联产业与文化创意产业之间的融合关系是一个动态变化的过程。同时,该函数模型不仅可以对关联产业与文化创意产业的可融合性进行定量分析,亦可以通过相对离差系数 c 来研究二者在不同时间范围内融合发展具体的程度变化,便于进行纵向比较,并且还可预测关联产业与文化创意产业融合发展的未来趋势。

4.2 文化创意产业融合发展过程分析

通常情况下,融合发展主要是指通过不同行业的交叉渗透后,原有产业价值链被打破和分解,新的产业价值链得以重构和形成的过程。产业融合发展可以形成全新的产业业态,不仅保留了传统产业价值链的优势,而且丰富和增加了新的产业价值内涵,使新形成的产业价值主体更具竞争优势。在传统的单一静态的竞争环境下,市场需求极度缺乏,不同的行业和产业单独并行,彼此之间的界限十分明显。而随着全球经济一体化的发展,国际竞争环境变得越来越复杂,消费者需求越来越呈现出个性化发展趋势,市场对产品和服务的要求也越来越高,不同行业和产业之间的跨界发展需求强烈,而高科技的发展为产业跨界融合提供了坚实的物质基础。文化创意产业通过跨界融合可以促进不同行业产业之间资源的整合、能力的提升、产品的增值和市场的拓展。文化创意产业与关联产业跨界融合与协同发展的过程如图 4-3 所示。

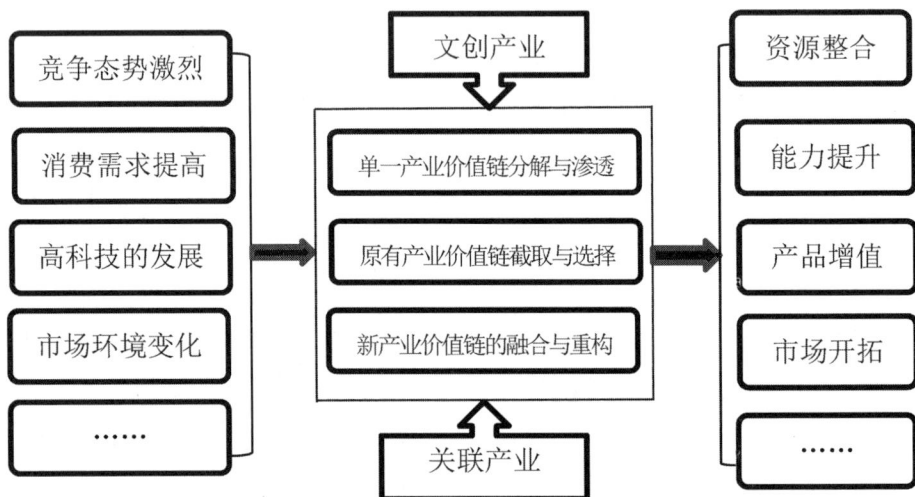

图 4-3　文化创意产业和关联产业融合发展的过程模型

4.2.1　单一产业价值链的分解与渗透

文化创意产业与关联产业通过跨界的方式发生融合时,文化创意产业的价值融合功能分离出来,其创意与文化元素逐步向关联产业渗透,关联产业通过吸收其中的科技元素和文化内涵,使得原有的产业价值链向上游延伸,同时文化创意产业价值链向下游进行延伸,原有的无形的创意与文化元素逐步变成有形的价值产品。当文化创意产业和关联产业的价值链向上或向下延伸并发生交叉时,导致两者原有的单一价值链发生裂变,在相互渗透后融合形成全新的产业价值链。因此,文化创意产业与关联产业融合发展的过程,在本质上是一个产业价值链的分解与重构过程。当两者发生融合时,各自将优势的价值环节从原有产业链中分离出来,并与对应的产业价值链进行重新组合,而非原有产业价值环节的简单叠加或重复组合。因此,无论是文化创意产业还是关联产业,在跨界融合发展过程中都必须结合自身的核心业务及市场发展需求,来进行价值链的分解与渗透，以形成完整的产业价值链和全新的业态。

4.2.2　原有产业价值链的截取与选择

研究表明，产业跨界融合将促成原有单一产业价值链被分解成一个个相对独立的价值环节，不同产业在交叉渗透过程中会依据市场规律对这些价值环节进行筛选，并将其中最有价值且能无缝对接的价值单元截取出来进行重新组合。在文化创意产业与关联产业跨界融合的实践中，触发融合的主体首先往往是传统产业，主要出于完善自身功能的需要和满足市场消费需求变化而寻求与文化创意产业的融合。同时，文化创意产业通过对传统产业的价值渗透（科技、文化、创意）来延伸和完善自身的产品与服务功能。这个融合的过程要求传统产业必须打破长期以生产制造作为中心的传统价值链，还需要文化创意产业吸收传统产业生产制造过程作为重点进行自身价值链重构。因为在当今民众的需求越来越呈现出个性化趋势，他们的消费需求并不会仅仅停留在产品本身，由产品带来的愉悦感、体验感、价值感等，往往也会成为民众做出消费选择的重要依据。为了满足民众的需求，传统产业必须提供丰富的消费内涵与价值追求等，让民众充分感觉到消费过程中的"物有超值"。此时，文化创意产业让渡出科技、文化、创意等强势功能，与传统产业相融合，各自发生价值链的截取与选择。

4.2.3　跨界融合后新产业价值链的重构

在文化创意产业与关联产业相互融合的过程中，传统产业价值链的分解和核心价值单元的组合，都是为了使新产业价值链得到更好的重构。因为文化创意产业与关联产业融合发展的最终目的在于按照产业发展的内在逻辑关系进行价值链的重组，实质形成能够创造出更大价值的全新的产业形态。文化创意产业和关联产业进行价值链重构的目的不仅在于促进传统生产要素的重新组合和价值环节的互补，更在于提升原有产品和服务以满足潜在需求，实现价值最大化。也就是说，通过文化创意产业与关联产业的融合，新形成的产业价值链不仅兼具原有单一产业价值链的强势功能，而且还具有其他全新的功能。目前，随着高科技的发展，许多发达国家涌现出来的许多新兴产业形态，成为促进国民经济发展的重要增长点。国内许多地方也充分借鉴国际经验，通过大力发展文化创意产业，力促产业的跨界融合，以期实现区域经济一体化协同发展。这种基于市场需求对传统产业进行价值环节的截取与重组，并通过跨界融合形成新的业态，不仅极大地提升了传统产业原有产品和服务中内在的价值含量，而且还充分发挥了文化创意产业应有的能量。

4.3 文化创意产业和关联产业融合发展的模式选择

研究表明,产业融合发展通常发生在不同的行业产业之间,意味着不同生产要素的交叉渗透,或生产环节的重新组合,这个过程必须是在原有价值链分解的基础上形成新的产业价值链。当跨界融合发生时,往往会引起原有价值链的分解。此时,传统产业链条各自让渡出一部分空间,容纳新的生产要素进入,新的生产要素与传统生产要素发生融合,并形成新的产业价值链。同样,当文化创意产业与关联产业发生融合时,各自也会让渡出部分生存空间,原来单独存在的生产要素通过新的组织方式融合渗透进入彼此的产业结构中,原有价值链中的部分功能分离出来,并逐步嵌入相应的价值创造环节中,融合形成新的组织功能。具体到文化创意产业和关联产业的融合发展而言,可以是三种演进方式。

4.3.1 文化创意产业主动向关联产业靠拢的融合发展模式

这种模式就是文化创意产业将原有产业中的科技、文化、创意元素等强势功能分离出来,与关联产业中的生产制造等强势功能对接,在不弱化自身功能的基础上,放大和强化了关联产业中的研究、开发与设计等功能,促成了传统产业价值链向前端延伸。这种方式以文化创意产业为主来形成相应的组织结构,比较适合于具有一定的生产制造能力,但研究开发能力较弱、科技创新能力不强的关联产业采用。

4.3.2 关联产业主动向文化创意产业靠拢的融合发展模式

这种模式就是关联产业主动将自己原有的生产制造等强势功能剥离出来,嫁接到创意强劲、文化内涵丰富、科技含量较高的文化产业,在不弱化文化创意产业自身功能的基础上,放大和强化文化创意产业的产品与服务功能,为文化创意产业发展提供更为丰富的生产和服务渠道,促成了文化创意产业价值链向下延伸。这种方式以传统产业为主来形成相应的组织构架,比较适合于组织规模小、生产制造能力较差但研究开发能力较强的文化创意产业部门。

4.3.3 文化创意产业和关联产业相互融合的协同发展模式

文化创意产业和关联产业各自让渡出自己的强势功能,重新组合形成一体化融合发展模式。这种模式就是文化创意产业和关联产业介于自身资源、能力、规模等都不足的情况下,各自采取主动联合的方式,将自己的优势功能让渡出来进行重新组合。这种方式比较适合组织规模、生产能力、自身资源都相对有限的文化创意产业和关联产业,两者的组合将使各自的优势功能得到强化,弱势功能得到完善,极大地提升各自的竞争优势。当然,也不排除强强联合的模式。

而在文化创意产业与关联产业融合的具体操作过程中,可以采用并购、合并或自我演进等方式。其中,并购的形式主要是指"以大吃小"的形式,规模大、能力强和资源丰富的主体,将规模小、能力差和资源薄的主体吞并,将组织构架与功能全部接收过来。合并的方式可以是强强联合,也可以是规模较小、能力较差、资源不足的主体之间的优化组合,由此形成具有规模、能力、资源等竞争优势的组合体。自我演进方式包括文化创意产业的自我演进和传统产业的自我演进。传统产业的自我演进主要是指传统产业,将原来以生产、制造、销售为主体的功能向上拉伸,不断补充和完善自身原来所不具备的研究开发与营销服务功能,由此形成一体化综合发展模式。文化创意产业的自我演进主要是指原来以创意设计、文化依附、科技渗透为主要任务的文化创意产业,通过不断完善自身原来所不具备的生产、制造与销售功能,不断补充和延伸自己的下游功能,由此形成一体化综合发展模式。

第 5 章

长三角文化创意产业融合发展的现状分析

前面几章主要从理论上对文化创意产业融合发展进行了内涵与机理等方面的探讨,本部分通过实地调研和深度访谈等方法,逐步对长三角文化创意产业融合发展的基本态势展开分析。长三角地区作为中国经济最活跃的区域之一, 在"十二五"时期,各省市都加大了产业发展过程中"调结构、促转型"的工作力度,相继提出努力实现创意、创业、创新"三创协同"的发展目标,文化创意产业的融合发展作为产业转型升级的必然选择和区域经济一体化的重要手段已成为共识,不仅文化创意产业越来越被政府所重视,而且作为文化创意产业主要抓手的文化创意产业聚集化发展迎来了难得的历史机遇。通过促进区域内文化创意产业跨界融合与协同发展,探索建设一种促进区域一体化发展的共享机制,既可以合理配置资源,也可以搭建公共服务平台,有效协调各种矛盾与冲突。

5.1 长三角文化创意产业融合发展的必要性

长三角城市群是中国最大、世界第六的城市群,也是中国经济最为发达、国际化程度最高的地区之一。上海、浙江、江苏、安徽各地,地缘相近,人文相亲,经济相融。根据《国务院关于进一步推进长江三角洲地区改革开放和经济社会发展的指导意见》的规定,长三角区域一体化已经成为国家战略,这对于长三角文化创意产业融合发展具有划时代的意义。近年来,面对长三角一体化发展的客观要求和区域经济地位的迅速提升,推动文化创意产业的跨界融合和联动发展,既符合长三角区域经济社会发展的实际,也将为全国其他地区文化创意产业发展树立了良好的示范和带动作用。事实上,近年来,长三角各省市在文化创意产业融合发展方面的成绩不菲,在仅仅十几年时间里,长三角地区的文化创意产业集聚区开发与建设迅速。到目前为止,文化创意产业的整体规模和产业影响力已经位居国内前列,成为许多地区学习和借鉴的标杆。尤其是上海、杭州、南京、苏州、无锡等地的文化创意产业集聚区不仅形成了自己的特色,各地之间也初步形成了既竞争又合作的基本格局。而整个长三角地区也初步形成了以上海为中心,杭州、南京、苏州、无锡为辅助的文化创意产业发展格局,产业门类主要以艺术设计、时尚服装、工业设计、会展广告、咨询策划、数字动漫、云科技等为特点的集聚态势,区域范围内文化创意产业的优势和竞争力明显。

文化创意产业作为颇具潜力的新兴产业,经过十几年的发展,已经成为长三角地区许多城市的支柱型产业。特别是由于文化创意产业具有附加价值和科技含量高的特点,使产业的发展并不局限于单一的产业门类,而是呈现出不断的跨界融合与协同发展的功能。2013 年联合国教科文组织在《创意经济报告》中指出创意经济在发达国家呈现不同的跨界融合与转型升级的发展趋势在未来最值得关注。2014 年 3 月国务院印发了《关于推进文化创意和设计服务与相关产业融合发展的若干意见》,积极引导文化创意和设计服务与装备制造业、信息业、建筑业等产业融合发展,不断带动传统产业的转型升级。已有的研究表明,文化创意产业有极强的增值性和渗透性,文化创意产业的融合发展可以重组传统的价值链与价值网络。因此,加强长三角文化创意产业的跨界融合与协同发展,也成为长三角区域经济发展的重要突破口,不仅可以解决区域内产业发展不平衡的问题,而且可以使产业之间兼收并蓄,增强区域集聚效应,扩大产业影响力,树立品牌效益。目前,长三角各地正在不断拓宽文化创意产业融合渠道,采取多种方式,以产业融合为手段,促进经济转型升级,引领区域内文化创意产业大发展大繁荣。事实上,随着区域经济一体化发展,长三角文化创意产业迎来了融合发展的良好契机,推进长三角文化创意产业融合发展有其内在的必要性和可行性。

5.1.1　是新时代赋予的历史使命和现实机遇

从对长三角文化创意产业园区管委会和产业管理部门的走访分析来看,近年来,随着改革开放的全面深化,长三角迎来新一轮发展机会,目前正处于创新驱动发展的关键时期。结合现实来看,在长三角区域经济社会发展取得显著成效的同时,长三角区域内人口资源环境约束日益凸显,经济发展与城市承载力矛盾日益突出。通过对政府管理部门、园区管理者和企业的走访,大部分受访者都认为,促进长三角文化创意产业跨界融合与协同发展既是国家赋予的历史使命,也是新时代提供的战略机遇。长三角地区有着相似的文化背景,有着共同的发展需求和增长目的,无论是历史还是现实都要求文化创意产业实现协同发展,而产业间的跨界融合只不过是实现协同发展的一种手段。长三角文化创意产业跨界融合与协同发展可以使各自为政的文化创意产业走出相对封闭狭小状态,成为更大范围内的开放性的区域产业主体,不仅可以更新人员,促进要素创新,增加制度合力,释放产业活力,实现资源优化,而且可以极大地提升区域经济整体实力和竞争优势。未来长三角必须站在更高起点上依靠创新驱动提升文化创意产业发展质量,充分发挥自主创新对产业结构调整的带动作用,尽快形成科技创新与文化创新"双轮驱动"的发展格局。

5.1.2　是促进长三角一体化发展战略的必备内容

由前述可知,相对于传统产业而言,文化创意产业是一种无污染、低消耗、潜力大、附加值高的产业,目前业已成为长三角转变经济发展方式的一个重要突破口。研究表明,长三角文化资源丰富且各具特色,创意阶层逐步形成,一体化发展国家战略正在发力。而不同的文化特点和资源禀赋,不仅不会成为经济发展的障碍,有时反而能够加速经济社会的发展进步,特别是在以信息技术为标志的知识经济新时代,科技、文化与经济等相互渗透,彼此融合,互为表里。国外文化创意产业的发展实践表明,在区域经济发展过程中,文化资源在科技因素的作用下,由传统的无形资源转变为有形的创意产品,在现代经济增长和产业转型过程中起着十分重要的作用。长三角文化创意产业跨界融合与协同发展对长三角区域一体化发展助推作用十分明显,可以为长三角区域经济一体化发展提供认同基础、精神动力和竞争优势,从而牵引和推动长三角、长江经济带及至全国的发展。如何在既定的政策与体制框架下通过分工与协作的方式,促成长三角文化创意产业一体化融合发展,成为摆在长三角各地政府面前亟须解决的现实问题。

5.1.3　是优化资源配置和产业转型升级的内在要求

从对长三角相关文化创意产业园区的调查走访得知,由于地方利益分割、政府垄断和缺乏沟通等原因,近年来长三角文化创意产业已开始显示出结构失衡、资源浪费、园区规划设计类同等弊端,区域内文化创意产业园区之间呈现出激烈的竞争。同时,经过十多年的建设与发展,长三角文化创意产业发展存在顶层设计不完善、市场化程度不高、投融资体系和要素市场不健全、高端创意人才和复合型人才短缺、产业整体配套不足、整个产业重形态而轻业态等问题,难以满足产业持续发展的需要。在宏观经济增速放缓的背景下,长三角文化创意产业已由高速增长进入增速换挡期,行业内部结构也出现新的变化。一是文化艺术、新闻出版、广播影视等传统行业,由于缺乏精品原创和经营模式市场化不足等原因,导致行业发展内生动力日益匮乏;二是广告会展、艺术品交易、设计服务等优势行业,由于要素集聚、平台建设和人才培养等滞后,行业规模难以壮大;三是由于信息技术变革和居民消费习惯变化,文化开始交融于社会生产、消费各环节,行业边界趋向模糊。产业之间的相互渗透与彼此融合的内在需求日益强烈,迫切需要政府部门之间加强协调,促进产业一体化发展,盘活存量资源,带动资源增量。如何顺应行业结构演变规律,采取有力措施促进文化创意产业跨界融合与协同发展,成为长三角优化资源配置和产业转型升级的重大课题。而加快长三角文化创意产业跨界融合与协同发展,使区域发展的整体战略与地方发展的局部战术有机统一起来,不仅可以整合资源,实现优势互补,交错发展,减少文化创意产业整体发展过程中的交易费用,而且可以提高各地文化创意产业管理机构积极性,调动产业组织和产业主体的积极性,促进区域经济快速发展。

5.1.4　是缓解长三角经济社会发展矛盾的有力保障

长期以来,由于条块分割、地方垄断,长三角文化创意产业发展过程中引发出不少的矛盾与冲突,各地对资源、人才、技术、资金、信息等要素争夺不断,突出地表现在各地在产业园区建设的雷同与产业发展的类同上,资源配置的不合理、发展过程中的有欠沟通以及信息上的不对称,形成了长三角各地之间的相对封闭而狭隘的发展眼光,整个区域之间产业发展呈现出严重的"碎片化"现象,极大地阻碍了长三角一体化发展进程。早在 2008 年国务院发布的《关于进一步推进长江三角洲地区改革开放和经济社会发展的指导意见》文件第六条指出:加快发展广播影视、新闻出版、邮政、电信、文化、体育和休闲娱乐等服务业。积极扶持电子书刊、网络出版、数字图书馆、网络游戏、电影特技制作、数字艺术设计、数字媒体、虚拟展示等新兴数字创意产业发展。文件第二十九条提出,当前需要加快建立区域文化联动发展协作机制,制定区域文化发展规划。不断深化文化体制改革,着力推进文化创新,加快文化产业基地和区域性特色文化产业群建设。随着创新驱动增长新时代的到来,作为我国区域综合实力最强的长三角,大力推进文化创意产业融合发展正当其时。文化创意产业融合发展不仅将为长三角带来无限的商机,而且也将成为长三角经济发展的新引擎,对于长三角经济的拉动力量是巨大的。通过文化创意产业的一体化融合发展,长三角既能够构建一个产业发展的公共服务平台,更可以探索一种具有创新力的区域合作与共享机制,不仅可以有效避免各自为政的矛盾与冲突,而且更加有利于长三角一体化的协同发展,既解决了经济发展过程中的问题,也解决了社会发展过程中的问题。

5.2 长三角各省市文化创意产业融合发展的基本现状

5.2.1 上海文化创意产业融合发展的现状评述

1) 基本概况

上海是我国最先发展文化创意产业的城市。自 1843 年开埠以来,上海就与海外保持密切交流,并由此形成了极具包容性的海派文化。上海依托其中国近代工业的发源地、拥有东西交融的历史文化底蕴以及大量珍贵的工业历史建筑的优势,在追求现代化城市改造的同时,最大限度地保留了一大批建筑风格独特、具有历史价值的老厂房、老仓库,通过引入新的时尚元素,形成了一大批文化创意产业集聚区,使昔日废弃的老建筑完成了向创意设计和时尚文化的华丽转身,并逐步形成具有鲜明区域特色的空间布局,聚集了一大批来自国内外 30 余个国家和地区的创意设计企业和优秀创意人才。在政策支持上,自 2009 年我国出台“十一五”期间文化发展规划纲要以后,上海便成立了上海市文化创意产业推进领导小组及办公室(2010 年),专门研究编制全市文化创意产业发展规划、政策,协调推进本市文化创意产业发展,文化创意产业也很快便成为上海经济发展的支柱产业之一。自 2014 年国务院发布《关于推进文化创意和设计服务与相关产业融合发展的若干意见》后,上海市政府发布促进文化创意产业融合发展的 1 号文件,旨在推进文化创意产业融合创新发展。除此以外,上海一直对文化创意产业的融合发展提供大力的财政扶持,如 2017 年对 292 个文创项目提供了资金支持。2018 年又设立“上海文化产业发展投资基金”。在政府强有力的政策引导和资金扶持之下,上海文化创意产业与农业、制造业、科技行业、服务业中的信息业、旅游以及金融等其他关联产业和衍生产业融合的速度加快,整个产业竞争力有了较大提升。总体来看,上海文化创意产业在实践推进中,经过不断融合创新发展,不仅在长三角地区一直起着模范带头作用,而且在整体上居于全国领先地位。这主要体现在以下几个方面。

(1)产业规模持续扩大,产业结构不断优化。在政府高度重视的情况下,近年来上海文化创意产业的增加值逐年攀升,文化创意产业占 GDP 的比重也是越来越高。如表 5 - 1 所示,到 2014 年便已经达到了 12%。从 2015 年开始,上海文化创意产业的增加值突破 3 000 亿元,占 GDP 比重已达 12.1%。2016 年文化创意产业的总产出达 10 433 亿元。展望未来,根据上海 2017 年颁布的"文创 50 条"要求,在未来五年内上海将实现文化创意产业占 GDP 比重达 15% 左右,到 2030 年达 18% 左右,并在 2035 年全面建成具有国际影响力的文化创意产业中心。在"文创 50 条"的引领下,目前上海各区县也积极响应并推进文化创意产业相关工作,整个文化创意产业结构得到不断优化,逐步形成了工业设计、服装艺术、影视出版等为主体的产业形态。如静安区主动落实的"文创 50 条"首个项目——上海明珠影视城,将打造成为全国一流的影视城,该项目将在 2022 年建成运行。

表 5 - 1　上海文化创意产业增加值及其占 GDP 比重

年份	2011	2012	2013	2014	2015	2016	2017
文化创意产业增加值(亿元)	1 923.75	2 269.76	2 500	2 833.08	3 020	3 395	3 718.42
文化创意产业增加值占 GDP 比重(%)	10.02	11.29	11.5	12	12.1	12.1	12.3

(2)产业载体日趋多元化,重大项目的集聚效应和品牌效应显现。上海是著名的设计之都,举办的活动数不胜数,在国际国内上赢得了广泛的声誉,如上海举办的国际电影节、国际艺术节、服装时尚周、工业设计周等不同的活动每次都吸引了各种不同的人来参与,而且参加的人数一次比一次多,不仅给上海带来极大的影响力,而且吸引更多的创意人才与著名企业入驻上海。如中国国际数码互动娱乐展览会(ChinaJoy)从第二届开始便在上海举办,第十六届展览会于 2018 年在沪落下帷幕,参观人次达到了前所未有的 35.45 万,创历史新高。为了推进"中国纺织服装品牌创业园"等国家级时尚产业载体和基地建设,上海市政府联手中国纺织工业联合会,设立中国时尚趋势研究院,共同签订协议合作共建上海国际时尚之都。同时,为了推动公共服务平台建设,上海正式开发建设网络视听产业基地。为了促成文化创意产业集聚化发展,上海编制产业协同发展的规划,计划引进博纳影业等国际知名影视集团,投资运营环上大影视产业园区,将影响制作的台前、幕后两个核心环节进行聚焦,目前已基本完成规划方案,并成功吸引了岩井俊二、马尔科姆·克拉克等 5 位国际级大师工作室入驻。据统

计,上海动漫产业2017年产值已达80亿元。上海影视业发展也走在全国前列,目前上海国际电影节在国际上的影响力也越来越大,2017年上海影院已经超过300家,累计票房约44亿元,居全国首位。

（3）产业活力明显增强,"大、中、小"各种所有制企业齐头并进。借助于高科技手段,上海文化创意产业的跨界融合走在了全国最前面,文化创意元素不断融入制造业、服务业和战略性新兴产业中,促进了文化创意产业跨产业、跨部门、跨区域渗透融合,提高了产业附加价值,带动了衍生和关联产业转型升级,"大、中、小"各种所有制企业齐头并进,激发了产业发展活力,促进了文化创意与城市功能深度融合,实现了经济进步、产业优化、城市发展、社会协同,解决了一系列社会和民生问题。

（4）产业空间布局向"一轴·两河·多圈"集聚,呈现产城融合态势。到目前为止,上海不仅开发了一大批在国际国内赢得较高知名度和影响力的文化创意产业园区,为上海经济社会发展和产业转型升级带来了良好的契机;而且营造出了浓郁的文化创意氛围,聚集了一大批极具创造力的优秀创意人才,创造了文化创意产业发展与旧城改造相结合的全新模式,初步形成了"一轴·两河·多圈"的空间格局,打造了"1+3+X"产业结构,也在文化创意产业融合发展方面积累了丰富的经验。

2）上海文化创意产业融合发展的主要措施

（1）在产业发展政策上,多种扶持手段助推产业发展。近年来,上海紧紧抓住文化创意产业融合发展趋势,以优化文化创意产业的政策环境为导向,成功借鉴国外融合发展模式,形成涉及文化、法律、知识产权、教育、产业等不同领域的系列产业政策,助推文化创意产业融合发展。如2005年上海市便颁布《上海创意产业发展重点指南》。2010年上海专门成立文化创意产业推进领导小组及办公室,专门研究编制全市文化创意产业发展规划、政策,协调推进上海文化创意产业发展。2017年上海积极落实创新驱动发展战略,发布《关于加快上海文化创意产业创新发展的若干意见》,明确提出将文化创意产业定位为上海市构建新型产业体系的新的增长点、提升城市竞争力的重要增长极,通过不断优化文化创意产业结构布局,以重点领域的跨越式发展助推文化创意产业全面发展。随着文化创意产业融合发展势头的增强,上海市政府出台多项财政扶持政策,促成多家银行与金融机构采用各种方式对文化创意产业进行金融支持。在政府的扶持和金融机构的支持下,上海文化创意产业融合发展的步伐加快,实现了多家文化创意企业的成功上市。此外,上海市还积极推进文创产业走出国门,让世界了解中国,引导文化创意产业与贸易相融合,2011 年在全国文化产品在国际贸易中呈现逆差的情况下,上海便已经实现顺差,成为全国文创产品出口的典范。

表 5 - 2　上海部分文化创意产业相关政策

政策文件名称	地区	时间
《上海创意产业发展重点指南》	上海	2005
《上海市文化创意产业发展三年行动计划(2016—2018)》	上海	2016
《关于加快上海文化创意产业创新发展的若干意见》	上海	2017
《上海市文化创意产业示范楼宇和空间管理办法(试行)》	上海	2017
《上海市文化创意产业园区管理办法》	上海	2017

　　(2)在产业发展门类上,聚焦五类重点领域。文化创意产业是典型的融合型产业,文化创意只有融合渗透到其他产业中,才能促进产业升级,实现市场价值,产生经济效益,将其蕴藏着的巨大能量发挥出来。上海文化创意产业涉及的领域较多,涵盖的面较广。近年来,上海文化创意产业立足突出重点和比较优势,依托现有产业基础,重点规划发展五大类产业。即围绕上海国际文化大都市目标建设的中心任务,重点发展文化内容产业(文化艺术传媒);围绕全球"设计之都"目标建设的中心任务,重点发展大设计产业(视觉设计、工业设计、建筑设计、软件设计、广告设计);围绕上海"科技创新中心"建设的中心任务,重点发展以技术为支撑的网络信息业(网络服务);围绕上海"四个中心"目标建设的中心任务,重点发展咨询会展策划业,围绕促进消费拉动经济转型发展的中心任务,重点发展创意生活体验产业(时尚消费、旅游休闲业)。

　　(3)在产业发展链条上,促成三个产业环节的链接。为促进文化创意的产业化、市场化,加快形成完整的文化创意产业链,近年来,围绕创意生产、创意服务、创意消费三大环节的链接点,规划多元化载体,包括有形的园区、平台载体,以及无形的活动、节事载体等;加强文化创意与市场的对接,与制造业、商业、旅游业、休闲娱乐业、农业的融合。如位于宝山区的上海 M50 创意园是以艺术设计为主的文创产业园区,而上海国际设计中心具有丰厚的设计底蕴,这两个园区以艺术设计为连接纽带,通过融合打造设计品牌,促进共同发展。上海 8 号桥和田子坊都是旧建筑改造升级型,其中,田子坊以发展都市旅游为导向,而 8 号桥则吸引了国内外众多新兴产业聚集于此。两个园区距离很近,但却各具优势,彼此之间形成文化创意产业集聚区,相互利用各自优点扩大整体的影响力。

(4)在产业发展空间上,重塑三种空间形态。近年来,上海以空间高效利用为导向,坚持整合城市基础设施、商务中心区、文化旅游休闲区等各类空间资源,叠加文化创意体验和文化创意消费功能等,实现空间功能的多元化,形成融合型的空间布局。为体现文化创意产业的辐射功能和溢出效应,上海以现有的文化创意产业集聚区为依托,重点建设创意园区、创意街区、创意城区三种创意空间,营造创新创意环境,建设多形态的体验性"众创空间",形成提升上海人居生活品质的增长极,助推国际文化大都市和创意城市建设。上海文化创意产业园区多集中于内环地区和上海市中心地段,松江区、青浦区、嘉定区等区域所拥有的园区数量和规模都较少。因此,城市中心地段发展较快的园区充分发挥其品牌力量,借助飞地模式因地制宜地发展分支机构,这样既带动了关联地区文化创意产业的发展,而且还避免了相对落后区域的探索。同时,考虑到中心城区以外的园区影响力不够,上海通过优化空间聚集,较好地发挥了规模经济效应。

(5)在产业发展业态上,促进一、二、三产联动发展。近年来在政府自上而下的引导下,上海以提升产业附加值为导向,以促进一、二、三产联动为导向,坚持文化创意产业跨行业、跨部门渗透融合,形成融合型的产业链。目前,文化创意产业与科技、金融、贸易、制造业、服务、商贸、旅游、体育等关联产业相融合,产业跨界融合上已取得相应的成果。如近年来,上海依托数字、网络、媒体等现代科技创新手段,孕育出了动漫游戏、创意设计、网络信息、服务等新兴行业。为了适应上海作为国际大都市的发展需求,上海借鉴农家乐模式大力发展创意农业旅游,大力发展都市农业,由此缓解由于城市的扩张带来的农田越来越少的现象。除此之外,作为经济和文化大市,上海还以绿色化、创意化、循环使用、节能减排为目标,积极推动制造业的创意发展,强调产品服务的环境友好性和文化创意性,实现经济、生态和社会等综合效益,以此吸引着国内外众多游客。

3)上海文化创意产业融合发展的重点产业内容

(1)文化内容产业。从上海的市场基础、全国的比较优势和国际经验来看,上海的文化传媒产业重点发展以下四个方面的内容。

①电影产业:上海是中国电影业的发祥地,提升上海电影核心竞争力和国际影响力,完善现代上海电影工业体系,重点推进闸北环上大影视园区、松江影视产业集聚区等产业功能集群建设。

②动漫产业:上海是中国动漫业的发祥地,目前,上海还拥有中国最大的、亚洲一流的渲染集群机房,成为服务长三角及全国的动漫制作技术平台。上海可

利用人才、技术、服务等优势,大力发展动漫产业的前端——原创设计以及后端的衍生产业和市场网络。

③数字版权业:目前上海市已有 4 个数字内容产业基地——上海市数字娱乐中心、上海文化科技创意产业基地、国家动漫游戏产业振兴基地和上海多媒体产业园。在全国具有技术、人才和市场方面的优势,并且已经形成产业集群和辐射效应,随着信息网络技术的发展,特别是"泛网时代"的来临,数字版权业将随着新型商业模式的不断更新,成为经济增长的新源泉,开辟巨大的市场空间。

④旅游演艺业:国际上有纽约百老汇、伦敦西区等成功的案例,上海的"时空之旅"也是现实样板,上海"世博演艺中心"、文化广场项目,以及以上海大剧院为中心的人民广场西藏中路演出场所聚集区等都为上海的商业性演艺业创造了良好的硬件条件。

(2)大设计业。上海以工业设计、时尚设计、建筑设计、广告会展设计、软件设计为主体的大设计产业加速发展,设计产业的增加值平均增幅超过文化创意产业增幅,占全市文化创意产业增加值的比重已超过 30%。工业设计、时尚设计、建筑设计、多媒体艺术设计等重点领域的设计创新能力显著提升,知名企业和品牌快速涌现,为上海产业结构调整,发展战略性新兴产业、生产性服务业和文化创意产业发挥了重要作用。设计的价值得到了上海社会各界的普遍认同,设计已成为上海转变经济发展方式的创新动力,提升城市人居文化生活品质的重要路径,提高城市软实力的关键环节,塑造城市品牌和国际形象的有效手段。"十三五"期间大设计产业主要是指绘画、雕塑、摄影等视觉艺术及其应用,如广告设计、建筑设计、工业设计等。重点可发展四方面的内容:

①视觉艺术设计:上海在国内的地位仅次于北京,是中国视觉艺术中心之一。

②广告设计业:全国广告营业额排名居前三位的省市分别为上海、北京和广东,上海在大型广告公司数量方面占据绝对优势。

③建筑设计业:上海的建筑设计业以大型设计院、国外事务所和同济大学周边的民营事务所三支力量为基础,形成了辐射全国的产业。

④工业设计业:上海的工业设计行业具有长三角实体经济腹地和本地的人才和市场优势,具有巨大的影响力提升空间。依托长三角地区强大的经济腹地,上海有望在工业设计业形成全国性的比较优势,进而形成强大的产业。上海完全可以依靠经济腹地与设计行业的人才优势与基础,形成我国设计行业的绝对龙头城市。

（3）网络信息服务业。上海在网络信息服务业方面发展迅速，品牌效应相对突出，是上海打造优势文化创意产业体系的重要基础。其中，软件产业和互联网信息服务业的发展速度和品牌效应尤为突出，是上海文化创意产业的重点发展内容。

①软件产业方面，目前上海列入"国家规划布局内的重点软件企业"的企业数为 35 家，龙头企业进一步做大，拥有一个国家级软件产业基地和 11 个市级软件产业基地，软件名城。

②互联网信息服务业方面，全国 6 家主流网络游戏公司有 4 家总部设在上海（盛大、久游、巨人、九城）。上海互联网信息服务业与商业、金融、文化、娱乐等服务产业融合发展，形成了各领域内的著名企业。

③上海网络信息服务业的发展重点，是坚持依靠新技术、新模式、新业态促进产业能级提升的高端发展，主要在基于产业分工合作的创新性上谋求新模式、引导二、三产业融合的新模式上形成新业态、促进技术成果转化的制度性上取得新突破、推动区域产业特色的差异化上探寻共赢点、构建产业组织形态的互利性上倍增贡献度这 5 个方面加强培育突破。推进产业转型升级的重点从培育发展高端新兴产业，转变为培育发展高端产业链环节，继而转变为培育发展产业新形态和新模式。

（4）咨询会展策划业。上海咨询服务业的增长速度超过文化创意服务业的平均增长速度近 9 个百分点，伴随着上海经济的进一步对外开放，几乎所有国际顶级咨询公司都落户上海，上海正逐步成为国际咨询总部的集聚地，有较大的发展潜力空间。会展业的发展条件主要包括城市作为市场"窗口"、文艺人才及市场基础、发达的消费与时尚基地等，上海世博会作为一个大型创意展示活动的成功举办，极大地提升了上海会展水平，上海完全可以将建设创意会展中心城市作为文化创意产业发展的一个支撑，与其他几个方面相互结合，形成整合型的大型文化创意中心城市。

（5）创意生活体验产业。以提高居民生活品质为主旨的大众化创意产业门类，既是市场消费的终端，拉动消费增长明显，又是"消费弹性"小的日常普通消费或一种"生活方式"，在经济低迷背景下易于启动和见效。重点包括：

①旅游休闲度假服务业：旅游是仅次于食品和住房的第三大居民消费品，上海是全国最具潜力的旅游客源地，旅游已经成为上海人的一种生活方式。

②健身养生产业：以传统中医文化为创意内容的健身养生产业有巨大的市场需求，是上海创意产业未来应该重点关注和开辟的新领域。对于带动体育产

业、保健器材制造业、保健品生产业以及医药产业的发展都具有积极作用。

③节庆婚庆服务业：为个人生活中值得纪念和庆祝的事件进行咨询策划、提高创意服务，如生日、婚礼、成人、特殊节日等，这些直接提升个人生活品质和生活情趣的小产业也能够产生大效应，是经济效益与社会效益的双重叠加。

④其他跨界融合型体验产业：包括文化创意与一、二、三产业融合的体验服务业，如创意农业、创意商业、创意餐饮等。目前上海文化创意产业与旅游业取得了良好的融合发展效果，如田子坊已经成为上海炙手可热的旅游景点，每天吸引着成千上万的游客。

4）上海文化创意产业融合发展的趋势与问题

为了更好地促进文化创意产业融合发展，"十三五"期间，上海以建设国际化大都市和全球有影响力的创意城市为战略目标，将文化创意产业作为引领上海经济社会转型发展的战略支柱产业。一是确立以文化创意产业在上海国民经济发展中的重要支柱产业地位，使文化创意产业融合发展成为上海城市转型的重要突破口，充分发挥其为上海城市集聚资源要素、为上海传统产业提升附加价值、为上海"四新"产业创造亮点的功能。二是确立文化创意产业在上海城市软实力提升中的主体地位，充分发挥文化创意产业集聚国际战略软资源的平台功能，提升城市创新水平的服务功能，促进产业文化化、文化产业化的融合功能，使之成为增强上海城市发展能级，加快上海国际化进程，提高城市综合竞争力的战略支撑。三是确立文化创意产业在上海人民生活品质提升中的重要抓手地位，发挥文化创意产业满足人民群众多样化、高层次的精神文化需求，使之成为提高人民群众的经济生活品质、文化生活品质、社会生活品质、环境生活品质的有效载体。

然而，从实地调研的情况来看，上海文化创意产业仍处于融合发展的初级阶段，除中心城区部分处于 2.0 向 3.0 升级阶段以外，总体上处于 1.0 到 2.0 之间，文化创意产业跨界融合的巨大经济效益和社会效益还没有得到有效释放，融合发展潜力巨大。主要理由如下：一是在产业业态上，上海文化创意产业发展的重点仍然集中在一些科技含量高、产出效益明显的主导产业门类上，关联产业和衍生产业的效益未能得到较好释放和发挥；二是在产业空间上，上海文化创意产业仍然处于依赖土地红利的园区建设阶段，园区集聚和联动效应未能较好地释放和发挥；三是在产业规划上，上海尚未设计适应文化创意产业跨界融合发展的政策框架，无法满足文化创意产业综合性强、融合渗透面广、软环境要求高的发展要求。

5.2.2　江苏文化创意产业整合发展的现状评述

1) 基本概况

江苏作为我国文化和经济大省,近年来通过推动体制机制创新、结构业态优化、资本市场建设、产业集约集聚的全面发展,不断加大文化创意产业融合发展的推进力度,全省文化创意产业呈现出全方位、纵深化的良好态势(如表 5-3 所示,江苏文化创意产业的增加值逐年攀升并保持稳步增长),主要表现如下。

(1)发展规模不断扩大,产业结构不断优化。2014 年江苏省成立文化产业协会,全省文化创意产业增加值首次突破 3 000 亿元。2015 年江苏省文化产业增加值首次突破 3 000 亿元,达到 3 167 亿元,位列全国第二,占 GDP 比重超过 5%。全省共有文化创意企业 12 万家,居全国第二位,从业人员超过 220 万人。其中,规模以上企业 6 800 多家,占全国的 13.83%,居全国第一位;年末从业人员 116.9 万人,营业收入 1.3 万亿元,营业利润 743.4 亿元,利润总额 789.8 亿元,分别占全国的 14.23%、16.49%、13.04%、12.81%,分别位居全国第二、第二、第三、第三;企业总资产规模、主营业务总收入均突破 1 万亿元。规模以上文化创意企业中,文化制造业企业 2 730 家、文化批发和零售业企业 1 088 家、文化服务业企业 3 051 家,占比分别为 39.74%、15.84%、44.42%,分别位居全国第二、第二、第一。规模以上民营文化企业 5 070 家,占规模以上文化创意企业的 74.4%,民营文化创意企业已成为全省文化创意产业发展的生力军。从产业收入门类来看,2015 年,全省新闻出版业收入超过 2 000 亿元;广告经营收入达 508 亿元;广播影视业收入超过 300 亿元;电影票房收入超过 40 亿元;文化产品进出口额达 73.59 亿美元;各类商业演出场次超过 1 600 场次。其中凤凰集团、省广电集团、江苏有线还被选入"全国文化企业 30 强"。文化进出口额达 73.59 亿美元。

表 5-3　江苏省文化创意产业增加值及其占 GDP 比重

年份	2011	2012	2013	2014	2015	2016	2017
文化创意产业增加值(亿元)	2 321.31	2 478.57	2 700.8	3 167.1	3 481.9	3 863.9	4 317.6
文化创意产业增加值占 GDP 比重(%)	4.21	4.37	4.6	4.9	4.97	4.99	5

（2）产业影响力不断增强，品牌效应逐步彰显。2016 年江苏省已有文化创意类企业十万多家，居全国第二位，从业人数也已经超过了 220 万人。67 家文化创意企业已经挂牌上市，净资产总额达 562 亿元，总市值超 1 930 亿元。除此之外，规模以上文化创意类企业已达 6 800 多家，占全国第一，而其中民营企业就有 5 070 家。从重点企业看，2016 年，省属 6 家文化创意企业资产总额达到 1 156.22 亿元，同比增长 252.75 亿元，增幅 27.98%；净资产 743.04 亿元，同比增长 166.23 亿元，增幅 22.37%；累计实现营业收入 340.83 亿元，同比增长 9.6 亿元，增幅 2.82%；实现利润总额 50.26 亿元，较上年增长 0.65 亿元，增幅 1.29%。凤凰出版集团、江苏省广电集团、江苏有线 3 家企业连续多届入选全国"文化企业 30 强"，幸福蓝海影视文化集团 2017 年首次入选 30 强提名企业。文化创意产业发展指数连续四年位居省域首位，涌现出一批在全国有影响的重点文创企业、园区和品牌，为培育国民经济重要支柱产业奠定了坚实基础。截至 2017 年，江苏省助推并培育了一批千亿级重点产业和百亿级品牌企业，还加快了文化软件服务业发展，强化文化对信息产业的内容支撑和创意提升。江苏省围绕数字游戏、数字音乐、数字影视等重点领域，推动生产、传播、消费的数字化网络化进程。加快数字绿色印刷发展和新闻出版数字化转型，重点建设了高新区"国家动漫基地"、雨花台区"国家数字出版基地"、建邺区"中国游戏谷"、江宁区"三网融合枢纽中心"等。在新媒体方面江苏也有所动作，如促使传统文化单位发展互联网新媒体，支持南京报业传媒集团、南京广电集团等主流媒体先行先试、率先发展，鼓励龙虎网从重点新闻网站向互联网企业转型，重点发展移动互联网社区 020、"在南京"手机 App、图片江苏创新聚合多媒体等原创融合产品，打造拥有强大实力和传播力、公信力、影响力的新型媒体集团。

（3）政府支持力度加大，产业活力不断提升。为了推动文化创意产业发展，江苏省早在 2006 年便出台了《关于加快文化事业和产业发展若干经济政策的通知》，拟通过相关优惠政策，加大了对文化事业的投入，支持重点文化创意产业的发展。同年，南京、苏州、无锡三市也出台了相关政策。2010 年江苏省政府颁布《江苏省政府关于加快文化产业振兴若干政策》，提出了要加强文化产业园区和基地建设加大财税扶持力度、构建多元化投融资服务体系、培育重点文化产业和骨干文化企业、加快文化产业人才培养、完善文化产业发展的保障条件这六点文化产业的未来发展方向。目前，江苏南京和苏州被选为国家文化消费试点城市。

表 5 - 4　江苏省部分文化创意产业相关政策

政策文件名称	地区	时间
《关于加快文化事业和产业发展若干经济政策的通知》	江苏	2006
《苏州市"十一五"文化发展规划》	苏州	2006
《无锡市"十一五"文化发展规划纲要》	无锡	2006
《关于加快发展南京文化产业的意见》	南京	2006
《文化产业引导资金使用管理办法(试行)》	江苏	2007
《江苏省政府关于加快文化产业振兴若干政策》	江苏	2010
《关于金融支持文化产业发展若干意见的通知》	江苏	2011
《省政府办公厅关于进一步加强文化产业园区(基地)建设的意见》	江苏	2013
《关于加快提升文化创意和设计服务产业发展水平的意见》	江苏	2015
《关于促进文化科技融合发展的二十条政策措施》	江苏	2016

近年来,在政府支持下,江苏省大力推动文化创意产业向全方位深入发展,引导文化创意产业与科技产业相融合,截至 2016 年底,江苏省政府资助 320 余项文化科技创新项目的研发,财政拨款近 6 亿元。186 家文化企业被认定为高新技术企业,其中无锡国家数字电影产业园和常州创意产业基地还成为国家级文化科技融合示范基地。此外文化与金融的融合也备受关注,国家开发银行江苏分行、北京银行南京分行、江苏银行三家银行先后与江苏省文化厅签署支持"江苏省文化产业发展战略合作协议"。其中南京文化金融服务中心已入驻近2 000家企业,累积发放的贷款超过 40 亿元。江苏省还成立文化产业专项引导资金,而其中 70% 都用于扶持小微文化类企业。根据文化部发布的统计数据,江苏文化产业综合指数连续三年位居全国前列。

(4)融合发展态势正在形成,新兴业态不断诞生。2016 年江苏省与时俱进地发布了《关于促进文化科技融合发展的二十条政策措施》,引导文化产业与科技产业相融合,旨在培育一批文化类高新技术产业,使文化创意产业焕发新的生机。在政策引导下,江苏省许多文化企业积极引入高新技术增加文化创意产品的科技感和影响力,如将 3D 虚拟数字技术引入动漫游戏产业,带来了产业的增值。南京市作为省会城市,也积极引导文化创意产业的融合发展,在全国率先建立了"1+1+1"文化创意产业融合的政策体系,起到了模范带头作用。南京1912 街区便与服务业充分融合,环绕总统府,颇具民国特征,集餐饮、娱乐、休闲为一体,还被评为"中国创意产业最佳街区"。目前江苏省文化创意产业融合发展迅速,在文化部发布的全国省市文化创意产业发展综合指数排名跃升第二,不仅涌现出一批自主创新能力强,竞争力、影响力、辐射力较高的规模企业,还打造了一批不同主题、形态多样、功能互补的文化创意产业集聚区,逐步形成了文化创意产业多元投入、竞争发展的良好格局。全省共有 200 余个文化创意产业园区,含 1 个国家级文化创意产业试验园区、16 个国家文化创意产业示范基地、4 个国家级动漫产业基地、3 个国家级文化与科技融合示范基地,同时建成 14 个省级文化创意产业示范园区、44 个省级文化创意产业示范基地,数量和规模均居全国前列。其中,"南京秦淮特色文化产业园"入选第五批国家级文化创意产业试验园区,利用数字、网络、信息等高新技术的新兴文化业态成为文化创意产业发展新亮点。目前正着力打造苏州创博会、常州动漫周、南京文交会、无锡文博会等四个文化产业会展平台,推动常州、南京、无锡三个国家文化科技融合示范基地建设。目前,江苏省顺应"互联网＋"发展趋势,坚定地走塑造先进制造业、打造设计高地提升文化内涵的道路,将创意设计融入产品设计、研发、试验、应用全过程,拓展设计新领域,提升新型显示、未来网络、3D 打印及物联网等特色产业基地发展水平,提升产业层次和核心竞争力。

表 5-5　江苏省"十二五"期间文化创意产业增加值分类情况表

指标名称	2011	2012	2013	2014	2015
文化部门产业增加值(亿元)	25.4	34.1	59.7	43.6	55.8
文化及相关产业文化增加值(亿元)	1 793	2 330	2 701	3 160	3 500
文化部门文化产业增加值占文化及相关产业文化增加值的比重	1.42%	1.46%	2.21%	1.38%	1.59%

2) 江苏文化创意产业融合发展的主要措施

(1)加快现代公共文化服务体系建设。一是努力提高基本公共文化服务标准化、均等化。主要通过贯彻落实国家、省建设现代公共文化服务体系要求,全面建成省市县乡村五级公共文化设施网络,健全公共文化设施运行管理和服务标准体系,加大文化惠民工程实施力度,完善以城带乡联动机制,积极扶持薄弱地区公共文化建设。二是加大公共文化资源整合力度。主要通过统筹城市街道、社区和乡镇、村基层文化设施资源配置,加大跨部门、跨领域、跨系统的资源整合力度,实现共建共享。三是推动公共文化数字化建设。主要通过聚焦"互联网＋",推动智慧文化建设,运用互联网和现代科技提升、扩大和延伸公共文化服务。四是创新公共文化运行机制。主要通过深化公益性文化事业单位改革,探索管办分离的有效形式,推进人事、收入分配、社会保障、经费保障制度改革,激发各类社会主体参与公共文化服务的积极性。

(2)促进艺术创作繁荣。一是打造精品力作。主要通过坚持以人民为中心的创作导向,贯彻落实繁荣舞台艺术、繁荣美术创作的意见,生产创作一批优秀剧目和优秀美术作品。二是举办重点活动。主要通过发挥重大艺术活动的引领作用,努力提高活动影响力和知名度,打造地方艺术活动品牌。三是提升创作水平。主要通过推进全省文艺院团改革,扶持民营院团发展,激发文艺院团、艺术院校等创作单位的活力和潜力,提升艺术产品创作水平。四是挖掘地方传统。主要通过传承发展江苏优秀传统文化,推进江苏戏曲传承发展,挖掘地方戏曲、传统书法美术的资源潜力。

(3)推动文化产业转型升级。一是优化文化产业结构。主要通过推进文化与网络、科技、金融深度融合,着力发展创意设计、新兴媒体、动漫游戏、演艺娱乐、文化旅游等特色行业,带动引领相关产业提升质量水平,加快实现产业结构调整和优化升级,形成与相关产业全方位、深层次、宽领域的融合发展格局。二是加快省级重点文化创意产业基地(园区)建设。主要建设一批高起点、规模化、代表文化产业发展方向的省级重点文化产业基地(园区),加强规划认定和动态管理。三是培育壮大骨干文化企业。主要通过促进文化产业与制造业、旅游、通信、会展、商贸、教育、培训、休闲等行业融合发展,培育一批特色鲜明、创新能力强的文化科技企业,形成一批国内国际知名文化品牌。四是推进完善公共服务平台。发挥省文化产业协会作用,建立完善无形资产评估鉴定、投资、保险、担保、拍卖等中介服务和行业组织。鼓励省文化产业协会与海外机构合作,举办产业投资贸易推介活动,搭建贸易服务平台。五是培育和引导文化消费。主要是顺应供给侧改革新形势,从文化产业的供给端发力,引导企业不断提高文化产品的供给水平和供给效率,全方位、立体化地对文化消费加以扶持和引导,提升文化消费总量、人均文化消费支出和消费满意度,激发文化消费活力。

(4)加大文化遗产保护利用力度。一是加强文化遗产保护基础工作。主要通过建立完善优秀传统文化传承和发展体系,推进优秀传统文化创造性转化和创新性发展,让优秀传统文化拥有更多的传承载体、传播渠道和传习人群。二是加强世界文化遗产保护与管理。主要通过科学谋划和实施大运河"申遗"后的文化带建设,推动江南水乡古镇、中国明清城墙、海上丝绸之路等预备名单保护和申遗工作,确保预备项目遗产点中文物保护单位的完好率。三是提升博物馆服务水平。主要通过实施博物馆陈列展览提升、预防性保护、精品巡展等工程,增加原创内容,突出地域特色。四是正确处理保护与利用的关系。主要通过推动文化文物单位文化创意产品开发,采取合作、授权、独立开发等方式,深度发掘文化文物单位馆藏资源,推动文化遗产保护向社会化方向发展。

(5)构建现代文化市场体系。一是推进文化市场繁荣。主要通过发展品牌化、特色化的文化集聚街区,鼓励多种经营和业态融合,推动互联网上网服务、文化娱乐、演出等行业结构调整和转型升级。二是加强文化市场监管。主要通过完善文化市场基本管理制度,建立健全以内容监管为重点,以信用监管为核心,覆盖文化市场监管全过程、全领域的监管体系。三是建立信用管理机制。主要通过完善文化市场信用监管体系,建立行业信用评级制度,健全行业信用信息系统,实现部门之间、行业之间、区域之间信息交互共享,形成行业管理和行业服务的合力。四是提升执法人员素质。主要通过建立健全考核评价和激励约束等人才培养机制,开展执法人员全员培训和执法骨干培训,严格实行执法人员持证上岗和资格管理制度,提高执法人员业务操作水平。

(6)加强对外文化合作与交流工作。一是是深化对外文化交流。主要围绕"一带一路"倡议,通过加强江苏对外文化整体形象的策划和推广,明确对外文化交流的重点国家和地区以及重点项目,传播江苏优秀传统文化的内在精神价值,推进对外文化交流。二是促进对外文化贸易发展。主要通过重点推动工艺美术、演艺、动漫、游戏等领域的合作,鼓励和支持符合国外受众特点和文化消费习惯,代表江苏品牌的文化产品和服务以商业方式进入国际市场,推动更多文化企业和项目进入国家文化出口重点企业和重点项目目录,推动有利于中小文化企业开展对外贸易的载体建设,鼓励有条件的企业开展境外文化领域投资合作业务。三是形成工作合力。主要通过坚持政府统筹、社会参与、市场运作,合力打造对外文化交流与合作品牌。将各地文化品牌纳入区域总体框架,统筹推进。加强与兄弟省(区、市)的横向合作,重点推进对外文化交流资源互通共享,支持更多有经济实力、贸易经验的民营企业从事文化贸易,逐步建立对外文化交流重大项目招投标和政府采购制度,发挥政府采购的引导和示范作用。

然而,取得成绩的同时应该看到江苏省文化创意产业融合发展中存在的一些问题,相比于之下,由于江苏文化创意产业的主体主要由大量事业单位企业化运营的产业主体构成,导致当前江苏文化创意产业主体不够清晰,产业主体跨界融合格局尚未取得较大突破,规模经济效应尚未形成。同时,尽管江苏省政府出台了相关政策指导全省各地区开展文化创意产业融合发展,积极引导非公有制经济进入文化创意产业。但就出台的政策和产业运行情况来说,关于产业跨界融合与协同发展的具体实践有待加强。此外,推动文化创意产业改革发展的体制机制仍不健全,区域文化创意产业发展不均衡的现象仍然十分严重,文创产品还存在有高原无高峰现象,苏北地区文化创意产业人才资源相对薄弱等。

3) 江苏文化创意产业融合发展的主要模式

江苏省文化创意产业融合发展的特点则是各城市分工明确,在创意设计强省建设中,各城市担任的角色互不相同。如南京的重点是区域性文化创意设计和建筑设计;苏州的重点是传统工艺与现代创意设计融合等。同时,通过形成分工合作的协作机制,放大主导产业的联动效应,拉动关联产业共同发展,发展的模式主要有三种。

(1)"历史建筑保护+园区建设"开发模式。如位于南京市白下区光华东街6号的南京创意东8区,是在原南京电子陶瓷总公司及南京汽车仪表厂、南京蓝普电子股份有限公司旧厂房的基础改造而成的。为了最大限度地保留老厂房、老仓库、老故居的文化遗存元素,园区遵循"保存历史建筑特色,体现现代艺术创意性"的基本原则,在保留原有建筑作为特殊文化载体的基础上通过重新设计来加以强化,将文化创意和科技元素引入老厂房和老仓库等老旧建筑中,使原有的两个老旧厂房和老旧仓库经过装修以后,重新焕发了新机,变成了目前风格独特和极具旅游价值的景观建筑。目前园区引进了感知营销、大贺传媒、瑞虎科技、迪安医疗等知名文化创意企业,在产业集聚方面取得了较好的效应。

(2)"龙头企业+关联企业"开发模式。"龙头企业+关联企业"发展模式的具体做法如下:一是不断加速集聚速度。通过集中力量培育一批实力较强的企业集团和具有较高知名度的大企业,发挥行业带头作用,吸引零散资源集中;二是打造完整的产业价值链条。通过龙头企业的带动作用,形成以主导产业为核心、其他配套产业相辅助的完整产业链条,增强园区产业凝聚力,逐步培育并形成新的产业集群,孵化其他新的产业业态。以常州创意产业园为典范,该园区聚集有400多家企业,年产值超过30亿元。园区内经认定的软件企业150家,占常州全市软件企业的81.97%,经认定的软件产品近400个,占常州全市软件产品的75%以上,其聚集规模和程度位居全国同类园区前列。

(3)"政府主导+公司化运作"开发模式。如位于无锡太湖新城科教产业园,便是由政府投资全新打造的文化科技创意产业基地,通过公司化运作,契合开发区的政策优势和区位优势,打造成具有区位优势和文化特色的文化创意园区。太湖新城科教产业园聚集诸如无锡旭天软件、侠客行、美国虎8影视、今日动画、江苏奕华等各类不同的文化创意类企业,以及中科院软件所无锡基地、北大软微学院无锡基地、中国动漫版权保护南方分中心、无锡市软件测评中心、IBM—中国云计算中心等与关联类文化创意机构。各机构在市场化运作下取得了良好的规模集聚效应。

5.2.3　浙江文化创意产业融合发展的现状评述

1) 浙江文化创意产业融合发展的基本现状

近年来,浙江省十分重视文化创意产业的融合发展,通过立足区域资源禀赋,加强特色产业培育,全面提升文化软实力。同时,浙江省积极转变政府职能,不断改善文化创意产业管理体制、运行机制和领导方式,进一步加强对文化创意产业的宏观调控和行业管理,做好文化创意产业融合发展的服务工作。到目前为止,浙江省文化创意产业规模持续扩大,产业集聚效应凸显,跨界融合日趋深入,产业支撑不断增强,已初步形成工业设计、动漫游戏、信息软件、现代艺术创作等新兴优势产业,文化创意产业的引领和带动作用日益显现,为浙江经济社会的改革发展提供了有力支撑。主要体现在以下几个方面。

(1)产业规模持续扩大,产业门类不断增加。近年来,浙江省深入实施文化强省战略和文化创意产业倍增计划,产业规模迅速增长。进入 2014 年以来,浙江省文化创意产业发展明显增速,占 GDP 比重增长速度也是也来越快。2014年浙江省的文化创意产业增加值已经突破 2 000 亿元,占 GDP 的比重已达5.45%。2015 年浙江实现文化创意服务业增加值 502.14 亿元,约占全省文化及相关产业增加值的比重达到 21%,占全省第三产业增加值的比重达到 2.4%,基本形成以影视制作、软件设计、动漫游戏开发、工业设计、互联网信息服务等为特色的产业发展格局。已建成各类文化创意园区(含集聚区)150 余个,容纳文化企业 1.5 万家,吸纳就业 30 余万人。近年来,浙江省成功依托中国义乌文化产品交易会、中国国际动漫节、杭州文化创意产业博览会、温州国际时尚文化创意产业博览会等重大节展活动,推动区域性文创品牌和效益双提升。2015 年浙江原创动画产量位居全国首位,数字出版、移动阅读、网络游戏等新兴文化业态发展迅猛,全省网络游戏消费规模和年新增企业数量均位居全国第四位。

在政府的高度重视之下,浙江省的文化创意产业稳步发展,2016 年浙江全省文化创意产业增加值已逾 3 200 亿元,占全省当年地区生产总值的比重已达

6.8%左右；全省有各类文化法人单位 11.3 万家，文化个体工商户逾 10 万家，上市文化企业 36 家，新三板挂牌文化企业 80 家。全省文化及相关特色产业总产出达 1.6 万亿元，文化创意产业已成为浙江国民经济支柱性产业之一，综合实力位居全国第 4 位。如表 5-6，全省文化创意产业增加值由 2011 年的 1 320 亿元增加到 2017 年的 3 745 亿元，年均增长 26%；文化创意产业增加值占全省地区生产总值的比重由 2011 年的 4%，而到 2017 年其比重已将超过 7%。

表 5-6   2011—2017 年浙江省文化创意产业增加值及占 GDP 比重

年份	2011	2012	2013	2014	2015	2016	2017
文化创意产业增加值（亿元）	1 320	1 581.72	1 880.4	2 187.5	2 490	3 233	3 745
文创产业增加值占GDP 比重（%）	4	4.56	5	5.45	5.81	6.8	7.2

(2)产业特色加快形成，产业竞争力稳步提升。自 2016 年进入"十三五"之初，浙江省提出构筑"一核三极三板块"的文化创意产业发展格局。2017 年浙江省政府发布了《关于加快把文化产业打造成为万亿级产业的意见》，提出争取在 2020 年，文化创意产业增加值占 GDP 达 8%。浙江省影视业尤为发达，省内影视公司多达 3 000 余家，仅次于北京而位居全国第二。广播影视、新闻出版、动漫游戏、文化演艺和文化 WBUJ 产品制造等领域优势凸显。2015 年，浙江省电视剧、动画片、电影产量分别居全国第 1、第 2 和第 3 位，浙江出版联合集团、宋城演艺、华策影视等 5 家企业入选全国文化企业 30 强；全省涌现出《温州一家人》《国家命运》《大圣归来》《主义之花》等一大批文化精品，荣获全国"五个一工程"等各类国家级奖项的精品数量位居全国前列。

(3)产业结构逐步优化，集聚效应日趋显现。目前浙江在文化、科教、基础设施、产业基础、消费需求等方面禀赋优势明显，具备了优先发展文化创意产业的基础和条件，在长三角区域经济竞相发展，梯度发展边界越来越模糊的态势下，文化创意产业在经济社会发展全局中的战略地位日益突显。中心城市文化 WBUJ 产业发展的集聚辐射功能进一步增强。2015 年，杭州、宁波、金华三市文化创意产业增加值总和占全省的比重达到 60%左右；全省建成各类文化创意产业园区 150 多个，形成影视动漫、文化创意、工艺美术品生产、文化产品制造等一批具有较强影响力的特色文化创意产业集群。据浙江省"十三五"发展规划指出,浙江将聚力打造全国文化内容生产先导区、文化产业融合发展示范区和文化产业新兴业态引领区。力争到 2020 年,全省文化产业年度总产出将达到 1.6 万亿元,实现年度增加值近 5 000 亿元,占地区生产总值的比重达到 8%,全省文化创意服务业增加值达到 800 亿元以上,年均增速达到 10%左右,成为现代服务业重要组成部分和产业转型升级的重要支撑。

(4)要素支撑不断增强,资源配置能力稳步提升。为达成将文化创意产业打造成万亿级产业的目标,浙江省组建文化创意产业项目库,实现全省文化创意产业数据的及时更新,以便管理和监测。此外浙江省各地也积极响应省政府号召,推进文化创意产业融合发展,专门成立了文化创意产业办公室,旨在为全省文化创意产业融合发展出谋划策。如 2018 年杭州颁布了《关于加快建设国际文化创意中心的实施意见》,致力于让杭州的文化创意产业发展更上一个台阶。温州连续十一年举办了温州动漫节,吸引了无数动漫迷。同时,为了促进文化创意产业与资本市场持续深入对接,浙报传媒、长城影视、思美传媒、海伦钢琴等一批文化创意企业成功登陆资本市场,全省设立了东方星空、杭州文投等一批文化创意产业投资基金,杭州市、宁波市、温州市、嘉兴市、绍兴市、台州市设立一批文创银行;文化与科技融合日趋深入,杭州、宁波、横店获批国家级文化与科技融合示范基地;大力实施文化创意人才培养计划,培养了一批懂文化、善经营、会管理的复合型人才,多层次文化创意产业要素市场初步形成。目前浙江省已有 39 家文化企业上市,100 余家文化企业登陆"新三板"。除此之外,浙江省利用理工大学多的优势,成立了浙江文化创意研究所,整合资源为文化创意产业服务。

(5)产业交易市场日趋活跃,文化贸易大幅提升。文化创意产品交易市场日趋活跃,中国国际动漫节、中国义乌文化产品交易博览会、浙江(温州)国际时尚消费博览会等重点文化会展交易额逐年增加。互联网文化贸易快速发展,咪咕传媒等互联网文化企业和浙江联合出版集团、杭州力合数码等文化跨境电商茁壮成长。培育打造一批文化出口重点企业和重点项目,2015 年全省文化创意产品进出口总额 102.55 亿美元,同比增长 19.2%,文化服务进出口总额 5.03 亿美元,同比增长 15.1%,文化创意企业"走出去"取得显著成效。

(6)政策环境日益优化,园区建设卓有成效。为了全面深化文化体制改革,深入推进文化领域审批制度改革,浙江省不仅出台了《中共浙江省委浙江省人民政府关于进一步加快文化产业发展的若干意见》《浙江省人民政府办公厅关于进一步推动我省文化产业加快发展的实施意见》《浙江省深化文化体制改革实施方案》等政策文件,还建立集中统一的文化市场综合执法机构,设立省国有文化资产管理委员会,构建有利于文化创意产业发展的体制机制。同时,为了引导非公有资本投资文化产业领域,浙江省政府早在 2006 年提出《浙江省文化产业项目投资指南》。2015 年底浙江省成立了文化创意产业协会,接纳了跨越全省十一个地区、涉及二十多个行业的 300 多家企业会员。协会充分发挥其组织作用和服务职能,积极维护广大会员的合法权益,引导和推动会员企业做大做强。2016年浙江省再次颁布《浙江省文化产业发展"十三五"规划》,明确提出文化创意产业融合发展的要求。同时,浙江省成立了文化创意产业协会,杭州、绍兴和台州等地纷纷提出促进文化创意产业融合发展的若干意见,积极倡导企业开展创意创新活动,推动文化创意产业与旅游业、服务业、制造业等相融合发展。2017 年浙江省政府又发布的《关于加快把文化产业打造成万亿级产业的意见》提出,力争到 2020 年全省文化及相关特色产业总产出达到 1.6 万亿元,增加值近 5 000亿元,占 GDP 比重达 8% 以上。以杭州为例,由于受到政府全方位的支持,杭州市各文化创意产业园区建设进展顺利,规划建设的十大文化创意产业园区已初具规模并开始发挥效应,之江文化创意产业园凤凰创意国际园区顺利开园,德中文化产业促进会等已成为之江文化创意产业园的第一批园区主人;中国美院的"柴家坞农居 SO-HO"已成功引进包括中国美院创意发展公司、杭州西湖博览有限公司在内的 25 家创意企业。

表 5 - 7　浙江省部分文化创意产业相关政策

政策文件名称	地区	时间
《关于进一步推进杭州八大文化产业发展的若干意见》	杭州	2005
《关于深化文化体制改革推进市直文化单位改制的若干政策意见》	绍兴	2005
《关于推进台州文化产业发展的若干意见》	台州	2005
《浙江省文化产业项目投资指南》	浙江	2006
《浙江省文化产业发展规划(2010—2015)》	浙江	2011
《关于进一步加快发展文化产业的若干意见》	浙江	2013
《浙江省人民政府办公厅关于进一步推动我省文化产业加快发展的实施意见》	浙江	2015
《浙江省文化产业发展"十三五"规划》	浙江	2016
《浙江省文化产业人才发展规划(2017—2022 年)》	浙江	2017
《关于加快把文化产业打造成万亿级产业的意见》	浙江	2017

2) 浙江文化创意产业融合发展的基本措施

(1)加大政策扶持力度,创新投融资体制。为了促进文化创意产业融合发展,浙江省设立由各级政府财政收入共同协议出资的文化创意产业专项扶持金,并且从经济规模、跨区域发展、创新性、产业可持续发展性等各个角度对创意企业进行考核并列入专项基金扶持对象。为了在不同层次上促进文化创意产业的发展,尽可能地提高专项资金的扶持面,对于市场前景和创新型的文化创意产业项目实行直接补助、无息或减息贷款、贴息贷款、政府担保大额贷款等。此外,还积极发挥民营经济发达的优势,进一步放宽市场准入条件和领域,鼓励民营资本和外资向文化创意产业领域流动,形成以政府资金为引导、企业投入为基础、银行信贷和民间资金为主体,股市融资和境外资金为补充的多元化文化创意产业投融资体系,以突出浙江文化创意产业的优势和特点。

(2)加强园区规划建设,引导产业集聚发展。近年来,浙江省开发建设了一批区位优势明显,区位特色鲜明、与块状经济相符的文化创意产业集聚区。集聚区规划初期便注重产业发展与当地的社会传统及文化资源的结合、与区域内传统产业优势的结合、与块状经济相结合,以价值链为核心,优化集聚区内产业结构,形成研发设计、物料采购、生产制造、营销服务体系,搭建上下联动、左右衔接且相对完整的产业链条。为了促进园区之间的交流与互动,各地通过设立商会、行会和信息平台,以及成立相关的技术标准制定机构等,从而把产业组织、研发机构、大众传媒、工作室、艺术家俱乐部、政府服务机构、教育培训机构等要素集聚在同一空间,不断形成新的生产力组合,降低交易成本。为了实现与长三角一体化联动,浙江省政府还引导和促成省内文化创意产业机构与国内外知名高校和创意机构合作,不仅实现长三角其他城市之间的资源整合与共享,依靠链式发展实现共荣共生,而且构筑立足浙江、引领长三角、辐射全国的文化创意产业发展战略格局。如浙江省通过强强联合建立起长三角"动漫走廊",实现了区域动漫游戏业的联动发展。目前在全国 19 个国家级动画产业基地和教学研究基地中,仅长三角区域就占了 7 个。

(3)优化文化创意人才培养体制机制,为文化创意产业发展提供人才保证。近年来,浙江积极为文化创意人才成长提供政策和环境支持,不断优化人才管理体制机制,着力加强校企合作和产教融合,鼓励企业、高校与研究机构之间联合进行文化创意产业人才培训,通过搭建产学研合作平台,加强与国内外高层次人才的合作交流,以期实现以人才推动产业发展的目的。目前,浙江拥有丰富的创意人才资源,特别是艺术设计人才资源在国内首屈一指。据统计,目前在北京、上海从事美术设计的人才中有 60% 来自杭州。在杭高校中国美术学院、浙江大学、浙江传媒学院、浙江理工大学等,在为浙江文化创意产业输送设计专门人才的同时,也成为长三角乃至全国文化创意人才培养的重要基地。

(4)强化政府宏观引导作用,积极引导各地文化创意企业协同发展。为了加强文化创意产业融合发展,浙江省政府积极出台相关支持政策,成立了发挥行业指导作用的浙江省文化创意产业协会,自上而下引导文创产业融合发展。如浙江横店影视城,将文化创意产业与影视业和旅游业相结合,成为融合发展的典型。客观而言,横店影视城的地理位置并不算优越,并不在浙江省的几大中心城市,而是在金华市东阳横店镇,曾经是一个名不见经传的小镇。但随着横店影视城的不断发展,小镇游客络绎不绝,带动了其经济发展。目前,经过 20 多年的发展,横店影视城已经成为中国影视产业的代表符号。截至 2017 年已经有 2 155 部影视作品在此拍摄,也是国家 5A 级旅游景区。

(5)多种举措同时并举,助推产业融合发展。根据浙江省制订的文化创意服务业发展"十三五"规划要求,浙江省力争到 2020 年全省文化创意服务业增加值达到 800 亿元以上,年均增速达到 10% 左右,成为现代服务业重要组成部分和产业转型升级的重要支撑。浙江省利用本省独特优势积极发展了"文化创意+农业",充分挖掘茶文化、竹文化、渔文化、农耕文化、生态文化等传统文化资源和文化元素,并开发富有浙江特色和历史文化内涵的创意农业产品和特色农事节庆活动,推动创意农业发展。在"文化创意+体育"方面,浙江省借助举办 2022 年亚运会等契机,提升现有体育场馆综合利用水平。积极培育和打造以义乌国际电子竞技大赛(IET)、宁波国际电子竞技女子俱乐部大奖赛(EWG)等为代表的体育文创精品赛事。在"文化创意+旅游"方面深度挖掘了吴越文化、南宋文化等传统文化旅游资源,发展具有地域特色的戏剧、文学、绘画、音乐及传统民俗、传统商业、传统娱乐等文化主题旅游项目。在"文化创意+互联网"方面不仅加快了互联网虚拟集聚平台建设,还将分散的文化创意企业进行全方位展示,整合碎片化的用户需求、挖掘用户的潜在需求,实现文化创意供需结合、营销融合、资源整合,加大了对创新性互联网文化创意企业的扶持,并鼓励一定规模的企业平台开放或主营业务端口开放接入。而在"文化创意+消费品"工业方面,浙江省充分发挥了其消费品工业优势,以工艺美术品、箱包、服装、皮革制品、珠宝、鞋类、家纺、家具等为主攻方向,加快传统手工技艺与现代科技、时代元素的融合,希望以专业设计服务去提升消费品工业的文化内涵和品牌价值,进而推进传统消费品工业向时尚产业转型,着力打造浙江本土的国际品牌。

3) 未来浙江文化创意产业发展的空间规划与总体布局

目前,浙江省根据不同区块禀赋和资源差异,通过文化创意产业融合发展,积极实现产业多样化发展。一是结合本地文化创意资源,积极做好产业规划,合理激发产业需求,提供更多符合当前居民消费需求的文化产品;二是出台配套的产业发展政策,营造适合文化创意产业成长和发展的环境氛围,积极培育潜在的产业增长点;三是实施产业点群战略,培育特色和优势产业增长极,形成规模经济和示范效应,以此带动产业集聚化发展;四是发展外向型模式,推动产业走出去,即通过瞄准本地以外的文化市场,迎合区域外立业需求和市场特点,为不同层次的消费者提供具有针对性的文化产品和服务。未来浙江将按照依托产业基础、优化资源配置、形成差异竞争、促进集群发展的布局思路,构筑"一核三极三板块"的全省文化产业发展格局,推进形成以杭州为中枢的全省文化产业核心、宁波市、温州市、金华市为节点的区域文化产业增长极,以及浙中北文化内容生产与创意设计板块、浙东沿海沿湾文化产品智造板块、浙西南历史经典与文化旅游板块,引导特色优势产业集聚,带动湖州、嘉兴、绍兴、衢州、舟山、台州、丽水等城市协同发展。

然而,由于一些主客观因素,浙江省仍然存在各种制约文化创意产业融合发展的因素。一是由于浙江地区发展不均衡,各地对文化创意产业在经济社会发展中重要性的认识不够深入,导致浙江省文化创意产业融合发展的合力尚未完全形成,融合发展的速度也相对较慢。二是浙江省文化产业体制不够健全,管理方式尚显粗放,资金投入力度不大,统筹协调的力度不到位,导致浙江省文化创意企业融资难、资源要素保障受到制约的现象普遍存在。三是浙江省文化创意产业布局不够合理,文化创意产业规划的引导作用尚未得到充分发挥,各地文化创意产业发展存在同质化倾向,文化创意产业园区建设尚未形成错位发展格局等问题。四是浙江省高端文化创意人才和复合型人才的集聚不够紧密,文化产权、版权的评估体系和交易市场尚未形成,导致浙江省文化创意产品结构相对低端,科技含量、创意元素和本土特色明显不足,产品附加值较低,市场竞争力不强,文化创意产业市场主体规模依然偏小。有数据表明,截至 2017 年底,浙江省"三上"文化创意企业 4 476 家,仅占浙江文化创意企业总数的 4.2%,低于全国平均水平。文创产品制造业法人单位数占全省文化及相关产业法人单位数的33.2%,且以中低端文体用品制造为主。

5.2.4　安徽文化创意产业融合发展的现状评述

1) 安徽省文化创意产业发展现状描述

安徽省自古便是文化资源大省,拥有丰厚的历史文化底蕴,文化特色鲜明,徽州文化、淮河文化、皖江文化、庐州文化四个文化圈共同构成了如今的安徽文化。从地缘上来说,安徽地处东部沿海和西部内陆的过渡地带,无论是文化融合交流还是经济社会合作发展,都具有独特的承东启西、连南接北的区位优势。从产业来看,安徽拥有日趋完善和充满活力的传统优势产业体系、高新技术产业体系和现代服务体系,这些得天独厚的优势为安徽省文化创意产业的融合发展提供了良好的条件。近年来,安徽省加快转变经济发展方式,努力实现经济社会转型发展,文化创意产业进入转型跨越期。

(1)通过政策支持,促进文化创意产业快速发展。文化创意产业的发展离不开政策的支持。自2000年以来安徽省政府从政策和资金等方面加强对文化创意产业的扶持力度,省内各地政府纷纷出台相关优惠政策,鼓励文化创意产业及其相关产业的发展。自2007年开始文化创意产业已经成为徽商大会重点关注的内容。为了鼓励文化创意产业融合发展,自2009年安徽省连续出台《文化产业振兴规划》《关于加快建设文化强省的若干意见》以及不同时期的"文化发展改革规划纲要"等一系列政策文件,对文化创意产业的主要任务、发展目标、空间布局、重要领域和保障措施等进行合理规划。在宏观政策和一系列鼓励扶持专项政策的支持下,安徽文化创意产业迅速发展,产业质量明显提高,产业体系逐步完善,基地和平台建设取得突破性进展,品牌效应和产品形象正在形成。目前已形成合肥、芜湖、马鞍山、淮南、池州等国家级和省级文化创意产业基地,打造了数字电影院线、有线数字电视网络和互联网、手机网络等传播平台,创作、研发和培育了一批知名文化创意产品和会展品牌,一批发展前景良好的优势企业正在进入出成果、出精品的快速发展阶段。

(2)利用科技创新优势,不断形成新兴产业形态。近年来,安徽省充分发挥科技创新优势,积极扶持新兴产业发展,使手机报纸、网上广播、网上电视等新兴文化产业以及一批文化创意产业快速兴起。近年来,安徽省重新组建了报业、发行、出版三大产业集团(使之成为全国第一个转型升级的大型文化企业),中国国际动漫创意产业交易会、中国黄梅戏艺术节和中国非物质文化遗产传统技艺大展的举办使安徽省的文化创意产业得到了长足发展。目前,安徽在创意策划、生产制作、出版发行、会展服务、主题公园、教育培训及文化衍生产品等产业链的各个环节,都出现了不同程度的集聚现象,并取得了不俗的成绩。特别是安徽动漫产业规模不断扩大,正在逐步发展为最具活力和发展前景的新兴产业。

(3)加强政府重视,不断拓展产业发展规模。近年来,安徽各级政府主管部门明确职责,不断完善职能,加强服务,安徽省文化创意产业增加值及其占 GDP 比重保持稳步增长。如表 5-8 所示,2011 年安徽省文化创意产业增加值不足 500 万,而到 2017 年增加值已经突破 1 000 万,增长了 122%。自 2011 年来其增加值所占 GDP 比重也已经超过 3%,到 2016 年比重已达 4%。安徽省文化创意产业的快速发展离不开政府的重视,2014 年安徽省政府出台《安徽省推进文化创意和设计服务与相关产业融合发展行动计划》,将"文化产业壮大工程"列为七大重点工程之一,并提出通过落实 8 个方面的保障措施,实施 7 项重点工程建设,积极引导和支持文化创意产业的融合发展,切实提高文化创意与设计服务水平和核心竞争力,进一步凸显文化创意和设计服务的先导产业作用,努力实现到 2020 年文化创意和设计服务增加值占文化产业增加值的比重明显提高。2017年,安徽省文化厅出台《"十三五"时期文化改革发展规划》,提出了"十三五"期间文化产业的 9 个大项、38 个小项的发展任务和 30 个重点建设工程,明确指出要大力发展文博创意产业,调动企事业单位的积极性,开发原创文化产品和衍生产品,促进文化创意与相关产业的融合发展,打造文化创意品牌,拓展产业发展空间。

表 5-8　2011—2017 年安徽省文化创意产业增加值及占地区生产总值比重

年份	2011	2012	2013	2014	2015	2016	2017
文化创意产业增加值(亿元)	489.17	531.13	645.95	724.97	833.71	976.31	1 088.29
文化创意产业增加值占 GDP 比重(%)	3.01	3.11	3.27	3.48	3.79	4	4.03

(4)结合国家发展战略,持续扩大产业空间。当时我国正在着力推进中部崛起战略,皖江城市带承接产业转移示范区、合芜蚌自主创新综合试验区和国家技术创新工程试点示范省建设,为安徽省文化创意产业发展提供了良好契机,文化创意产业越来越成为安徽省经济发展的重点产业,并且通过区位熵值的计算发现文化创意产业在地区经济发展中所占比例高于全国平均水平,这些都表明近年来安徽文化创意产业发展势头强劲,市场主体迅速成长。如科大讯飞等多家

企业被中宣部命名为"全国文化企业 30 强",合肥演艺、同人文化、华博胜讯、安达创展、乐堂动漫、万盛文化等企业分别获批省级文化创意产业示范基地。目前,安徽省文化创意产业整体水平和综合实力处于中西部领先水平,部分行业和领域位居全国前列,初步形成了科学合理的文化客观管理体制和微观运行机制,文化软实力得到大大提升。

2) 安徽省文化创意产业融合发展的基本措施

(1)加大财政支持力度,优化文化创意产业发展环境。近年来,安徽省高度重视文化创意产业发展,通过基金、金融产品、借转补、事后奖补等政策工具,不断优化文化创意产业发展环境。一是保持基本公共文化服务财政支出与经济社会发展总体水平和政府财力的增长相适应。各级财政加大对公共文化设施建设、使用、管理的投入力度,加大对公共文化设施免费开放的支持力度,加大向社会力量购买公共文化服务力度,优先保障公共文化服务体系建设和运行。二是加大对文化数字化建设的支持力度。充分发挥专项基金的作用,加大对舞台艺术生产和美术创作的支持,鼓励创作生产精品力作。依法加大对非物质文化遗产保护和传承的资金投入。文化市场综合执法机构工作经费和能力建设经费列入同级政府财政预算。三是推动设立安徽省文化走出去项目扶持资金,每年度评选优秀项目并予以补贴或奖励,鼓励省域内国有文化企事业单位和民间社会力量赴国外及我国港澳台地区开展展演、展览和展销活动,着力提升徽派文化的国际影响力。安排落实地方文化创意产业发展专项资金,加大对地方重大、特色文化产业项目的扶持力度。四是进一步完善并落实民间资本参与重大文化创意产业项目的相关政策,鼓励民间资本投入文化创意产业领域。不断创新财政资金支持文化创意产业发展投入方式,充分发挥财政资金的杠杆作用,支持创意性、先导性、带动性强的文化创意产业项目建设。目前,安徽省成功申报了国家文化和科技融合示范基地、国家广播影视科技创新实验基地、国家文化出口基地等,文化创意产业的示范、辐射和带动作用逐步显现。

(2)完善产业发展政策,引导文化创意产业发展方向。近年来,在文化强省战略的指引下,安徽省注重政策引领、产业集聚、项目带动和企业支撑,着力推动文化创意产业跨越发展,形成了以数字出版、创意设计、广播影视、动漫游戏、智能语音等为主导的产业发展格局。一是全面贯彻落实国务院对文化体制改革中经营性文化事业单位转制为企业的规定、进一步支持文化创意企业发展的规定,贯彻落实中央出台的相关文化创意企业税收优惠政策。二是进一步落实国家有关鼓励社会组织、机构和个人捐赠、兴办公益性文化事业的税收优惠政策,积极引导社会力量参与公共文化服务,增加公共文化创意产品和服务的供给总量。三是落实和完善金融支持文化创意产业政策,加大金融对文化创意产业发展的支持力度,加快文化创意产业投融资体系建设。四是建立符合实际的文化创意产业信用担保制度和文化类无形资产评估、质押和交易制度,形成文化创意产业投融资信息共享机制。在国家许可范围内,引导社会资本以多种形式投资文化创意产业,保障非公有文化创意企业与国有文化创意企业享受同等政策待遇。出台推动扩大文化消费的相关政策,拉动城乡居民文化消费有效增长。

(3)创新产业管理体制,为文化创意产业发展提供专业服务。面对文化创意产业发展中遇到的各种难题,安徽省整合优势服务资源,搭建政府、产业组织、金融机构对接平台,为产业发展提供专业服务,促成科大讯飞、金诺数码、安徽地平线建筑设计等上市公司的迅速成长。一是通过改革创新文化体制机制,建立健全现代公共文化服务体系、文化产业体系、文化市场体系,进一步解放和激发文化创造活力。深化行政审批制度改革,创新行政许可实施机制,加强事中事后监管,实现放活和监管同步到位。二是盘活存量文化资源,建立文化事业单位法人治理结构。充分发挥社会和市场机制作用,激发各类市场主体的创新活力,鼓励公平竞争,优胜劣汰。三是完善文化市场准入和退出机制,促进文化创意资源在全省范围内流动。推动文化创意企业跨地区、跨行业、跨所有制兼并重组,提高文化创意产业规模化、集约化、专业化水平。

(4)健全人才培养机制,提升文化创意产业价值含量。科技以人为本,文化创意产业的发展更是以智力资本为基础。针对文化产业结构不均衡、新兴产业发展迅速但实力较弱等特点,安徽省以文化创意人才的培养为抓手,着力提升文化创意产业的附加价值。一是把握人才成长规律的科学性,实施更加开放的人才政策,建立全方位、多层次的人才培养、培训和使用机制,不断加强企业经营管理人才、专业技术人才、基层文化骨干等队伍的建设工作。二是重点做好面向基层、面向剧团、面向百姓的文化活动策划人才、组织人才、专业人才的业务培训和技能培训。三是重点培养善于统筹规划、宏观管理、具有较强组织协调能力的文化管理人才。四是举办文化管理人才、文化专业人才、基层文化骨干等培训班,注重普遍轮训与重点培训相结合,逐步形成集中培训、在职学习、挂职实践和业绩考评相结合的培养格局。目前,人才和科技的发展为安徽文化创意产业发展注入了不竭动力,华米科技、安达创展、诺尔动漫、华熊科技等一大批品牌逐步崛起并被外界所熟知,奏响了安徽文化创意产业的华彩乐章。

3) 安徽文化创意产业融合发展的主要经验

(1)在促进文化创意产业跨界融合方面。安徽省有着悠久的历史文化和丰富的自然资源,文化创意产业与传统产业跨界融合发展已经取得初步成果。随着我国大力推进科技创新,安徽积极引导文化创意产业与高新技术企业相融合,给传统产业注入文化含量与科技因素,使得传统产业更具时代性,为其产出的高科技产品打上安徽烙印,并形成品牌效应。此外,安徽省针对产业发展过程中第一产业比重相对较高的现象,积极促进文化创意产业与农业、旅游业相融合,大力开发休闲农业、创意旅游等新兴产业,从而为传统产业发展带来了转型升级的机会。如中国文房四宝产业园就是依托中国文房四宝之乡宣城建立起来的,将传统的文房四宝重新染上时代的气息,该园区产业形态除涉及文房四宝交易以外,还涉及国际艺术品交易、中国书画交易、工艺品、旅游纪念品交易等。五千年文博园将旅游与文化创意产业融合,园区先后被文化部命名为“国家文化产业示范基地”,被国家旅游局评定为“国家 AAAA 级旅游景区”。此外,借助黄山、九华山等丰富的人文自然资源,安徽积极发展创意旅游和休闲产业,九华山风景区、黄山风景区以及一大批富有地方文化特色的产业业态成为国内外旅游者的新宠。

(2)在促进文化创意产业跨区域融合方面。从地域分布来看,安徽分为皖南地区、皖中地区和皖北地区,皖南和皖中有着更加优越的地理位置,但皖北历史文化资源丰富,有着发展文化创意产业的天然基础。结合各地市和地区的文化特色,安徽积极促成各片区内文化创意产业跨区域融合发展,以便借助规模经济效应,形成具有影响力的文化创意产业集聚区。如省内黄山、九华山风景区横跨几大区域,不仅促成了不同区域内特色人文、历史和自然资源要素的集聚,而且形成规模经济效应,极大地促进和带动了不同区域经济的发展。

(3)在促进安徽文化创意产业跨园区融合方面。安徽省的文化创意产业园区数量不多,因此在地理位置分布便较为分散,这无疑为各园区之间的融合发展形成了阻碍,但随着经济的发展,安徽省内交通通达度高,为园区之前的合作融合提供了保障。芜湖新华 958 文化创意产业园区与马鞍山创客＋文化创意产业园区都是旧建筑改造升级型,并且两市紧紧相临,且有着共同的文化基础。为了促进提升文化创意产业辐射作用,带动沿途及周边区域产业发展,两个园区之间经常开展交流活动,从而不断优化产业结构,促成传统产业的转型升级。此外,合肥庐阳建华文创园、合肥创新产业园、合肥恒通产业园三个文化创意产业园区,虽然各自形成了独特的品牌和影响力,但在政府的协调统一下,正在有意识地通过联动和合作,以便形成合肥特有的文化创意产业园区品牌和规模效应,从而带动更大范围内和更多产业的协同发展。

(4)在扶持文化创意产业融合发展的政策保障方面。安徽省自 2003 年开始出台《安徽省文化产业发展规划纲要》,从宏观上规划了未来安徽省文化产业的发展方向。2012 年的《文化强省建设实施纲要》以及《关于加快文化产业发展的若干政策意见》把"加快文化产业发展,培育国民经济支柱产业"确定为文化强省的重要建设路径之一,文化产业和文化创意园建设双双步入快速发展通道。此后,安徽省颁布《推进文化创意和设计服务与相关产业融合发展行动计划》,着重提出了文化创意产业壮大工程,鼓励各地结合特色文化打造独特的文化创意产品,并且还鼓励利用老工厂、老街区、老码头打造高品位文化创意产业基地,努力提升文化创意产业的先导性作用。2017 年安徽省文化厅又颁布《"十三五"时期文化改革发展规划》,旨在调动各企事业单位的积极性,打造原创文化产品及其衍生品,并且促进文化创意产业与相关产业进行融合,打造安徽独特的文化创意品牌,拓展产业的发展空间。

表 5-9　安徽省出台的部分促进文化创意产业发展的政策

政策文件名称	地区	时间
《安徽省文化产业发展规划纲要》	安徽	2003
《文化强省建设实施纲要》	安徽	2012
《关于加快文化产业发展的若干政策意见》	安徽	2012
《安徽省推进文化创意和设计服务与相关产业融合发展行动计划》	安徽	2014
《安徽省"十三五"时期文化改革发展规划》	安徽	2017

但相比之下,安徽省文化创意产业整体增长速度在长三角处于相对较慢状态。同时,尽管安徽省积极推进文化创意产业与传统的制造业融合、旅游业等融合发展,但目前融合发展仍处于初步阶段,融合的深度仍然远远不够。特别是文化创意产业与本土文化、与高新科技以及资源储备等脱节,在跨区域和跨产业融合发展方面比较落后,与整个长三角产业与园区之间的对接仍然不够深入。

5.2.5　各省市文化创意产业融合发展现状比较

文化创意产业发展的新常态是跨界融合,推动文化创意和设计服务与农业、体育、科技、移动互联网、金融等相关产业的融合发展,为长三角各省市迎来良好的发展前景。目前长三角各省市也突破产业发展的传统思维,纷纷出台相应的扶持政策,加快资源整合与要素配置能力,积极引导文化创意产业与关联产业的跨界融合,通过产业转型升级催生新的产业业态,推动文化领域的供给侧结构性改革,不断扩大文化创意产业市场规模,促成长三角文化创意产业的跨界融合与协同发展,不仅各省市都取得了相对明显的效果,而且促成长三角文化创意产业的繁荣发展。

(1)产业总量保持稳步增长,产业增加值各有提升。如图 5-1 所示,从文化创意产业增加值角度来分析,相比之下,尽管上海文化创意产业发展较早,总量上保持着稳步的增长,但自 2011 年后文化创意产业增速放缓。而江苏自 2011年以来文化创意产业保持稳步增长,其增加值也稳步提升,并逐步超过上海,成为长三角地区领跑者。自 2014 年后上海文化创意产业发展速度相对放缓,以至于浙江省在 2017 年文化创意产业增加值也赶超上海。而浙江省文化创意产业在 2011 年与上海和江苏发展的差距还比较大,但自 2015 年以后增速逐步加快,特别是 2017 年浙江省出台《关于加快把文化产业打造成为万亿级产业的意见》后,文化创意产业发展速度迅速加快,使得其在 2017 年的增加值超越上海。安徽省文化创意产业发展在长三角地区处于相对落后的地步,发展速度和产业增加值与上海、浙江、江苏存在较大差距,但安徽省近年来已经认识到了发展文化创意产业的重要性,总量保持着相对稳定的增长状态。

表 5-10　长三角地区文化创意产业相关指标

地区	项目	2011	2012	2013	2014	2015	2016	2017
浙江	文化创意产业增加值(亿元)	1 320	1 581.72	1 880.4	2 187.5	2 490	3 233	3 745
	文创产业增加值占 GDP 比重(%)	4	4.56	5	5.45	5.81	6.8	7.2
上海	文化创意产业增加值(亿元)	1 923.75	2 269.76	2 500	2 833.08	3 020	3 395	3 718.42
	文创产业增加值占 GDP 比重(%)	10.02	11.29	11.5	12	12.1	12.1	12.3

（续表）

地区	项目	2011	2012	2013	2014	2015	2016	2017
江苏	文化创意产业增加值（亿元）	2 321.31	2 478.57	2 700.8	3 167.1	3 481.9	3 863.9	4 317.6
	文创产业增加值占 GDP 比重（%）	4.21	4.37	4.6	4.9	4.97	4.99	5
安徽	文化创意产业增加值（亿元）	489.17	531.13	645.95	724.97	833.71	976.31	1 088.29
	文创产业增加值占 GDP 比重（%）	3.01	3.11	3.27	3.48	3.79	4	4.03

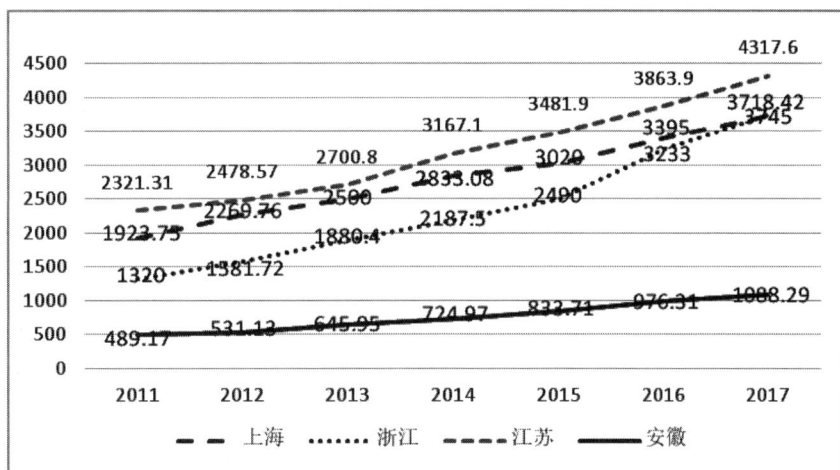

图 5‐1　2011—2017 年长三角各省市文化创意产业增加值比较（亿元）

　　（2）发展态势各不相同，发展速度仍然强劲。如图 5‐2 所示，从产业所占 GDP 比重来分析，长三角三省一市的情况则有所不同。相比之下，上海文化创意产业所占 GDP 的比重远高于浙江、江苏和安徽三省。这主要是由于上海城市化进程和上海经济发展速度都相对较快，产业结构相对成熟，第三产业占比较高，导致文化创意产业增加值在 GDP 中所占比重较高。同时，上海文化创意产业起步较早，其他省份发展文化创意产业的时间相对较迟。从图中可以看出，上海自 2011 年以来文化创意产业所占比重已超 10%，而此时其他地区才刚达 3%或 4%。其中，上海在 2011—2012 年文化创意产业所占比重的增速最快，自 2012 年以来其比重增速放缓。而此时其他省份充分发挥后发优势进行追赶。

如尽管浙江省在 2011 年文化创意产业占 GDP 比重仅仅 4％,在 2012 年后就开始超越江苏,特别是 2014 年后更是加速增长,到 2017 年占 GDP 比重已超 7％。而江苏省虽然文化创意产业增加值在长三角地区处于领先地位,但由于其经济体量大,所占 GDP 比重却不如上海和浙江,说明其产业结构仍然存在不合理的地方。安徽省虽然增加值与其他两省一市相差较远,但其所占 GDP 比重与其他地区的差距不是很大,2011 年达 3％,自 2014 年以来其比重保持平稳增长,2017年已达 4％,7 年平均增速为 0.05％,虽增速不快,但文化创意产业在国民经济发展中的重要性逐步得到体现。

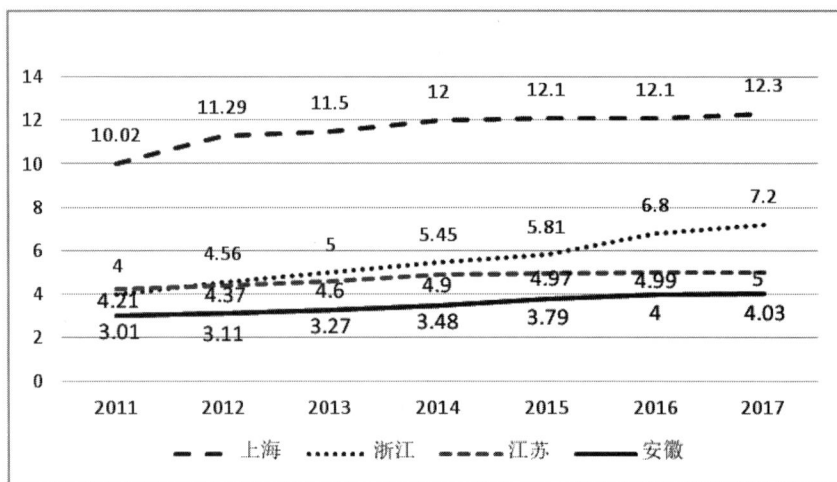

图 5 - 2　2011—2017 长三角各省市文化创意产业占 GDP 比重比较

(3)政策指导各有侧重,政府主导作用突出。根据上文对上海、浙江、江苏和安徽四个地区的情况进行分别描述来看,长三角地区文化创意产业迅猛发展,其中上海发展最快,江浙两省紧追其后,安徽发展相对较慢。此外,长三角地区的各地政府都十分重视文化产业的融合发展,都积极出台相应政策自上而下地指导其融合发展,尤其是针对科技产业的跨界融合,上海、江苏、浙江和安徽都出台了专门文件对其进行专门指导。可以说,长三角文化创意产业发展的初始力量主要源于政府自上而下的推动力。特别是自 2005 年国务院出台《国务院关于非公有制资本进入文化产业的若干决定》后,长三角各地方政府受政策红利影响,纷纷出台一系列扶持政策,各地大力推动文化创意产业发展。从政策角度来解读,长三角文化创意产业主要是 2005 年以后逐步发展起来的。相比之下,长三角最早出台文化创意产业相关政策是上海和浙江,而江苏相对晚了一年。从政府出台相关政策来看,长三角地方各地政府所颁布的政策涵盖内容比较全面,包括文化创意产业发展的总体的指导意见和目标,以及文化创意产业人才培养等问题,也涉及了产业园区的规划等问题,这对于整个长三角地区的文化创意产业的发展起到了较好的指导和支持作用。此外,长三角各地的文化创意产业协会也一直助推文化产业的融合发展,积极组织协会内各个文化企业进行交流,并督促其进行创新创意活动,以促进不同行业的文化企业进行融合发展。长三角各地在跨界融合上建树颇丰,如与影视业相融合的典型浙江横店影视城,与旅游业相融合的成功案例上海的田子坊、泰晤士小镇等,与服务业融合的南京 1912 创意时尚街区,与传统文化产业融合的中国文房四宝产业园等等。总之,长三角各地从政府到文化创意产业协会再到各个文化企业都十分重视融合发展,在融合发展中发现新的经济增长点。但长三角各地文化创意产业融合方式趋同,产业跨界融合的幅度与范围相对有限,产业园区分散且影响力不够,大部分园区主要集中于中心城市,区域联动及规模经济效应未能有效发挥,给长三角产业结构优化和经济均衡发展带来了一定的挑战。

(4)产业发展各有侧重,发展模式高度趋同。研究表明,区域文化创意产业跨界融合与协同发展取决于"外应"和"内应"两个方面。"外应"是政府层面和市场主体层面主动的协调、嫁接与沟通,通过量比和实力的客观审视和配置,实现产业链的合理布局和优势融合,实现不同产业门类的跨区域重组与合作,推动实现相关企业主体的合作与优选,凸显"大长三角经济协作区"概念,避免战略趋同所造成的重复投资和资源浪费。"内应"则是长三角区域各省市根据各自的资源优势和要素特色,合理选择文化创意产业发展战略的附着点,形成具有独特文化基因与要素传承的文化创意产业门类,探索一条符合实际、特色鲜明、错位竞争的道路。因此,长三角地区文化创意产业跨界融合与协同发展机制的建立,一方面关系到资源的整合与优化使用,同时也直接影响到长三角经济发展的整体布局、区域平衡和可持续发展。然而,长期以来,长三角文化创意发展过程中没有充分发挥好这种融合性、协作性和互补性优势,上海、江苏、浙江和安徽各省市文化创意产业发展的目标建构、模式抉择、动力机制、发展要素等存在高度的趋同性。无论是重要产业门类的选取、政策环境要素的激发与完善,还是建设模式与路径的选择,都呈现出高度的类同化态势。文化创意产业发展战略的竞合与趋同,很大程度在于"文化创意产业"作为"西方舶来品"新生事物的迅速引入,在快速展示其新经济发展引擎的催化效应后,由于缺少相应的磨合、观照、审视和适应,本来已经具备一定经济实力的长三角各省市都不约而同地沿袭和使用了"文化创意产业发展的通俗模式和传统目标",而忽视了对于特殊的区域经济文化发展特色的选取和凝练,欠缺对区域内核心资源与要素的全盘考虑与系统整合,没有从区域层面激发产业发展的活力。三省一市之间的最明显的区别即是基于经济发展水平和实力差异,在量级界定和发展规模与层次上的不平衡性。

5.3 长三角文化创意产业融合发展的基本模式

长期以来,通过高度紧密型、优势互补的战略协作,长三角经济发展形成了良好、稳定的合作关系。目前,长三角作为我国文化创意产业发展相对成功的区域,在通过文化创意产业推动产业转型升级和促进经济社会发展方面取得了较好的经验,在推动文化创意发展实践推进中形成了多样化的实践模式。长三角自 2007 年提出大力发展文化创意产业,积极推动传统产业的转型升级和构建文化品牌后,其文化创意产业发展经历了资源依托型、政产学研合作型、高新技术产业示范型等不同发展模式。

5.3.1 依托地方特色文化创意要素的资源型发展模式

这种方式主要是通过形成具有示范效应的"人文、生态、自然"等不同园区,从而带动具有地方特色的文化创意要素资源集聚化发展。结合现实来分析,这种发展模式在浙江文化创意产业发展过程中体现得最为典型。浙江凭借自然资源、人文资源、人才资源等天然优势,在整个文化创意产业布局中一直秉承着"丰富的现代美学创意、丰厚的传统人文底蕴和优美的自然风景为依托",通过以"环西湖、环西溪、沿运河、沿钱塘江"为主线,充分发挥区块链内人文历史、自然景观、高新科技与人力资源等优势,由此形成了环西湖文化创意产业圈、环西溪湿地文化创意产业圈、沿运河文化创意产业带等文化创意产业集聚化发展模式。时至今日,浙江依托具有地方特色的文化创意资源带动产业发展,促成富有浙江文化特色的休闲旅游业、文博业、民俗业等的发展。

5.3.2 政产学研协同配合的集聚化发展模式

这种发展模式的特点在于通过地方政府的主导,不同产业、高等院校、科研院所及中介组织协同配合,促成比较优势和资源禀赋的发挥,实现区域内不同资源的有机融合,发挥政府和市场各自在资源配置中的优势,形成政府主导、产业主体和市场配置的三结合的协同发展模式,推进产业向特定区域内集聚发展,形成规模经济效应。其中政府主要发挥产业规划和政策引导作用,对产业发展进行宏观层面的指导。在产业发展上,坚持以市场为导向,积极吸引战略合作伙伴的加入,同时与重点院校及科研院所紧密合作,通过招商、引资、聚才等措施,引导不同的资源向自己靠拢。中介组织发挥促进作用,金融机构发挥扶持作用。这种模式目前不仅在长三角一带比较常见,也是国内推动文化创意产业发展的通用方式。政产学研合作模式主要是以政府为主导、产业配合、其他组织协同的合作发展模式,可以较好地整合不同资源,发挥各自的比较优势,促进产业融合发展。

5.3.3　通过产业园区开发建设的技术推动型发展模式

该模式依托高等院校、科研院所和高新技术产业优势,通过项目配套和优化产业布局,促进科技、文化、产业等资源集聚,形成起点较高和具有示范效应的高教产业园、工业园、开发区等,培育发展若干以工业设计、信息服务、教育培训等为特色的环高新、环高校文化创意产业集团,以核心产业和示范性园区带动产业集聚化发展,加快实现从企业集聚向产业集聚、从数量聚合到质量提升、从规模扩张到效益增长的转变。高新技术产业园区开发建设模式主要是依托高质量的产业资源,通过品牌打造作为支撑,实现产业融合发展。

第6章

长三角文化创意产业融合发展的态势分析

前面分析了长三角各省市文化创意产业融合发展的基本态势,本部分在前部分的基础上展开对长三角文化创意产业融合发展所取得的成就、基本经验、存在的问题以及原因的分析。

6.1 长三角文化创意产业融合发展所取得的成就

6.1.1 政府扶持有力,政策效应明显,三级运行机制助推产业协同发展

通过对产业管理部门和园区管委会的调研发现,政府是促成文化创意产业融合发展的主要推手,在跨区域和跨产业融合发展过程中有着极其重要的作用。由于长三角经济基础较好,各级政府更多地使用经济手段对文化创意产业进行扶持,各级地方政府成为长三角文化产业发展最主要、最积极的推动者。由于在文化创意产业发展初期,产业总体水平并不高,长三角各地政府在政策法律法规的制定出台、信息技术公共服务的提供、财政资金的扶持等方面积极作为,除了给出文化创意产业发展政策以外,还积极转变基本职能,逐步树立与市场经济发展相适应的理念,较好地当好"公共服务"的角色,为长三角文化创意产业一体化融合发展做好顶层设计,营造了良好的营商环境氛围。依托长三角区域合作框架,长三角地区文化创意产业跨界融合与协同发展机制在探索中得以构建。各级政府管理者也认识到文化创意产业很多时候都是相融相通和无法分割的,特别是在当今互联网思维下,产业之间在本质上都具有跨界和融合的意愿。互联网思维在本质就是互联互通,促成产业之间的跨界与融合,它体现了事物之间的

关联性和不可分割性,而这与文化创意产业发展的特征是不谋而合的,文化创意产业追求的也是跨界和融合,它是渗透和蕴含在其他产业中,与其他产业的发展不可分割的。

此外,政策的倾斜和扶持对文化创意产业的生存发展非常重要。2014 年国务院出台《国务院关于推进文化创意和设计服务与相关产业融合发展的若干意见》,文化创意和设计服务与相关产业融合发展正式成为国家战略。得益于国家政策的东风,长三角各省市纷纷出台具体落地发展规划。2017 年文化部再次下发《"十三五"时期文化科技创新规划》《国家"十三五"时期文化发展改革规划纲要》,明确提出,全面支持文化创意融入实体经济,促进文化创意与消费品工业、装备制造业、建筑业、信息业、旅游业、体育业和特色农业等行业融合发展。同年住建部在《关于将北京等 20 个城市列为第一批城市设计试点城市的通知》中,明确将上海、南京市和苏州市等地区列为第一批城市设计试点名单。作为全国首批文化创意产业扩大开放综合试点城市的地区,长三角更是将文化创意产业作为重点培育领域。

目前,经过十多年的发展,长三角一体化已经取得重大进展,进入了打破制度壁垒的实质性阶段,处在产业跨界融合与区域协同发展的关键时期,从过去以竞争为主的一体化走向了目前以合作为主的一体化阶段。尤其是长三角一体化协同发展协调机制对文化创意产业融合发展的推动功不可没。目前,长三角地区在决策、协调、执行三个层面都构建了多层次、多元化的合作机制。决策层是长三角地区主要领导座谈会,主要审议、决定和决策关系区域发展重大事项;协调层是长三角合作与发展联谊会议制度,主要任务是做好领导座谈会筹备工作,落实主要领导座谈会部署,协调推进区域重大合作事项;执行层是在主要领导座谈会和联谊会议领导和指导下,实行重点合作专题协调推进制度。这个"三级运作"合作机制,发挥主要领导座谈会的议事决策功能,强化联席会议的组织协调功能,优化调整专题组织设置。目前,在三省一市发展和改革委内专门设立了长三角办,承担联席会议办公室职责,同时由业务主管部门牵头成立相应重点专题合作组,积极推进长三角一体化重点合作事项。同时,各个层面的区域合作机制也在酝酿中走向成熟,如探索设立区域行业协会、区域发展促进基金、区域利益分享和环境保护补偿机制,积极发展各类产业基金、创业风险投资基金和信用担保基金,逐步完善长三角核心区与延伸区、辐射区的合作机制,推进城市圈之间的合作,等等。

6.1.2　产业布局初步完成，产业梯次相对明显，融合发展模式逐步形成

　　长三角地区不仅在地理上相邻，在人文上相近，在经济上互补，是多项国家战略的叠加地。目前，各省市紧紧抓住国家战略和长三角一体化发展规划的总体部署，主动适应国际政治经济发展新格局和国内经济发展新常态，逐步形成了以上海为核心的城市群，充分利用自贸区、科创中心、四个中心建设等国家重大战略向纵深推进，通过加大文化与贸易、金融、航运、旅游、体育、制造等融合发展力度，积极推进文化创意产业战略布局与梯次分布。特别是各级地方政府不遗余力地积极推动文化创意产业与设计、旅游、制造业等多元产业的融合发展，大力培育"创客"文化，打造"创客空间"，让创新创业蔚然成风，形成具有长三角特色的发展模式，着力促成文化创意产业的跨界融合与协同发展。

　　调研发现，近年来，在政府和市场双重力量的作用下，在政策、市场、资本多轮驱动下，得益于市场环境的持续改善和产业结构的内在调整，本身自带高附加值属性的文化创意产业为长三角经济发展提供了一种新的出路和选择，实现了"中国制造"向"中国创造"转型升级。目前，长三角文化创意产业发展正迎来时代风口，产业规模不断扩张，产业之间跨界融合与协同发展的力度不断加大，产业增加值逐年稳增，产业边界不断拓宽，产业门类相对齐全，产业梯度转移成交显著（长三角文化创意产业门类占比如图6-1所示）。如地处皖江城市带承接产业转移示范区"一翼"的郎溪县，敏锐地捕捉到了长三角产业梯度转移的契机，利用区位优势和土地资源，成功接纳大量无锡的转移产业，形成独特的"郎溪现象"。

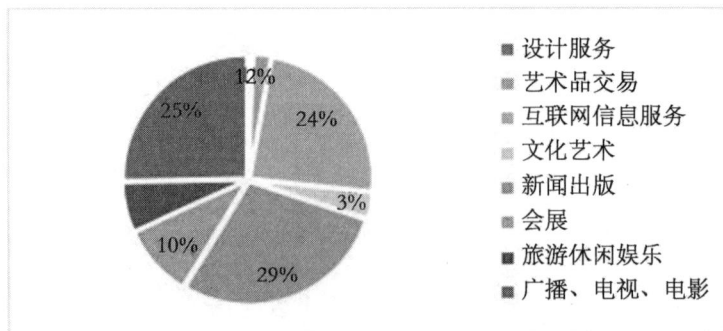

图6-1　长三角文化创意产业门类表

6.1.3　产业创新速度加快，跨界融合深度不断加大，产业边界消融弥合

为好的创意设计买单，既是时代发展的基本潮流，也是长三角产业发展的必然趋势。但只有设计和生产出既具有亮眼的设计感，又具有实用的生活功能的产品，才能叫好又叫座。近年来，随着科技的发展与互联网技术的普及，文化创意产业的市场空间与潜力正在直接影响长三角消费产业的结构调整，从线上到线下，从实体商场到虚拟电商，类似"创意激活设计、文化融入生活""创意让生活更美好"这样的口号在很大程度上折射出长三角居民消费需求升级与审美水平的提升。调研表明，长三角独具特色的文创产品备受市场青睐。据了解，2014—2016 年期间，长三角地区研发的文化创意产品累计 1 273 种，销售额从 2014 年60 多亿元，增长到了 2016 年的近 100 亿元。

在政策利好不断的大环境下，长三角民间发展文创设计产业的热情持续高涨。随着现代制造业、消费品工业、商贸企业、旅游企业、农业等行业融合发展共识日趋强烈，特别是文创设计与旅游、商贸、服务、会展、体育等产业加快融合，有效带动了上海、浙江、江苏、安徽等各省市地区一批批文化传承、文化体验、文化欣赏、文化娱乐、文化交流为一体的主题旅游与产业园区项目。

除此之外，长三角地区一些眼光独特的文创从业者已先行涉足特色小镇、乡村旅游、古村落复兴、非遗传承、文化扶贫等事业中去。如作为"浙江省重点历史文化古村落"之一，古老的东梓关借助文创设计，用"新杭派民居"留住乡愁；早期安徽的崔岗，伴随一批批艺术家的入驻之后，艺术共生，创意共融，让往日沉闷的村落重返复兴，并直接带动了地方的乡村旅游发展。将时尚元素导入传统工艺、将流行元素融入非遗文化，用以满足日常生活的需求的文创产品，让人们重新认识到了文化创意产业的独特价值。时至今日，长三角文化创意产业与相关产业的融合开始逐步从表面化、浅层次走向深度融合，促成一批中高端新兴产业业态。

6.1.4　资金支持持续加码，全民参与搭建舞台，创意人才队伍正在形成

数据表明，长三角地区 GDP 占我国 GDP 总量的 24%，是我国经济和产业最发达的地区，也是我国对外开放程度最高的地区，目前长三角地区的年人均GDP 已达到 2.4 万元人民币。据预测，长三角地区到 2020 年，人均 GDP 将达到

1万美元,达到发达国家水平,成为名副其实的发达地区。同时长三角地区也是民营经济高度发达的区域,雄厚的经济实力和充裕的民间资本,使得政府在鼓励文化创意产业融合发展的行政与经济手段的融合上游刃有余,产业政策体系极为丰富。纵观长三角各地文化创意融合发展过程中,虽然政府投入起到了很好的主导作用,但更多的是以民间资本为主体,这些民间资本的涌入不仅保障了文化创意园区充足的建设资金,也带来了高效灵活的经营策略,保证了文化创意产业的良好运行。自2008年金融危机爆发后,上海、浙江、江苏和安徽等地的文化创意产业增加值逆势而上,一举超过GDP增幅,成为长三角新的经济增长极。这与长三角各地政府加大对文化创意产业的资金扶持力度紧密相关。

通过调查了解,上海早在2006年就率先搭建了文化创意产业投融资平台,成立了资金规模为1.7亿元的上海东方惠金文化产业投资有限公司,成为国内首家为文化创意类企业提供资金担保和风险投资引导服务的产业性资金。此后,浙江和江苏也分别设立了引导文化创意产业发展的专项资金。江苏不仅设立了省级文化产业专项资金,还在南京、苏州、常州等市设立了专项发展资金。而浙江既设立了省级财政专项资金,也在杭州、宁波等市设立了引导资金,还积极引导民间资本参与进来。如横店影视城、宋城集团已经成为全国文化产业的领军企业。目前,长三角各省市更加注重投融资平台的搭建,通过财政投入撬动更多社会资本投入,共同扶持文化创意产业融合发展。如各地还出台税收减免、土地租赁、贷款优惠等一系列政策,规定文化创意产业可以免费或低价使用公共服务平台和相关软硬件平台,创业者在长三角地区可以享受两到三年免房租期。

有效的政府激励和多元化的资本投入机制,使文化创意产业发展充满了活力与动力,也为各类创意人才提供了知识分享和交流的平台,从而吸引了各级各类人才参与到文化创意产业发展中来。自2014年开始,长三角范围内全面启动文化产业创业创意人才扶持计划。近年来,长三角累计选拔了近200名青年设计师进入文化部创业创意设计人才库,为挖掘、扶持青年创意设计人才提供了新渠道。如今,长三角双创人才扶持计划已成为文化部强化文创人才培养、推进文化创意产业融合发展的主渠道和主阵地。另一方面,作为文创设计领域最鲜活的力量群体,大学生逐渐成为其中最主要的参与者,文化创意设计大赛从政府层面的部门联动到高校协作开始掀起层层热潮。各地大学生文化创意设计大赛、省级文化创意设计大赛、"双创"大赛、创意设计周、创意设计展览等此起彼伏。围绕"时尚生活创意设计类""动漫创意设计类""文化旅游类""数字文化产品和服务设计类"等内容,赛事设置越来越精细化、定制化、规范化,评选标准更加生活化、专业化、市场化、国际化,相关奖励政策与扶持服务更加接地气。如由江苏省委宣传部等 14 家单位主办、江苏文投集团承办的"紫金奖"文化创意设计大赛,迄今为止已经成功举办六届。获奖设计师除了获得丰厚奖金之外,还可以通过南京创意设计中心同步享受多种政策支持和配套服务,设计师的优秀设计作品也可以借助"产业孵化基金"实现批量生产、落地销售。

6.1.5 园区建设卓有成效,品牌效应初步形成,产业资源要素集聚明显

文化创意产业园区不仅代表着一个城市的成长,更是现代和历史的交融、是经典与时尚的互动、是科技与文化的结合,是新兴产业和古老建筑的对话……目前,长三角文化创意产业园区业已成为产业与文化、创意高度结合的空间载体,成为文化创意人才、资金、信息、网络等各种要素的集聚地,成为文化创意产业融合发展的支撑平台与助推器。而长三角地区良好的经济、科技和教育基础也为文化创意产业园区开发建设创造了有利条件。自 20 世纪末期,上海、浙江、江苏等地都将文化创意产业作为新兴战略产业大力发展,纷纷提出了建设文化强省、文化大省和"以世博为契机打造中国创意之都"的战略目标。其中,产业园区建设是其重要的抓手,各省市纷纷建立各自的文化创意产业园区,总体呈现勃兴态势并各具特色。到目前为止,长三角文化创意产业园区建设已为文化创意企业提供了良好的成长载体和空间,也成为长三角传播城市文化内涵、打造城市品牌形象的有效途径。

其中,上海依托其中国近代工业的发源地、拥有东西交融的历史文化底蕴以及大量珍贵的工业历史建筑的优势,在追求现代化城市改造的同时,最大限度地保留了一大批建筑风格独特、具有历史价值的老厂房、老仓库,通过引入新的时尚元素,形成了 8 号桥、田子坊、M50、张江文化创意产业基地、尚街、时尚产业园、红坊、2577 创意大院、1933 老场坊等一大批创意产业集聚区,使昔日废弃的老建筑完成了向创意设计和时尚文化的华丽转身,并逐步形成具有鲜明区域特色的空间布局,聚集了一大批来自国内外 30 余个国家和地区的创意设计企业和优秀创意人才。据统计,上海约有 120 多家、共 300 多万平方米左右的文化创意产业园区。

浙江结合运河优美的风光和深厚的人文底蕴,以一些工业遗存、历史建筑为中心,发展了"运河天地·乐富智汇园"的现代工业与传媒创意设计、"运河天地·LOFT49"的视觉与艺术创意设计、"运河天地·A8 艺术公社"的广告与服

装创意设计、"运河天地·唐尚 433"的建筑与景观创意设计等创意园区。特别是在政府全方位的支持下,以杭州为代表的文化创意产业园区建设进展顺利,规划建设的十大文化创意产业园区建设已初具规模并开始发挥效应,之江文化创意园凤凰创意国际园区顺利开园,德中文化产业促进会等已成为之江文化创意园的第一批园区主人;中国美院的"柴家坞农居 SO－HO"已成功引进包括中国美院创意发展公司、杭州西湖博览有限公司在内的 25 家创意企业。据统计,浙江省在创意产业园区开发建设中,逐步形成了以杭州等中心城市为核心的创意产业集聚区。集聚区已成为长三角地区创意产业发展的主要载体。

而江苏以南京为代表的正在建设或开园开街的创意产业园区已达到 32 个,如南京高新动漫、南京圣划艺术馆(南京创意市集)、紫金山动漫 1 号、南京石城现代艺术创意园、南京河西新城 CBD 国际创意产业园等,已成为南京发展文化创意产业的领头羊,还有中国·南京亚洲创新创意产业园、724 所创意产业园、南京创立置业策划创意园等一批园区也正在规划建设之中。据统计,江苏约有 100 多家创意产业园区,包括 4 个国家级动漫产业基地、7 个国家级和 18 个省级文化产业示范基地。其中,世界之窗文化创意产业园创意东 8 区曾经荣获中国创意产业最佳园区奖。

6.1.6　集聚发展已成主流,集聚区成为产业载体,差异化定位正在形成

文化创意产业有着无边界融合、提升产业附加值的特性,是城市发展和区域经济增长的核心竞争力。文化创意产业的发展不仅要看园区或某个环节上的收益,更要看到拉动旅游、餐饮、住宿等的整体收益。因此,推动文化创意产业跨产业、跨区域的融合发展,有着极其重要的现实意义。国际上文化创意产业发达国家都强调对整个价值链的引入和对产业链的维护,从国内目前发展文化创意产业的过程来看,在文化创意产业集聚化发展过程中同样必须加速推动文化创意产业融合发展,这种经营模式不仅可行,而且有利于降低交易成本,发挥规模经济效应。

目前随着国家一带一路战略的推进和长三角一体化进程的加速,长三角各省市以更理性的思维谋求跨区域和跨产业的融合和互补,避免因模式趋同产生资源争夺和要素浪费。作为当今中国经济最活跃的区域之一,长三角在发展文化创意产业集聚区载体建设方面积累了丰富经验。长三角文化创意产业起步较早。早在 21 世纪初期,江浙沪一线城市已开始关注文化创意产业的发展。自

2008 年金融危机爆发以来，我国提出促进产业转型升级和创新驱动经济发展模式后，上海、杭州、南京等地的文化产业增加值已超过 GDP 增幅，成为驱动长三角经济社会发展新的增长极。集聚区已经成为引领长三角文化创意产业发展的主要载体，集聚区数量全国第一。

　　数量激增的同时，各地也越来越重视差异化定位，产业链思维日趋成熟，集聚效应初步显现。通过挖掘自身资源和现有产业优势，各地逐步打造更加符合自身发展定位的文化创意产业，有效地避免了园区同质化现象。如位于周庄的昆山文化创意产业园，在发展旅游产业之余，充分挖掘水乡人文艺术资源，吸引国内外知名画家入驻，在打造"画家村"的同时培植"画工厂"，筹建华东最大的文化创作展示中心，从收购、展示，到印刷、销售一条龙产业链。杭州高新区围绕现代通信设备制造业、软件业，聚集了阿里巴巴、网盛科技、华三通信、网易、浙大网新等一大批国内知名高新技术企业，约占杭州市高新技术企业总数 70%、浙江省的 1/3。上海打造"一核三板块"创意产业版图，除了前期相对成熟的产业基地和园区以外，近年来上海松江区构建科创走廊，宝山区打造邮轮产业，已经逐步形成了各具特色的产业集聚区。

6.2　长三角文化创意产业融合发展的基本经验

6.2.1　产业融合发展方面：紧扣跨界融合主线，促进区域协同发展

　　文化创意产业的基本特点是"小而专"，但这并不影响这个产业的"大而强"。根据走访的情况来看，近年来，长三角各地特别强调"创意产业化"和"产业创意化"并重，积极支持"小而专"的文化创意和设计服务企业做成"大而强"的产业，将竞争力体现在内容原创力、品牌影响力和产业融合力的强大上。目前，长三角各地根据国务院《关于推进文化创意和设计服务与相关产业融合发展的若干意见》，将"融合发展"视为文化创意产业发展的一个关键词，在文化创意产业的融合发展过程中将"创意产业化"和"产业创意化"并重，实现了文化创意产业的跨界合作与协同发展。一方面，打造文化创意和设计企业自身的"专、精、特、新"优势，使之学会跨界思维、打通产业环节、创造市场需求，促进创意产业化；另一方面，将文化、理念、创意融合渗透于研发、设计、营销等价值链环节，延伸产业价值链条，提升关联产业的附加价值。

6.2.2 产业推广运作方面：专注产业细分，坚持走品牌化发展道路

近年来，长三角各地逐步实现从产品经济向品牌经济转型发展，并在品牌培育认定工作中，进一步对文化创意产业进行细分，加大对文化创意和设计服务领域品牌的支持力度，鼓励文化创意和设计服务企业制定实施品牌发展战略，形成各具特色的文化创意品牌。以创意设计产业为例，目前长三角已细分为时尚设计领域、软件创意设计领域、建筑设计领域、工艺美术设计领域、设计外包服务领域、视觉艺术领域等。可以预见，在长三角未来新一轮文化创意产业发展进程中优秀的文化创意和设计服务企业，将有机会进一步做大做强，共同谱写未来长三角创意产业创新发展的历史新篇章。

6.2.3 产业链条完善方面：坚持创新发展理念，向价值链高端延伸

长三角在制造业高端化、服务业现代化发展过程中对文化创意产业提出了更高的要求，特别是在两化深度融合背景下，互联网、物联网、再制造、大数据等技术发展和应用，使得文化创意和设计服务的创新有了更大的空间和更多的机会，从而催生出一批具有新技术、新业态、新模式、新产业特征的文化创意和设计服务业。同时大力推进"四新经济"发展，布局"众创空间"建设，提升创新主体的活跃性、创新要素的流动性和创新氛围的宽容性，构建面向大众的"众创空间"和有利于网络创业的信息化环境，也极大地激发大众的创造活力，促成了产业价值链向高端延伸。

6.2.4 产业园区建设方面：依托主导产业集聚，不断完整产业价值链

长三角的文化创意园区最早是由一些企业改造老厂房进行运营的，这种模式成本低、可复制，但也有弊端，如短期利益至上可能造成园区功能异化、同质竞争严重特点等。经过近十年的优胜劣汰，园区在快速的数量扩张和前期的"筑巢引凤"后，更加注重内在的发展质量，逐步转型到以国家级产业基地为引领、园区产业集聚效应不断增强的新阶段。根据调查显示，目前长三角文化创意园区有四类主导产业：设计策划类、艺术创作和展示类、技术创新和服务外包类、时尚和休闲服务类。时至今日，长三角文化创意产业园区的开发建设，大大推进了各地

文化创意产业的发展,形成了一批产业定位明晰、产业链带动效应明显的文化创意产业集聚区。往往在同一个集聚区内,一个行业的产出成为另一个行业的投入品。比如,设计研发产业的产品可以作为动漫游戏产业的投入品,而动漫游戏服务又可以作为影视产业的素材,大大提高了效率和产出水平。

6.2.5 产业平台开发方面:依托产业基地,引领园区和产业 联动发展

研究表明,园区运营主体的发展绝不能靠房地产的租售,仅收取租金和提供物业配套的初级服务只能带来低端和同质化。近年来,长三角将产业基地和公共服务平台视为政府推动文化创意园区发展的重要载体,通过加强这些基地和服务平台建设,长三角文化创意园区在实现自身发展的同时,较好地起到了提升文化创意产业整体能级的效果。目前,长三角各地依托文化创意产业基地建设,着力引导园区和产业整体联动发展,超过 80% 的园区至少搭建有一个产业公共服务平台,服务内容涵盖产品孵化、展示推广、技术服务、人才培训、投融资、政策咨询等,从多个维度发挥好配套服务功能,实现从"筑巢引凤"到"腾笼换鸟"的转变。如上海的张江文化产业园区就是由分散在不同的产业聚集区组成的,并没有完整地连成一片,而主要靠搭建平台服务企业进行产业投资,带动整个产业联动发展。

6.2.6 园区开发模式方面:从初期的企业自发,到后期政府 有意引导

长三角文化创意产业园区经历了从企业自发集聚到"政府推动、社会参与、市场运作"的转型发展过程,为其他区域文化创意产业的融合发展提供了可复制推广的经验。首先,政府的推动体现在规划引导、协调服务和政策扶持上。比如,上海从三个方面对影视文化创意园区发展给予优惠政策,即营业税扶持税额60%、增值税扶持税额 3%~5%、所得税实行三免二减半等,对园区企业的生存与发展起到推动作用。其次,在社会参与方面,一种是校企运作,通过借助高等院校的智力优势背景,整合资源对老厂房进行统一改造。典型的如同济大学周边的建筑园区、东华大学附近的时尚园区、上海交大周围的软件园区等。另一种是推进园区与街区、社区融合。一些知名的创意产业园区正利用集聚效应所形成的辐射功能,逐渐向街区和社区发展转型。最典型的如田子坊,将创意产业与商业、旅游业、文化、居民生活等有机结合,为消费者提供了休闲环境,也探索了

城市旧区改造的新模式。第三,在市场运作方面,长三角文化创意产业园区大致有 6 种建设模式,包括体制外企业投资运作、国有企业集团自行运作、大学投资建设、大集团合作、街道与经营者合作、行业协会牵头等,产权方通过市场化的方式吸引各类社会资本和专业管理团队参与运作和管理。近几年,不少园区从一般房屋租赁到提供完备物业服务,进而发展到以帮助企业孵化、开展各类咨询、提供金融服务、参与企业发展等注重园区服务能级提升和园区运营模式创新的新阶段,努力实现从园区运营者到区域产业撬动者、从二房东到服务集成商的转变。

6.3　长三角文化创意产业融合发展中存在的问题

通过走访调研和深度访谈得知,目前虽然长三角各省市都建立了基于自身文化资源与创意特色上的文化创意产业园区,但由于受到行政管理体制和产业自身发展等各种历史与现实的局限,各省市文化创意产业各成体系,相互之间缺少联系和互动,从而影响和制约着长三角区域资源利用效率和创新能力的整体提高,具体表现为以下几个方面。

6.3.1　各省市产业发展模式相似,区域内产业定位和结构趋同

根据对长三角文化创意产业跨界融合的调查情况来分析,无论是政府有意识的有力引导还是企业的无意识的自发集聚,目前长三角地区普遍存在文化创意产业定位相似,产业发展低端化等问题,主要表现在以下几个方面。一是园区文化创意产业的特色不够鲜明。部分文化创意产业园区主要以发展服装艺术、视觉传播、工艺加工、纪念品销售、旅游休闲等,整个产业发展处于价值链条低端,无法形成融合互动的产业大一统趋势。特别是有些园区在利益驱动下,以"文化创意产业园区开发"为名,却按照房地产发展理念进行开发建设,对于产业发展状况并不关心,而以收取房租作为主要的投资回报,导致文化创意产业的跨界融合停留在形态上,而没有真正发挥产业和园区应有的集聚功能。二是文化创意产业结构雷同,简单复制化现象严重。根据调查分析,尽管目前长三角部分地区的文化创意产业园区有所差异,部分园区也都存在不同的产业类型,但园区之间的差异化程度不高,简单复制的现象严重,导致部分园区长期无法形成自己的品牌。如在高科技的名义下,长三角一些主要城市在文化创意产业园区开发上存在类同,产业发展虽有借鉴,但仍然可以看得出一些简单复制的痕迹。如上

海、杭州、南京、宁波、合肥等地都在打造以"数字""动漫"为主题的各种文化创意产业园区,各园区在产业结构上存在较大趋同,区域内很难促成产业之间的差异与融合发展,使整个长三角文化创意产业的一体化发展受到严重影响。

6.3.2　区域内产业关联度不够强,区域产业联动效应尚不明显

根据对相关园区和部门的走访,目前长三角文化创意产业跨界融合过程中普遍存在产业集聚动力不足,产业联动效应不够等问题,甚至个别园区内产业价值链条脱节、产业之间的关联度不高等现象,导致产品缺乏原创性,没有形成自主知识产权,产业的衍生效应、关联效应、带动效应不强,产业之间的跨界融合受到严重影响。以江苏某产业园区为例,尽管在 2010 年时园区建设面积就已达 10 000 多平方米,但入驻的企业相对较少,吸引力较弱,规模达千万元以上的仅为 5 家,其他的多为 100 万以下的,大多数企业注册资本仅为 10 万元。为了吸引产业主体入园,园区甚至还引入大量个人工作室,尽管这些不产生经济效益的纯艺术创作型企业对园区发展有利,但产业门类雷同,导致整个文化创意产业之间的跨界融合受到严重影响。

6.3.3　区域产业管理机制不完善,未能形成良性有效竞合态势

从走访调研来看,目前长三角文化创意产业竞合机制尚未健全,政府管理相对缺失,各级地方政府对文化创意产业发展与扶植尚未形成统一的认识,区域内产业政策的制订仍存在各自为政的现象,导致产业组织在不同的文化创意园区所享受到的政策优惠各不相同,甚至发生交叉管理的现象,客观上造成区域内文化产业发展结构上的失衡。由于产业管理机制不完善,区域内文化创意产业与关联产业之间缺乏应有的互动,各地文化创意产业园区在发展过程中也缺少应有的指导,导致区域内产业存在定位不准,许多企业片面地追求短期行为,缺乏应有的长远规划。以杭州市某文化创意产业园为例,由于缺乏政府的有效指导,园区无法进行长远规划,特别是因为园区所处位置和物业产权不明,为另一公司所拥有,导致园区内对产业发展前景缺乏信心,在利益驱动下,该园区发展陷入困境。一是短期行为盛行,园区重在以厂房出租为主,没有设定企业 入驻门槛,导致部分非文化创意组织的进入。二是缺乏规则意识。当园区影响力得到提升以后,物业拥有者不断提高租金,给产业发展带来较大的压力。三是园区管理不到位。由于缺乏整体规划,园区欠缺对文化氛围的培育、基础设施的建设、环境绿化的投入、物业服务不到位,导致园区发展前景堪忧。四是企业搬离率较高。

由于园区规划欠缺,管理功能缺位,公共服务平台无从落实,合作交流机制不健全,许多入驻企业无法安心谋求发展,导致这一园区长期处于相对零乱的自发状态,不断有企业搬离出去。

6.3.4　区域产业价值链条不健全,未能形成统一开放的大市场

文化创意产业的发展,无论是研究开发、物料采购、生产制造、营销服务等任何一个环节都需要依赖于企业组织这一经济主体。从对长三角文化创意产业园区及产业管理部门的调研来看,目前在长三角文化创意产业各方参与主体中,政府显示出明显的强势地位,产业发展居于次要地位,而企业的主体地位却被明显弱化,由此导致整个文化创意产业链条极不完整。此外,在产业跨界融合的格局中,社会中介机构的支持极其重要,他们不仅能够为文化创意产业提供各种中介服务,而且能够将各种资源有效整合形成一张巨大的网络,促进各方主体的合作互动。而目前长三角在这方面的工作明显不足,政府、产业、企业和社会中介机构之间尚未有效联动,更未能形成统一开放的大市场。目前长三角区内各级政府机构、各种产业组织、数字媒体、会展广告、中介公司等汇集相对零乱和分散,尚未完全形成产业上的集聚性,很大程度上停留在地理位置上的简单集聚,基于资源和信息的共享平台建设尚未健全,无法为区域内文化创意产业及各方参与主体提供全方位的服务,促成各方主体形成全方位和多角度的合作。

6.3.5　文化创意人才结构不均衡,经营管理型复合人才相对紧缺

文化创意人才包括本身具有创意天赋的人才以及为创意服务的关联人才。为创意提供传播工具与平台,才能使有创意的人才提高效率,让创意得到更好的传播和推广。文化创意产业有自己的规律,如果对这个产业不能有一个直观的了解和判断就很难做出正确的决定。创意才能是一种特殊才能,既需要天赋,也需要后天培养,不是经过简单训练就能得到的,也不是其他专业人才可以嫁接的。因此,文化创意产业经营管理人才最好能从文化创意人才当中产生,以引领文化创意产业发展。高素质复合型创意人才首先要对文化艺术本身有一定的鉴赏力和判断力;其次要具备一定的经营管理水平;最后还要对高新技术有所了解。否则不仅摸不准文化创意产业发展的方向,也难以用相应的技术手段来达成产业融合发展的目的。目前长三角高层次文化创意人才总量不足,无法满足文化创意产业巨大的发展潜力。其次,创意人才呈现出结构性失衡,复合型人才尤其短缺。第三,由于文化创意企业规模相对较小,原创性创意设计人才发展空

间受限。第四,在创意人才培养方面,目前长三角现行创意人才教育和培养体系多以应试教育为主,在产教融合方面的深入远远不够,不太注意培养学生的发散式思维,这种教育方式需要适当加以改变。

6.3.6　产业资源与要素集聚有限,区域内公共服务体系不够完善

集聚区作为承载创意萌生、理念开发、文化消费和政策实验等功能的重要平台,在促进区域文化创意产业融合发展过程中意义重大。尽管目前国内很多地区都在通过这种开发方式来推动文化创意产业发展,但从长三角的情况来分析,各省市在文化创意产业的集聚度明显不够,资源与要素的集聚仍然相对有限。具体表现为集聚区数量虽多,但形成国际品牌效应的并不多见;园区内产业之间的聚合度不够紧密,仍处于相对简单和低层次的地理集聚。行政分割造成政府的作用力不强,区域内无法形成完备的协同创新网络、技术开发体系、公共服务平台和市场支持体系;区域内产业同质化问题十分突出,数字产业、游戏动漫等产业之间的恶性竞争和无序竞争现象十分突出。如杭州 LOFT49 的开发面积达 1 万多平方米,但园区入驻企业数量并不多,且产业同质化现象十分严重。企业涉及的门类较广,产业关联度不强,原创产品和关联产品、衍生产品无法形成互动发展,制约了产业的规模化、品牌化发展。解决上述问题,需要由政府出面重新构建跨区域的管理与服务体系,将空间地理上的数量集聚转变成产业链和价值链上的集聚。各地方政府绝不能仅仅停留在做"二房东"这一层面,而是要通过加强园区管理和服务,来衔接好产业链条之间的对接,推动表面的地理集聚向深层次的资源和要素集聚发展。因为产业融合发展需要地域上的邻近,但这种邻近绝不局限于在地域上的"面对面"。产业链的整合和进步既需要政府扶持和引导,更需要政府尽可能地撤掉行政分割带来的各种限制,营造宽容的创新氛围,形成统一开放的大市场,促成产业链上中下游之间的配套,让创意找得到市场。目前长三角各地政府已逐步意识到了由行政分割带来的产业融合上的不便,已有部分地方政府探索完善园区管理和服务体系。如常州创意产业园区为了吸引企业入驻,形成了从创意迸发、研发设计、金融服务、生产制造、市场销售、人才培养等完善的产业链条。当好的创意萌生以后,园区配套的一百多位专家可以免费对相关主题进行前期评估,以减少产业化过程中的失误,避免造成资源浪费;一旦发现好的项目,就注入引导资金尽快实现产业化,促成创意转化为市场样品;在生产制造过程中,借助各种公共服务平台、技术开发平台将产品尽快批量化生产以推向市场;生产制造完成以后,利用各种渠道向国内外市场进行推

介以尽快实现市场价值。

6.4　长三角文化创意产业融合发展中存在问题的原因

从前述可知,促进文化创意产业协同发展是长三角区域社会发展模式的调整和产业结构升级的结果,是经济增长方式从传统的外生型转向内生型的重要转折,目前长三角地区在文化创意产业区域协同发展取得巨大成就的同时,也存在各种必须直接面对和亟须解决的现实问题。通过走访调研和深度访谈得知,造成上述问题的原因主要体现在以下几个方面。

6.4.1　区域产业政策有待完善,产业资源有待进一步整合

无数理论研究和发展实践都证明,文化创意产业的协同发展自始至终都离不开政府的宏观引导,特别是战略性新兴产业发展的初期往往都需要政府这一强势力量的介入,才能最终促成产业兴旺发达。然而,随着产业的发展,特别是市场机制逐步成熟以后,政府必须逐步转变职能,由管理型向服务型转变,在对产业的扶持上政府的角色应该更多地停留在间接的宏观调控和产业政策的引导层面,把产业成长的空间留给市场竞争机制来进行调节。尽管长三角各地政府注意到了文化创意产业政策的不同阶段特性,如在文化产业发展的初期实行倾斜性文化产业政策,大力扶持文化产业的发展;而到了文化产业发展的相对成熟阶段,文化产业政策重点考虑过渡到维护文化市场的竞争秩序、促进文化产业结构的优化、集约化和高级化等。通过走访调研发现,在长三角文化创意产业协同发展过程中区域产业政策尚不完善主要存在以下几个方面的问题:一是一体化进程中缺乏长效合作机制,区域产业资源共享平台欠缺,导致产业资源无法有效整合;二是区域市场体系尚不完善,政府与市场之间有效沟通相对欠缺;三是区域内产业协调机制不健全,产业推进过程与政府发展规划并不完全吻合;四是目前各项政策仍有待实践的检验,在政策推行中出现的一些问题也值得关注,政策投放的精准度和科学性亟待提高;五是目前文化创意产业政府引导较多,政策制定上出现的偏差必须及时纠正,避免由政策制度给产业带来不必要的影响。

6.4.2　区域创意氛围有待培育,文化创意人才结构不合理

通过走访调查发现,目前长三角区域内文化创意人才培养模式与文化创意产业的实际需求并不配套。从调研的结果来分析,目前长三角模仿型或复制型

创意人才较多,导致长三角文化创意产业中拥有自主知识产权的原创性产品较少,致使本来抵抗力就不强的文化创意企业缺乏应有的核心竞争力。同时,介于文化创意产业组织形式多种多样,包括分散的个体劳动、简单的集体协作和集中的分工合作,急需产业管理型人才来加强对产业资源的整合。此外,文化创意产业附加价值高、渗透性强、创新力强,急需经营型人才通过产业化手段,来将这种无形的知识资源转变为有形的特质产品。而这种能够将创意产业化和产业创意化的经营型人才并不多,能够对整个产业发展具有举足轻重的影响力的领军人物较为少见。在实践发展中,许多从业人员经常是有知识无技术,有技术却又欠缺认知。在人才评价中,长三角仍然沿用重结果轻过程的方法,用简单的投入—产出模型来作为衡量标准,导致整个区域内各种短期行为盛行,无法促进产业融合发展。

6.4.3　区域产业发展规划欠缺,尚未形成交差与互补效应

文化创意产业属于知识型产业,无论是文化资源还是创意因素,在整个产业的跨界融合与协同发展中起着重要的作用。这种情况也符合当前知识经济社会的发展特点。时至今日,土地和简单劳动力等已经不再成为经济发展增长的决定性因素,无形的知识资产是产业发展的关键因素。当前长三角文化创意产业的跨界融合与协同发展正好迎合了时代发展的需求,也是区域经济社会发展的必然规律,在整个融合发展的过程中,各种有形与无形资源的配合与默契成为重要的影响因素。研究表明,文化创意产业的上游产业主要包括研发设计、中游产业主要包括物料采购与生产制造、下游产业主要包括营销服务等。然而,从当前长三角文化创意产业融合发展的实际来分析,长三角大多数园区内产业处于相对独立、互不干涉的状态,无论是园区内部还是园区与园区之间,整个文化创意产业链条和价值链都亟须完善与整合。特别是个别园区在推动产业发展过程中存在跑马圈地和变相炒作房地产的投机现象,有些园区在圈地以后并不是真心实意地推动产业发展,而是坐等土地升值,然后分享丰厚利润,这种现象与区域经济发展的初衷和产业发展的实际需求发生严重背离。从对长三角部分文化创意产业园区的走访调研来分析,当前部分园区仍然存在屯地不开发的现象,与当初政府及园区的规划不相符合。而现有开发的园区中产业发展规划有欠合理,产业链条的上、中、下游不完善,空间分布不均衡,产业之间的交叉与错位发展效应较差,大部分文化创意产业园区聚集了大量同一类型和同一产业的中小型企业,不仅无法形成经济规模,而且难以发挥互补效应。

6.4.4　区域产业发展结构趋同,产业分工协作体系未形成

从目前发展情况看,不管是企业自发集聚还是政府主导型文化创意产业发展,都存在产业结构趋同现象,产业特色不鲜明。大多创意产业主要聚焦于数字、动漫、视觉、影音、艺术、服装、工艺品、旅游和休闲等,产业特色不明显,造成文化创意产业难以形成差异化发展趋势。各省市之间集聚区之间的产业关联性不强,产业链内部的"互通性、互补性"不强,不能充分发挥产业集群的协同效应,文化创意企业之间并未通过交易、契约、合作的形式形成固定的网络化组织构架,正式或非正式的联系所形成的知识和信息外溢、劳动力共享等集群优势在文化创意产业园区表现并不明显,企业并未因集聚而导致竞争力显著增强,产业分工协作体系亟须加强。部分文化创意产业园区内企业虽然扎堆,但产业关联性不强,无法实现产业协同效应。产业之间并未通过交易、契约、合作的形式形成固定的网络化组织构架,正式或非正式的联系所形成的知识和信息外溢、劳动力共享等集群优势在文化创意产业园区表现并不明显,企业并未因集聚而使竞争力增强。部分园区出于对经济利益的追逐,有些不属于集聚区产业定位范畴内的企业也被允许进入,导致集聚区主题不明确,内容不充分,特色不鲜明,不仅影响了园区的发展,也影响了地方政府形象。

6.4.5　区域产业园区定位类似,关联与联动效应远未体现

作为全国文化创意产业发达地区的长三角地区,在文化创意产业园区开发建设过程中产业同构、分工不明的问题一直被诟病。究其原因主要是由于长三角地区缺乏对整个区域功能的明确定位和分工,上海与江苏、浙江和安徽各城市之间发展定位雷同影响了区域整体优势的发挥。如长三角核心区的 16 个城市中,选择电子信息业作为产业发展重点的 12 个,在文化创意产业融合发展概念提出后,人们期望长三角地区能绕过产业发展的弯路。但在各自为政的机制和利益诉求冲动之下,产业同质化问题的破解并未有重大突破。以动漫业为例,长三角城市群内共建设了 11 个国家级动漫基地,同质化倾向同样严重,造成利益主导下重复建设、无序竞争和资源浪费的乱象。此外,长三角在数字网游动漫产业方面已初步具备了一定的技术开发基础,由此带来的利润也十分可观,但整个产业的赢利模式并不完整。如网游产业大多数都集中在游戏开发和运营领域,也就是产业链的前 40%,但后面 60% 的营销和服务环节也是赢利的关键点,这方面的赢利十分有限。有些地方在开发建设过程中甚至不顾文化创意产业的

发展规律,盲目上马建设各种文化创意产业园区,甚至因为国家对房地产的宏观调控,文化创意产业园区成为地产商"圈地"的一种手段。另外,由于文化创意产业的特殊性,文化创意产业要素一般倾向于在大城市集聚,但也并不是所有城市都具备开发文化创意产业园区的所有基础条件。在地方政府对于发展文化创意产业园的积极性很高的情况下,"一哄而上"地建设各种文化创意产业园区。个别地方不仅在中心城市建设文化创意园区,不少县乡一级也都出台建设文化创意园区的战略规划,有的地方甚至把文化创意园区作为发展文化创意产业的唯一显性政绩,一味追求园区规模扩张和数量提升。

6.4.6 产权保障制度尚不健全,政策投放精准性有待提高

目前,长三角在推进文化创意产业发展上出台了不同类型的保障制度,如2016 年国家文物局确定 92 家文化文物单位和文化创意产品开发试点单位,鼓励试点单位探索通过博物馆知识产权作价入股等方式投资设立企业,从事文化创意产品开发经营。上海博物馆、苏州博物馆、南京博物馆、浙江博物馆等均取得不俗成绩。事实上,在此之前,长三角已经有部分美术馆、艺术馆,甚至包括部分图书馆开始涉足文创衍生品的设计与开发。但却缺乏相应的受益人指导细则,也没有建立版权公共服务平台,以及创意产品交易市场和专利技术或者版权多种形式的自由交易,导致产业融合发展缺乏制度保证。以电影为例,根据国际规则,音像版权收入才是电影产业收入的大头,但目前长三角电影票房却占到电影业总收入的 70% 到 80%。究其原因,主要在于长三角知识产权保护制度尚不健全,给影视行业带来严重的经济损失,也导致产品的独立思考和原创性不够。同时,长三角产业融资体系环节尚未完全打通,各类融资方式缺乏配套,单个的制度规则无法解决整个产业融资的难题,而政府财政资金支持方式缺乏时空上的合理设计,主要表现在以下几个方面。一是资金补贴滞后导致在产业发展最需要钱的阶段拿不到钱。如目前各地对国产原创动画的扶持资金多属"事后奖励",在最需要钱的创意催生、设计制作的前期阶段的作用力不强。二是补贴的名目过多,专业性不强,从而影响到产业的精深制作。三是政策漏洞导致部分投机现象的产生,如在动漫领域出现了许多企业圈一轮钱就走的突出现象。

6.5 长三角文化创意产业融合发展的机会分析

党的十八大以来,党中央高度重视文化建设,围绕加快建设社会主义文化强

国、提高国家文化软实力,提出了一系列新思想新论断,做出了具有深远影响的战略部署,对推动文化大繁荣大发展提出了全新的要求。特别是习近平总书记在文艺工作座谈会上的重要讲话和重要论述,对在新的历史条件下做好长三角文化创意产业融合发展具有深远影响。展望新时期,文化创意产业将更多地承担起弘扬社会主义核心价值观、传播中华优秀传统文化、推动经济转型升级的重任,长三角文化创意产业融合发展也迎来了新的机遇和挑战。

6.5.1 消费结构升级推动文化创意产业形成新的供给

随着我国经济进入新常态和供给侧结构性改革的推进,国民收入水平的提升将不断扩大文化消费需求,文化创意产业也将在促进消费升级和产业转型中发挥出越来越重要的作用。长三角人均地区生产总值正从 1 万美元向 2 万美元迈进,即将进入高收入经济体行列,人民群众对文化创意产品与服务的消费需求加速升级,文化消费需求日益呈现出个性化和多样化趋势,文化创意产业也更加关注消费者的情感、心理、个性需求,为不同收入阶层、教育文化背景、地域民族的人群提供差异化、定制化的消费产品和服务,实现有效供给。文化消费的发展与文化产业的发展是双向互动的关系,居民文化消费水平的提高促使文化创意产业进行自觉调整,而文化创意产品供给侧的优化则能满足并进一步激发居民文化消费,文化创意产业融合发展也成为推进长三角经济社会转型的重要着力点和突破口。未来长三角必须自觉把推动文化创意产业融合发展放到推进区域一体化发展的进程中来谋划,用先进文化引领前进方向、凝聚奋斗力量、激发创造活力,为建设长三角区域经济社会发展提供强大精神动力和文化支撑。

6.5.2 新一代信息技术革命催生文化创意产业新变革

随着新一轮科技革命和产业革命浪潮的兴起,大数据、云计算、移动互联网、虚拟现实和人工智能等新一代信息技术得到广泛应用,也给长三角文化创意产业的创作内容、生产方式、表现形式、传播范围、商业模式带来深刻变革。互联网为文化创意产业融合发展提供了便捷、经济、多渠道的技术平台,以创意和新技术为特征的文化产业新内容、新业态将层出不穷,数字内容产业也将呈现爆炸式增长。数字文化服务以开放、共享、便捷的现代传播方式,更加自由、平等地体现了公民的文化权益。这就要求长三角各地必须顺应"互联网＋"的发展趋势,培育、发展以互联网为基础设施和创新要素的新型文化业态,加快智慧文化建设,提供更加广泛、便捷、高效的文化服务。而长三角一直是全国信息经济发展高地,互联网将为区域经济增长植入新的基因,也将为文化创意产业融合发展带来广阔空间。

6.5.3　金融资本大发展助推文化创意产业实现新跨越

近年来,国家积极推动金融体制改革,鼓励发挥金融政策、财政政策与文化经济政策的协同效应,为文化创意企业规模化、集聚化发展提供大量资金的同时,也为新兴文化创意企业的培育和成长提供风险资本。在金融资本的推动和融合下,文化创意企业的兼并重组将进一步加剧,产业集约化程度进一步提高。长三角民间资本雄厚、资本市场活跃,随着金融资本和文化产业的深度融合,不仅将推动长三角文化创意产业加速融合,而且将有一批"航母级"大型企业集团在众多文化创意产业中脱颖而出。

6.5.4　全面深化体制改革拓展了全新的产业发展空间

十八届三中全会作出了全面深化改革的战略部署,开启了我国改革开放的新阶段。而长三角顺应"互联网+""文化+"发展趋势,不断深化文化体制改革,加快完善文化管理体制和文化生产经营机制,构建现代公共文化服务体系、现代文化产业体系、现代文化市场体系,形成有利于创新创造的文化发展环境。通过全面深化改革、扩大文化开放,文化元素日益融入相关产业,进一步激发了文化创造活力,文化越来越成为产业创新的源泉和转型升级的动力,释放改革发展红利。长三角文化创意产业与相关产业融合发展的趋势将更加明显,产业边界日趋模糊,文化创意产业与制造业、信息产业、建筑业、现代农业、服务业等产业的跨界融合将日趋深入。

6.5.5　"一带一路"倡议提供了"走出去"的新机遇

随着世界多极化和经济全球化深入发展,越来越多的国家把提高文化软实力作为重要发展战略。而"一带一路"倡议的实施将推动我国和沿线国家的文化交流,扩大中华文化的对外输出和影响力,我国与国际社会的互联互动将变得空前紧密。随着我国综合实力和国际地位的稳步提升,文化"走出去"的步伐将不断加快,文化对外贸易也将进入快速增长期,对推进文化创意产业融合发展的要求也将更高。长三角以外向型经济为主,在"一带一路"倡议中处于重要地位,未来文化创意产品和服务出口将不断扩大,文化创意企业参与海外竞争合作的机遇进一步增多。而"一带一路"倡议的深入实施,需要长三角发挥重要交汇点的地位和作用,利用与沿线国家有深厚历史渊源和广阔经贸往来的优势,放大开放型经济优势,广泛开展与沿线国家文化交流与合作,做好文化先行,奠定"一带一路"的民意基础、文化基础。长三角必须加快文化走出去步伐,加强整体对外文化形象的策划推广,全面提升长三角的国际形象和美誉度。

6.5.6 区域一体化发展提供了产业协同发展的新起点

近年来,长三角区域经济呈现出均衡增长、协调发展的良好势头,在全国乃至全世界的地位和影响力正在不断提升,区域合作取得显著成效。在国家层面上,2010年至今,国务院陆续出台了指导长三角区域协调发展的纲领性文献,其中,《长江三角洲地区区域规划》成为我国第一部指导跨省区市区域发展规划。自此以后,长三角区域内各省市采取"1+3"的形式贯彻落实国务院政策精神,基本上可以解决长三角文化创意产业跨界整合与协同发展过程中产业发展跨区域和跨行政划分而带来不协调问题,使长三角文化创意产业发展目标趋于基本一致,为区域一体化协同发展打下了政策基础。

一是在区域基础设施上,长三角地区相继出台了《长三角都市圈高速公路网规划方案》《长三角地区现代化公路水路交通规划纲要》等一系列文件,为长三角地区实现交通基础设施一体化,建立区域现代化综合运输体系提供了依据。经过多年建设,长三角地区已初步形成公路、水运、铁路、航空等多种运输方式构成的交通运输体系框架。随着苏通大桥、杭州湾大桥、沪宁、沪杭城际铁路、京沪高铁等设施相继建成,高速公路ETC并网工作进展显著,皖电东送一期工程等基础设施建设进展顺利,长三角区域基础设施正逐步向网络化阶段迈进。

二是在区域创新建设上,长三角区域科技资源共享服务平台初步建成,长三角科技文献系统正式开通运行,长三角技术转移系统试运行,为长三角区域创新体系形成资源集聚奠定了基础。目前通过利用长三角大型科学仪器协作共用网集聚的区域内9 206台(套)科学仪器设施,跨区域的仪器设施服务量已超过了2.3万次。

三是在区域大市场建设上,不断完善各种合作机制。如在金融合作方面,签署了《长三角地区贷款转让合作备忘录》,建立和完善"六项机制",发挥再担保体系作用,逐步形成有利于中小企业信贷增长的体制和机制;在信用建设方面,"信用长三角"网络共享平台运行稳定,工程建设领域项目信息公开和诚信体系建设继续推进,信用服务机构备案互认工作取得有效进展,目前三省一市已备案信用服务机构123家;在信息化合作方面,继续开展长三角地区电子认证工作,目前长三角地区企业用户覆盖率超过 90％,应用于税务、工商、质监等几十个领域;在涉外服务合作方面,稳步推进南京海关分类通关改革,江苏商检苏州局与上海口岸实施"虚拟口岸、直通放行",加强太仓、张家港与宁波、舟山等口岸大宗散货"分港卸货"合作;在工商合作方面,进一步加强企业登记注册管理等方面的合作,促进内资登记注册信息交流,扩大外商投资企业登记材料互认范围,联合开展打击传销执法活动,加强商标保护合作,不断提升商标跨区域保护效能;在人力资源和社会保障合作方面,共同推进长三角地区社会保险待遇资格协助认证、工伤保险协作、劳动保障监察协作人才开发一体化协作等工作,探索建立长三角公务员管理交流合作机制。

四是在区域产业合作上,长三角以产业集聚和跨省(市)共建园区为重点,共同推进产业有序转移与科学承接,促进经济转型升级。一是加快形成产业转移协调推进机制。三省一市分别成立由发展改革委牵头,有关部门参加的产业转移专题组,在广泛调研的基础上,探讨长三角产业集群式转移的有效途径。二是加强政策引导和支持。抓住实施国家区域发展战略的重大机遇,注重发挥市场机制作用,强化政策支持,搭建合作平台,打造制度环境,积极推进长三角产业的梯度转移和有序承接。三是积极推进沪苏园区共建。积极发展跨省(市)产业合作园区,优化资源配置,输出品牌和管理,共同推进上海在江苏南通市、盐城市的共建园区建设。四是加强泛长三角区域合作。2011 年,江苏省在皖投资亿元以上的项目 904 个,总投资 2 983 亿元,实际到位资金 799 亿元,占外省(市)在安徽亿元以上项目实际到位资金的 19.1％,宁滁合作产业园,中新苏滁现代产业园和郎溪的无锡工业园等 3 个苏皖合作共建园区建设顺利推进。

第7章

长三角文化创意产业融合发展实证评价

前面对文化创意产业融合发展进行了理论探讨,对长三角文化创意产业融合发展态势进行了分析,本章从实证角度展开对长三角文化创意产业融合发展水平及耦合度的评价。

7.1 长三角文化创意产业融合发展评价的目的与思路

7.1.1 评价的目的

从前述可知,随着经济社会的发展和科技的进步,人类的物质文化生活日益丰富,消费观念从传统的物质消费上升为价值消费,追求时尚和个性是现代人的显著特征。此时,因创意而生的文化创意产业作为21世纪的全新业态而更备受推崇,且受到理论界与实业界的高度关注。文化创意产业是一种强调以人的创造力为核心的新兴产业,具有极高的附加值和经济效益,因此其发展受到多地政府的支持,北京、上海等经济发达地区已将文化创意产业作为经济发展的支柱型产业。而融合发展也是近年来的发展热潮,它可以打破经济发展的产业和区域边界,促进不同行业和地区的产业之间协同发展,以充分发挥联动效应,打破区域经济发展不均衡的现状。

长三角城市群作为我国经济发展较快的地区之一,区域内各地政府对文化创意产业的发展尤为重视,屡次颁布相关政策以推动其稳步发展。本部分以长三角地区为例,从跨产业发展和跨区域集群这两个角度出发,选取能够反映跨行业和跨区域融合发展的相关指标,并借鉴物理学上的耦合度模型构建产业融合发展模型,用以评价长三角文化创意产业融合发展的程度,拟为长三角文化创意产业一体化融合发展提供决策参考。

7.1.2　评价的思路

文化创意产业融合发展是指文化创意产业在发展过程中与其他产业交叉渗透、融为一体,或指某一地区文化创意产业与其他地区的文化创意产业打破空间限制协同联动发展。因此,文化创意产业的融合发展是对其传统发展方式的转型升级,既要将文化创意产业的现有资源进行盘活利用,又要从融合发展的过程中挖掘出新的增长点。

由此可见,文化创意产业融合发展是一个复杂而系统的过程,无法用单一和笼统的指标来直接体现。为了完整定义和表征文化创意产业的融合发展水平,本部分从跨产业融合发展和跨区域融合发展这两个角度,来综合衡量长三角地区文化创意产业融合发展程度。因此,在具体指标的选取时,首先考虑到文化创意产业的经济价值,并据此设置现实评价指标;其次,文化创意产业所处的区域及其发展环境或已有资源是产业融合发展的基础,据此可以设立基础性评价指标或存量指标;第三,区域文化创意产业融合发展的潜力可以通过设立增量指标来体现;第四,其他一些有助于文化创意产业融合的因素也应纳为考虑对象,据此可以设立支撑指标。基于上述思路,本章后面部分据此构建长三角文化创意产业融合发展评价体系,并分别展开对文化创意产业跨行业和跨区域融合发展指标的分解。

7.1.3　评价的原则

考虑到上述评价目的和思路,本书认为,长三角文化创意产业跨行业与跨区域的一体化融合发展水平的评价指标体系应遵循以下几个原则。

(1)系统性原则。该原则要求在构建长三角文化创意产业融合发展评价指标体系时必须具备大局观念和全局意识。在总体结构上必须层层递进,纵向上分为一级指标、二级指标、三级指标,横向上是能够反映文化创意产业融合发展的宏观、中观、微观指标,按照层次分布在不同等级的指标中,每个层次上的指标构成一个子系统,在整体上便构成文化创意产业融合发展评价的大系统。并且所有选取的各个指标虽是相互独立的,但相互之间有关联,且符合逻辑思维,能够保证指标的层次感,从而形成一个完备的指标体系。

(2)科学性原则。文化创意产业融合发展的评价指标必须符合社会经济的发展规律,采用科学的方法和手段,确立的指标必须是能够通过观察、测试、评议等方式得出明确结论的定性或定量指标。并且指标的来源要求真实可靠,各个指标需经得起论证。只有坚持科学性的原则,获取的信息才具有可靠性和客观性,评价的结果才具有可信性。

(3)可量化原则。该原则要求各指标经过归一化处理后,能够进行等级排序。因为本书在评价长三角文化创意产业融合发展水平时,需要运用到相关的公式模型进行计算分析,并通过定量的结果来评判其融合发展的具体程度,因此选取的指标要便于收集量化,且便于在计算量度一致的情况下,进行数学运算。

(4)典型性原则。由于与文化创意产业融合发展相关的指标众多,因此选取的各项指标必须能够充分并且客观反映文化创意产业跨行业和跨区域融合发展的特征,这样既能够如实反映长三角地区文化创意产业融合发展水平,又能简化计算和操作的过程,提高研究效率。

(5)综合性原则。任何整体都是由一些要素为特定目的综合而成,文化创意产业融合发展评价涉及众多要素,仅仅根据某一单要素进行分析判断,很可能做出不正确甚至错误的判断。因此,应综合平衡各要素,要考虑周全、统筹兼顾,通过多参数、多标准、多尺度分析、衡量,从整体的联系出发,注重多因素综合分析,以便求得最佳的评价效果。

(6)简明性原则。该原则要求选取的衡量文化创意产业融合发展的指标在数量上应该保持适度,选取的指标必须最具代表性,指标太多会导致相互重叠,非但没有保全指标的全面性,反而导致了计算中不必要的繁琐步骤。当然简明也并不意味着指标数量越少越好,该原则应该与典型性原则相结合,以保证指标的选取恰到好处。

7.2 长三角文化创意产业融合发展评价指标体系的构建

7.2.1 产业融合发展评价的理论溯源

目前,关于产业融合发展已引起相关研究者的关注,但理论界关于融合发展评价的理论研究还不够丰富,国内学者主要集中于对两个具体行业的融合度进行研究,通过选择能够反映两个行业发展程度的相关指标,构建融合发展评价指标体系展开评价。构建评价模型时多利用层次分析法、综合评价函数以及模糊综合评价等方法,并借鉴物理学上的耦合度模型构建不同产业之间的融合度模型。这些成果为本书对长三角文化创意产业融合发展的深入研究提供了理论和实践参考。以下对现有关于融合发展评价的理论成果展开综述,为本书后续评价指标体系的构建进行理论铺垫。

陆秋洋和陈玉慧利用层次分析法和模糊综合评价法,首先对厦门市信息业与制造业融合发展的现状进行分析,接着从制造业发展环境、经济效益、科技投入与创新、产业结构、可持续发展能力五个方面来分析厦门市的制造业发展水平,从信息产业发展环境、人才规模、投入、经济效益四个方面分析信息业发展水平,最后构建评价模型进行实证分析。结果表明,厦门市信息产业与制造业融合发展水平稳健上升,融合发展能力也日渐成熟。据此结果作者提出促进厦门市"互联网+"趋势下产业转型升级的具体途径,主要包括:加大专项扶持力度,重点发展信息产业;优化产业发展环境;健全产业集聚发展机制;吸引人才,建立高素质人才队伍。具体评价指标体系如表 7-1 所示。

表 7-1　信息产业与制造业融合度指标体系

目标层(A)	一级指标层(B)	二级指标层(C)	三级指标层
信息产业与制造产业融合度 A	制造业发展水平	制造业发展环境	第二产业占 GDP 比重
			城镇化率
			规模以上制造企业数
			第二产业从业人数
		制造业经济效益	规模以上制造企业成本费用利润率
			规模以上制造企业利税总额
			制造业增加值对 GDP 贡献率
			制造业全员生产率
		科技投入与创新	规模以上企业 R&D 经费支出占主营业务收入的比重
			规模以上制造企业从事科研科研活动全时当量
			规模以上制造企业研发机构数
			规模以上制造企业有效研发专利数
		产业结构	高新技术产业产值占 GDP 比重
			第一产业占 GDP 比重
			第三产业占 GDP 比重
		可持续发展能力	单位工业增加值能耗
			工业固体废物综合利用率
			工业废水排放量

（续表）

目标层（A）	一级指标层（B）	二级指标层（C）	三级指标层
信息产业与制造产业融合度A	信息产业发展水平	信息产业发展环境	互联网普及率
			大中型软件和信息技术服务企业数
			移动电话普及率
		信息产业人才规模	软件信息技术服务业全体从业人员数
			国有企业邮电通信职工数
			规模以上电子信息制造业从业人员数
			软件和信息技术服务业研发人员数
		信息产业投入	规模以上电子信息制造业固定资产投资占制造业固定资产投资比重
			信息传输、计算机服务和软件业固定资产投资占全社会固定资产投资比重
			互联网宽带接入端口
		信息产业经济效益	规模以上电子信息制造业主营业务收入
			软件和信息技术服务业业务收入
			软件和信息技术服务业销售利润率
			电子信息产业进出口总额占全市进出口总额比重

资料来源:陆秋洋,陈玉慧.厦门市信息产业与制造业融合发展水平评价的实证研究[J].厦门科技,2018(05):8-15.

袁俊和高智以珠三角地区为例,构建文化产业与旅游业融合发展评价指标体系。在指标体系设计中,作者通过国内国际旅游人数和收入以及旅社酒店等指标反映珠三角旅游产业的发展水平,通过文化产业的经济效益、图书馆博物馆等数量来反映珠三角文化产业的发展情况。在评价方法上,作者首先运用熵值权重法确定各个指标的权重,接着利用综合评价函数分别计算出珠三角旅游业发展水平和文化产业发展水平,然后借鉴物理学上的耦合度模型构建出珠三角旅游业与文化产业的融合度分析模型,从而对珠三角地区9个城市2008—2015年文化产业与旅游业融合发展水平进行测度。结果表明:珠三角地区文化产业与旅游业融合发展水平稳步上升,但区域内部融合发展差异性大,呈现出由广州、深圳核心区向外围城市迅速递减的空间格局。总体来看,珠三角地区两类产业融合发展等级不高,文化产业普遍滞后于旅游业发展,绝大多数地区处于初级融合发展水平以下。未来必须有效结合消费动态和产业转型需要,加强文化产业与旅游业的互动整合,提升珠三角地区两类产业融合发展水平。具体指标体系如表 7-2 所示。

表 7-2　文化产业与旅游业融合发展评价指标体系

目标层	子系统	指标层
文化产业与旅游业融合发展水平	旅游业发展水平	国内旅游人次(万人次)
		国际旅游人次(万人次)
		国内旅游收入(亿元)
		旅游外汇收入(亿元)
		旅游景区数量(个)
		旅行社数量(个)
		星级饭店数量(个)
		旅游从业人员数(万人)
	文化产业发展水平	文化产业增加值(亿元)
		文化产业营业收入(亿元)
		文化事业费(亿元)
		公共图书馆数量(座)
		艺术表演团体数量(个)
		博物馆数量(座)
		文化产业从业人员数(万人)

资料来源:袁俊,高智.珠三角地区文化产业与旅游业融合发展水平测度[J].资源开发与市场,2018,34(01):108-112.

王爽、邢国繁和高一兰根据 1995—2014 年海口市旅游产业的绩效水平、要素水平的相关数据构建出海口市旅游产业发展评价指标,根据文化产业的绩效水平和要素水平的相关数据构建出文化产业发展评价指标。再利用综合发展函数分别建立出海口市旅游产业和文化产业的综合发展水平评价函数,来评估和比较海口市旅游产业和文化产业的发展水平,最后建立融合协调度测度与评价模型,对海口市旅游产业和文化产业进行融合发展水平、融合协调度等级及类型的实证研究。研究表明,近年来海口市文化产业已经明显滞后于旅游产业的发展,但两者之前的失调状态已经调整为良好融合状态。作者最后还提出基础设施、交通状况、产业投入、经济收入、经济状况、教育程度、自然环境、政府文化政策、产业结构、文化旅游资源保护是提升融合度水平的重要因素。具体指标体系如图 7-3 所示。

表 7-3　海口市旅游产业与文化产业发展评价指标

项目	一级指标	二级指标
旅游产业发展评价指标	旅游产业绩效水平	国内外过夜旅游者(人次)
		国际旅游者(人次)
		国内旅游者(人次)
		旅游总收入(亿元)
		旅游外汇收入(万美元)
		人均逗留天数(天/人)
	旅游产业要素水平	出境旅行社(家)
		入境旅行社(家)
		旅游饭店(宾馆)数(家)
		旅行客房数(间)
		旅行床位数(张)
		客房开房率(%)
	文化产业绩效水平	电影放映场次(场)
		电影观众(万人次)
		公共图书馆总流通人次(万人次)
		博物馆举办展览(个)
		博物馆参观人次(万人次)
		艺术表演团体演出场次(场次)
		艺术表演团体国内演出观众人次(万人次)
		图书出版印数(亿册)
		杂志出版印数(亿册)
		报纸出版印数(亿册)

（续表）

项目	一级指标	二级指标
文化产业 发展评价指标	文化产业 要素水平	电影放映单位（个）
		艺术表演团体（个）
		文化事业机构数（个）
		公共图书馆（个）
		公共图书馆总藏量（千册）
		博物馆（个）

资料来源：王爽，邢国繁，高一兰.海口市旅游产业与文化产业融合发展水平的测度与评价[J].对外经贸，2018(02)：101-104.

段婷婷基于经济学中市场需求与供给的角度，建立区域内旅游产业和信息产业发展评价指标体系。作者利用熵权法确定指标权重，运用综合评价法构建旅游产业与信息产业融合度模型。并以中原城市群为例，对 2012—2016 年中原9 市旅游产业与信息产业发展水平及两者融合情况进行测度。研究结果表明：从整体来看，中原 9 市旅游产业与信息产业的发展呈现出持续向好的发展态势，两产业协调发展能力逐年提升，但评价阶段内整体融合水平较低，大部分城市呈现信息产业发展滞后的状态。因此要促进区域内旅游产业与信息产业的均衡发展，缩小区域发展差距，以实现旅游产业与信息产业的优质融合。具体指标体系如表 7-4 所示。

表 7-4　区域旅游产业和信息产业发展评价指标体系

项目	一级指标	二级指标
旅游产业发 展评价指标	旅游产业 市场需求	旅游总收入（亿元）
		创汇收入（亿美元）
		国内旅游人次（万人次）
		入境旅游人次（万人次）
	旅游产业 市场供给	4A 级以上景区数量（个）
		星级饭店数量（个）
		旅行社数量（个）

（续表）

项目	一级指标	二级指标
信息产业 发展评价指标	信息产业 市场需求	电信业务总量（亿元）
		互联网用户数（万元）
		移动电话用户数（万元）
	信息产业 市场供给	从业人员（万人）
		年 R&D 经费支出（万元）

资料来源：段婷婷.中原城市群 9 市旅游产业与信息产业融合度评价[J].平顶山学院学报，2018，33(02)：104 - 109.

王冠孝等学者构建了区域旅游业与信息化耦合协调评价指标体系，在旅游产业方面选取市场需求、产业供给、企业效益、经济效应、人才建设作为准则层指标；在信息化方面，选取信息化基础设施、社会应用、信息产业运营、信息化资源投入、信息化发展环境作为准则层指标。并且综合运用功效函数、综合评价函数、耦合协调度等方法定量评价了我国大陆 31 个省份旅游业与信息化的耦合协调水平，并运用耦合协调等级类型分布矩阵将各省份旅游业与信息化的耦合协调关系划归不同等级类型，明确了各省份旅游业与信息化持续协调发展的工作重点。结果显示：各省份之间旅游业水平和信息化水平差距悬殊，且信息化水平较高的省份更加集中于经济发达地区；各省份在信息化社会应用、信息化基础设施、信息化发展环境、旅游人才建设、旅游经济效应等维度的差距明显较大；各省份耦合度整体较高，而耦合协调度差距悬殊；旅游业与信息化耦合协调水平呈明显的分级分布特征。具体指标体系如表 7 - 5 所示。

表 7 - 5　区域旅游业与信息化评价指标体系

目标层	准则层	评价指标
旅游业 子系统	旅游市场 需求	国内旅游和入境旅游总收入
		近 3a 旅游总收入平均增长率
		国内旅游和入境旅游总人次
		近 3a 旅游总人次平均增长率
	旅游产业 供给	3A 级以上景区数量
		星级饭店数量
		旅行社数量
		近 3a 旅游企业总数量平均增长率

（续表）

目标层	准则层	评价指标
旅游业子系统	旅游企业效益	旅游企业固定资产原价
		旅游企业全员劳动生产率
		旅游企业利润率
		旅游企业人均实现利润
	旅游经济效应	人均旅游总收入
		接待旅游者数量占总人口比重
		旅游总收入占第三产业比重
		旅游总收入占 GDP 比重
	旅游人才建设	旅游人才建设
		近 3a 旅游业从业人员总数年均增长率
		旅游高等院校数
		旅游院校学生数
信息化子系统	信息化基础设施	旅游企业固定资产原价
		旅游企业全员劳动生产率
		旅游企业利润率
		旅游企业人均实现利润
	信息化社会应用	电话普及率（包括移动电话）
		互联网普及率
		有线广播电视用户数
		网站数
		企业电子商务销售额和采购额总和
	信息产业运营	电信业务总量
		软件业务收入
		公共广播节目套数
		信息传输、计算机服务和软件业法人单位数
	信息化资源投入	电信和其他信息传输服务业就业人员数
		企业每百人使用计算机数
		信息传输、计算机服务和软件业城镇单位就业
		人员平均工资指数
		信息传输、计算机服务和软件业固定资产投资
		占全社会固定资产投资比重

（续表）

目标层	准则层	评价指标
信息化子系统	信息化发展环境	人均地区生产总值
		地方公共财政收入
		R&D 经费支出
		每千人专利授权数
		大专以上学历人口占总人口比重

资料来源：王冠孝，梁留科，李锋，蒋思远，段小薇.区域旅游业与信息化的耦合协调关系实证研究[J].自然资源学报，2016,31(08)：1339－1350.

王兆峰和范继刚研究了我国西部地区旅游产业与信息产业融合发展情况，认为旅游产业与信息产业融合是产业发展到一定阶段的必然趋势。文章首先对二者融合发展的动力机制和作用机理进行分析，从而提出旅游产业与信息产业融合的四个层次，即技术、产品、市场和企业。接着基于趋同理论构建工业化与信息化融合理论模型，结合协调发展系数判断方法，总结出旅游产业与信息产业融合水平的测度方法。研究表明：西部地区旅游产业与信息产业总体上融合水平具有周期为4年的不连续平衡性，在时间序列方面呈现波动变化、收敛性不显著的特征；其次，在两条基本路径和总体融合中，三者之间没有达到完全的融合状态；最后，产业融合水平与国民经济发展有相互协调的关系，但是地区的经济发展水平的高低与其产业融合发展水平没有必然的相关性。具体指标体系如表7－6所示。

表7－6　西部地区旅游产业与信息产业融合水平

目标层	子系统	指标层
西部地区旅游产业与信息产业融合水平	旅游产业发展水平	接待旅游人数
		入境旅游人数
		入境旅游者人均花费
		旅游总收入
		国内旅游收入
		国内旅游者人数
		旅行社数
		星级宾馆数

（续表）

目标层	子系统	指标层
西部地区旅游产业与信息产业融合水平	信息产业发展水平	平均每天电视播出时间
		平均每天广播播出时间
		图书总万印数
		报纸总万印数
		人均年邮电业务量
		电话普及率
		广播覆盖率
		电视覆盖率
		互联网普及率
		每千人局交换机容量
		长途光缆长度
		每百人电话主线数
		每万人在校大学生数
		R&D 人员当时人数
		R&D 经费占 GDP 比重

资料来源：王兆峰，范继刚.西部地区旅游产业与信息产业融合发展研究[J].中央民族大学学报（哲学社会科学版），2013，40（05）：78-85.

　　刘迎迎和郝世绵整合国内专家学者的相关研究理论，展开对于产、城、人、文融合视角下特色小镇的发展评价。作者构建了 4 个层次的发展评价指标体系：第一层次是目标层，第二层次是准则层，第三层次是要素层，第四层次是因子层。其中产业发展的影响因素有产业结构、产业规模、特色产业；城镇建设的影响因素有配套设施、城镇规划、政府支持；以人为本的影响因素有生活水平、精神文明、人文关怀；文化发展的影响因素有文化传播、文化传承、特色文化。并利用层次分析法和问卷调查法确定各个指标的权重。根据权重排序结果进行分析，作者提出了相应的对策建议：一是依托独有资源，发展特色产业；二是完善政策法规，加快科学规划；三是立足以人为本，加强人文关怀；四是挖掘文化内涵，凸显人文底蕴。具体指标体系如表 7-7 所示。

表7-7 产、城、人、文融合视角下特色小镇发展程度评价指标体系

准则层	要素层	因子层
产业发展	产业结构	产业竞争力水平
		产业结构合理性
		产业布局合理性
	产业规模	产业盈利能力
		产业增长速度
		主导产业占比
	特色产业	特色产业产值
		特色产业选择精准度
		特色产业对外辐射度
城镇建设	配套设施	基础设施发展程度
		公共服务设施发展程度
		公共资源的合理共享程度
	城镇规划	城镇规划科学性
		生态文明建设
		城镇建设的可持续性
	政府支持	人才政策
		产业政策
		金融政策
以人为本	生活水平	居住条件满意度
		人均收入水平
		就业率
	精神文明	幸福感
		精神风貌
		镇容风貌
	人文关怀	社会保障
		小镇特有福利
		人与人之间和睦程度

（续表）

准则层	要素层	因子层
文化发展	文化传播	文化资金投入程度
		文化创意产品产值
		文化品牌知名度
	文化传承	城镇传统文化与产业文化
		当地居民认可度
		文化资源的保存状态
	特色文化	地方特色文化打造度
		特色文化项目开发度
		文化资源稀缺程度与知名度

资料来源：刘迎迎，郝世绵.特色小镇产、城、人、文融合发展评价体系研究[J].重庆科技学院学报(社会科学版)，2018(05)：58-61+78.

刘新超构建了西部地区流通产业发展与居民消费水平之间关系的指标体系。作者以西部地区流通产业发展的环境、基础和潜力来衡量西部地区流通产业发展水平；以居民消费需求的水平和能力大小来衡量居民消费情况。利用熵权法与综合评价法横向比较了西部地区两者融合度的省(区)差异。研究认为西部地区居民消费水平与流通产业发展的融合度处于勉强融合或者不融合的状态，而西部地区基础设施建设不完善、人口分布不均匀、居民可支配收入低是导致融合度评价得分低的主要原因。对此文章提出应加大西部地区流通基础设施建设，合理布局流通业态，促进居民消费水平和消费能力提高，进而推进流通与消费融合发展。具体指标体系如表 7-8 所示。

表 7-8　西部地区流通产业发展与居民消费水平融合分析指标体系

目标层	功能层	指标层	代表性指标
流通产业发展与居民消费水平的融合度评价指标体系	西部地区流通产业发展衡量指标	西部地区流通产业发展的环境	人均 GDP 增长率
			城市人口密度
			商业服务业等事物公共财政支持
		西部地区流通产业发展的基础	批发和零售占 GDP 的比重
			限额以上批发和零售业利润增长率
			批发和零售业全社会固定资产投资

（续表）

目标层	功能层	指标层	代表性指标
流通产业发展与居民消费水平的融合度评价指标体系	西部地区流通产业发展衡量指标	西部地区流通产业发展的潜力	社会消费品零售总额增长率
			亿元以上商品市场交易个数
			电子商务销售额
	居民消费指标衡量	居民消费需求的水平	居民消费率
			商品零售价格总指数
		居民消费的能力大小	居民人均可支配收入增长率
			城乡居民人均现金消费支出

资料来源：刘新超.西部地区流通产业发展与居民消费水平的融合度评价[J].商业经济研究，2016(06)：208－210.

　　综上所述，目前理论界对于融合发展评价没有固定统一的评价方法或体系，而上述研究成果多从两个不同产业之间的融合程度展开研究，其中有些从行业的绩效水平和要素水平入手，也有些是从行业的市场需求和供给方面开展研究，或者从行业的发展环境、经济效益、科研投入等方面构建指标体系。也有学者从城市和产业发展水平和人文水平融合程度的角度切入，来展现城市和产业的发展对居民生活的影响方式，为经济的发展如何更好地服务于人民生活提供参考。但其选取的指标在一定程度上缺乏理论基础和学科支撑，指标的确定存在较大的随意性和重复性等问题，从而在融合程度的界定上存在一定的误差。但上述关于融合发展评价体系的研究针对具体的问题，基于不同的研究视角出发，虽然没有形成固定的范式，但在构建指标体系时，都选取了能够如实反映该研究对象的相关指标，对融合发展进行了一定的技术分析。这些研究为本书的研究提供了较好的借鉴和参考。为了展开对长三角文化创意产业融合发展进行评价，本书将已有的相关文献中选取的指标进行归纳和总结（如表7-9所示）。本书后续关于长三角文化创意产业融合发展指标体系的构建将借鉴此表，并在现有的研究基础上进行综合提炼。

表7-9　融合发展评价指标体系相关文献综述汇总

作者	文章名	一级指标	二级指标
陆秋洋 陈玉慧	《厦门市信息产业与制造业融合发展水平评价的实证研究》	制造业发展水平	制造业发展环境、制造业经济效益、科技投入与创新、产业结构、可持续发展能力
		信息产业发展水平	信息产业人才规模、信息产业发展环境、信息产业投入、信息产业经济效益

（续表）

作者	文章名	一级指标	二级指标
王爽 邢国繁 高一兰	《海口市旅游产业与文化产业融合发展水平的测度与评价》	旅游产业发展水平	旅游产业绩效水平、旅游产业要素水平
		文化产业发展水平	文化产业绩效水平、文化产业要素水平
段婷婷	《中原城市群 9 市旅游产业与信息产业融合度评价》	旅游产业发展水平	旅游产业市场需求、旅游产业市场供给
		文化产业发展水平	信息产业市场需求、信息产业市场供给
王冠孝 梁留科 李锋 等	《区域旅游业与信息化的耦合协调关系实证研究》	旅游业子系统	旅游市场需求、旅游产业供给、旅游企业效益、旅游经济效应、旅游人才建设
		信息化子系统	信息化基础设施、信息化社会应用、信息产业运营、信息化资源投入、信息化发展环境
刘迎迎 郝世绵	《特色小镇产、城、人、文融合发展评价体系研究》	产业发展	产业结构、产业规模、特色产业
		城镇建设	配套设施、城镇规划、政府支持
		以人为本	生活水平、精神文明、人文关怀
		文化发展	文化传播、文化传承、特色文化
刘新超	《西部地区流通产业发展与居民消费水平的融合度评价》	西部地区流通产业发展水平	西部地区流通产业发展的环境、西部地区流通产业发展的基础、西部地区流通产业发展的潜力
		居民消费水平	居民消费需求的水平、居民消费的能力大小

7.2.2 长三角文化创意产业融合发展水平影响因素分解

1）文化创意产业跨行业融合发展水平指标

（1）存量指标。产业的未来发展趋势必然是建立在既有资源之上，因此研究文化创意产业跨行业融合的前提是分析目前文化创意产业的发展水平和现实基础。所以在指标设置时首先要考虑到的便是存量指标，本书将文化创意产业融合发展的现实环境设置为存量指标，其中包括描述文化创意产业融合发展现状的各项指标，以此为研究继续深入研究文化创意跨行业融合发展水平奠定坚实的基础。

(2)现实指标。随着互联网和信息技术的高速发展,知识经济时代已经到来,因此文化的力量已经不仅仅局限于精神层面,文化所带来的经济价值也不容忽视。特别是随着高新技术产业不断发展,催生出以文化为依托、以创意为点缀的文化创意产业,文化创意产业以超高的经济附加值受各地政府的重视,它是创造物质财富、发展国民经济的重要产业部门。因此,许多地区已将文化创意产业作为经济发展的支柱型产业。因此本书将文化创意产业的经济效益作为跨行业融合的现实指标,以提高研究的现实意义和经济价值。

(3)增量指标。文化创意产业融合发展是建立在现有产业的基础之上的,而一个产业所展现出的生命力,最直观的便是从整体的产业结构的角度来体现,通过产业结构能够分析得出文化创意产业未来的发展趋势和潜能。因此本书选用产业结构作为文化创意跨行业融合发展的增量指标,以便分析文化创意产业在经济发展中的地位和潜力,为融合发展提供方向。

(4)支撑指标。在经济飞速发展的时代,市场的需求和供给瞬息万变,而科技创新为产业发展提供着不竭的动力,尤其是作为新兴业态的文化创意产业,本身就是建立在高新技术基础上的。其高附加价值要求它必须与先进科学技术接轨并力求创新。可以说,科技创新能力是提高文化创意产业与其他产业可融合性的桥梁。因此本书将科技创新能力作为文化创意产业融合发展的支撑指标。

2)文化创意产业跨区域融合发展水平指标

(1)基础指标。要研究文化创意产业跨区域的可融合性,首先要分析的便是所研究区域的经济发展的总体状况,以及区域内居民的生活状况。文化创意产业作为一种新兴产业,必然还存在各地区发展不平衡的现象。因此,本书将区域发展的总体水平作为跨区域融合发展的基础指标,这是文化创意产业发展的基础,也是融合发展的前提。

(2)增量指标。研究跨区域融合程度必然涉及文化创意产业在该区域内的集聚程度,文化创意产业集聚区所处的地理位置也必然影响文化创意产业跨区域融合发展的难易程度。因此本书通过将空间集聚度设置为增量指标,旨在通过分析产业空间集聚程度来预测文化创意产业的跨区域融合发展趋势。

(3)支撑指标。交通作为各个区域间的连接纽带,是文化创意产业跨区域融合必须要考虑的重要因素。因此各个区域以及区域间的交通便利程度是研究产业跨区域融合发展时必须要考虑的,但又不是决定性因素。因此,本书将区域的交通便利性作为跨区域融合发展的支撑因素。

以上便是本书对文化创意产业融合发展评价指标体系框架构建的基本思路,从中可见本书将融合发展重点落在跨行业融合上,从存量指标、现实指标、增量指标以及支撑指标这四个方面来体现,迎合了文化创意产业跨行业融合的特点,又体现了盘活现有资源、经济效益以及创新拓展等能力;但同时也并未忽视跨区域融合的重要性,通过设置基础指标、增量指标和支撑指标,从空间角度展现了文化创意产业融合发展的能力。从而使跨行业与跨区域融合二者相辅相成,共同构建出一个完整的文化创意产业融合发展评价指标体系。

7.2.3　长三角文化创意产业融合发展评价理论模型的构建

根据上文对文化创意产业融合发展水平影响因素的确立,本书构建如图 7 - 1 所示文化创意产业融合发展的基本模型。该模型首先分为跨行业和跨区域融合两个子系统,在跨行业融合部分又分为产业发展环境、产业经济效益、产业结构和科研创新四个分支,在跨区域融合部分分为区域总体水平、空间集聚度和交通便利性三个分支,并由此便构成文化创意产业融合发展的总体框架模型,下文的具体指标体系的构建也是建立在此模型的基础上,后续部分继续对此进行深入划分。

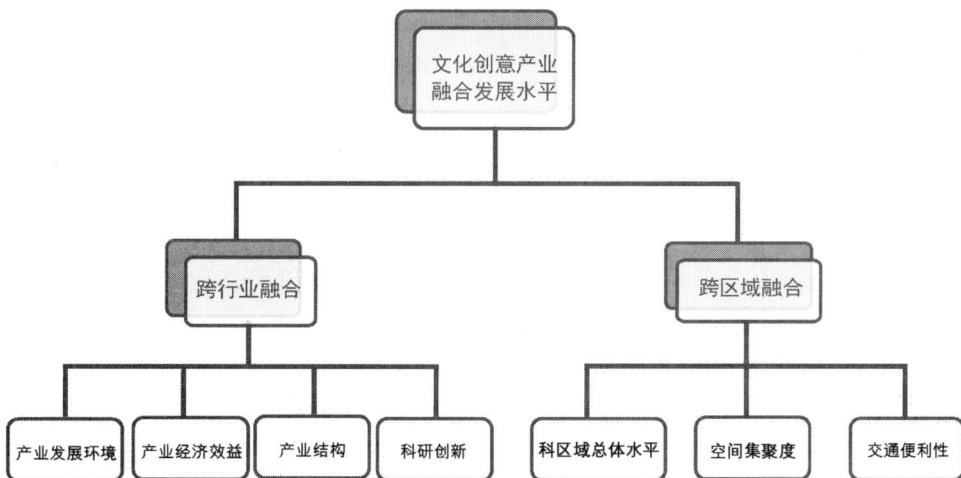

图 7 - 1　文化创意产业融合发展模型

7.2.4　长三角文化创意产业融合发展水平决定因素的确定

根据上文对各个指标的分析以及模型的确立,并且在借鉴国内外相关文献研究成果的基础上,通过整合、提取、合并等方式将影响文化创意产业融合发展的各项指标进行归纳整理,最终得出文化创意产业融合发展水平的决定因素共 27 项(用 Fn 表示,$n=1,2,3,\cdots,27$),如表 7-10 所示。

表 7-10 文化创意产业融合发展决定因素汇总表

Fn	影响因素	Fn	影响因素
$F1$	规模以上文化创意产业企业数	$F15$	文化创意产业占 GDP 比重
$F2$	文化创意产业从业人数	$F16$	文化创意产业占第三产业比重
$F3$	全员劳动生产率	$F17$	人均 GDP
$F4$	产业结构	$F18$	人均消费支出
$F5$	R&D 经费投入	$F19$	恩格尔系数
$F6$	规模以上工业企业 R&D 人员全时当量	$F20$	产业集聚度
$F7$	产业经济效益	$F21$	空间集聚度
$F8$	科技创新	$F22$	园区可达性
$F9$	文化及衍生产业总产值	$F23$	民用航空客运量
$F10$	产业发展环境	$F24$	文化创意产业企业增加数量
$F11$	第三产业总产值	$F25$	区域总体水平
$F12$	文化创意产业增加值	$F26$	交通便利性
$F13$	第三产业产业占 GDP 比重	$F27$	入境人数
$F14$	规模以上工业企业有效发明专利		

7.2.5 长三角文化创意产业融合发展评价指标的理论诠释

1) 跨行业融合发展评价指标的理论诠释

(1)产业发展环境因素。产业的未来发展趋势与方向建立在现有资源环境的基础之上,衡量产业现有的发展水平最直观的方法往往是通过一些反映产业发展环境的指标来体现。而文化创意产业作为一种新兴产业,还未完全形成相对成熟和稳定的发展环境,这在一定程度上阻碍了其跨行业融合发展的进程。在市场竞争条件下,文化创意产业必须不断地追和适应瞬息万变的产业环境。因此,研究文化创意产业跨产业融合发展水平首先要了解文化创意产业发展现状,即文化创意产业现有的发展环境。本书拟选取规模以上文化创意产业企业数、文化创意产业从业人数和全员劳动生产率这三个典型指标为代表,来刻画出文化创意产业所处的产业环境,为后续开展跨产业融合发展评价奠定数据基础。

(2)产业经济效益因素。评判产业发展程度需要衡量它对社会发展产生的价值,而其中最直观的方法当属分析它所带来的经济效益,文化创意产业本身就是具有超高附加值的新兴产业,要想衡量其带来的具体价值,必须研究其对经济社会发展所作出的贡献。因此本书通过第三产业总产值、文化创意产业增加值、文化及衍生产业总产值这三个指标来展现文化创意产业产生的经济价值,从而为研究文化创意产业跨行业融合发展奠定经济基础,体现其跨行业融合的可行性。

(3)产业结构因素。产业结构可以体现产业在经济发展中的地位,理清文化创意产业在经济发展的现实地位,便验证了文化创意产业与其他行业跨界融合的可能性。当前许多地方政府看准了文化创意产业的经济价值,已经将其作为经济发展的支柱产业之一。而长三角地位文化创意产业总产值占 GDP 比重逐年上升,尤其上海其占比已经超过 12%。因此,本书将文化创意产业占 GDP 比重、文化创意产业占第三产业比重、第三产业占 GDP 比重作为产业结构的研究指标。因为文化创意产业又属于第三产业,第三产业占 GDP 的比重也可作为研究文化创意产业结构的辅助指标。

(4)科技创新因素。每一次的科技的突破都会带来经济的发展和时代的进步,特别是在以信息时代为标志的知识经济时代,科技已悄然渗透到各个产业部门和人们的日常生活。科技创新如黏合剂一般,它构建起行业融合的桥梁,是行业与行业之间的共同语言。而文化创意产业是以个性、创新、独特体验、价值消费为主题的"符号密集型"产业,需要不断地进行技术创新、创意革新等。科技创新能力影响着文化创意产业跨行业的可融合性,本书将 R&D 经费投入、规模以上工业企业 R&D 人员全时当量和规模以上工业企业有效发明专利数作为评价其科技创新能力的指标,来侧面比较各地区文化创意产业的创新能力。

2) 跨区域融合发展评价指标的理论诠释

(1)区域总体水平因素。区域的总体发展水平是文化创意产业跨区域融合的前提,要研究区域内文化创意产业融合发展状况首先必须了解该区域的具体发展水平。研究表明,人均 GDP 对文化创意产业的发展具有重要意义,只有当区域内人均 GDP 超过 1 000 美元时,文化创意产业才能在该区域内真正打开市场,当达到 8 000 美元时,文化创意产业才能进入蓬勃发展时期。长三角地区恩格尔系数逐年下降和居民消费支出的逐年上升,说明了居民生活水平和消费质量的不断提高,这也为文化创意产业的发展奠定了基础。因此本书选取人均GDP、恩格尔系数和居民消费水平这三个指标来评价区域内的经济发展总体水平,以便于判断文化创意产业跨区域的可融合性。

(2)空间集聚度因素。文化创意产业的空间集聚程度直接体现了其跨区域融合的可能性,如集聚度高则其跨区域融合的成本低,但如果在某区域内文化创意产业过于分散则会导致与其他区域融合发展的成本变大。产业集聚是后工业时代经济发展的基本特征,如产业园区往往是发展文化创意产业最重要的载体,国外许多文化创意产业园区往往都集聚在中央商务区,近年来呈现出向城市边缘转移的趋势。而国内大部分园区是受政府规划的影响,集聚程度相对较高。除产业集聚度外,文化创意产业企业资源分布密度体现区域内文化创意产业在数量上的发展水平。同时,园区可达性选用国家级经济技术开发区数量来反映,体现区域内文化创意产业的发展质量和发展程度。综上所述,本书从三个方面综合评判区域内文化创意产业园区的空间集聚程度。

(3)交通便利性因素。交通让区域内的产业沟通成为可能,并且交通的发达程度也从侧面体现区域的经济发展程度,而文化创意产业要跨区域融合,区域间的交通便利程度是其发展的保障。国外文化创意产业园区之所以往城市边缘发展,便是因为便利的交通,并且城市边缘的地价和房租相对优惠,从而节约了经营成本。本书选用的民用航空客运量以及入境人数都直接体现了区域间的交通发达程度,是保障文化创意产业跨区域融合的支撑因素,并且还可以补充说明该地区的发展水平。

综合以上论述可以看出,文化创意产业融合发展的评价指标体系是由目标层、一级指标、二级指标、三级指标构成的一个多级递进的结构图,其中一级指标2个、二级指标7项、三级指标20个。详细分类如表7-11所示。

表 7-11 长三角文化创意产业融合发展指标体系

目标层	一级指标	二级指标	三级指标
长三角文化创意产业融合发展水平	跨产业融合	产业发展环境(存量)	规模以上文化创意产业企业数(X_1)
			文化创意产业从业人数(X_2)
			全员劳动生产率(X_3)

（续表）

目标层	一级指标	二级指标	三级指标
长三角文化创意产业融合发展水平	跨产业融合	科技创新（支撑）	R&D 经费投入（X_4） 规模以上工业企业 R&D 人员全时当量（X_5） 规模以上工业企业有效发明专利数（X_6）
		产业经济效益（现实）	第三产业总产值（X_7） 文化创意产业增加值（X_8） 文化及衍生产业总产值（X_9）
		产业结构（结构）	第三产业产业占 GDP 比重（X_{10}） 文化创意产业占 GDP 比重（X_{11}） 文化创意产业占第三产业比重（X_{12}）
	跨区域融合	区域发展水平（基础）	人均 GDP（X_{13}） 人均消费支出（X_{14}） 恩格尔系数（X_{15}）
		空间集聚度（增量）	产业集聚度（X_{16}） 资源分布密度（X_{17}） 园区可达性（X_{18}）
		交通便利性（支撑）	民用航空客运量（X_{19}） 出入境人数（X_{20}）

7.3　长三角文化创意产业融合发展评价方法与模型的确立

7.3.1　关于融合发展评价的方法简介

1）专利系数法

随着世界技术竞争的日益激烈，世界各国纷纷开展专利战略研究，其目的在于利用统计学的方法与技巧，通过对大量零碎的专利信息进行分析、加工、组合，使这些信息转化为具有总揽全局及预测功能的竞争情报，从而为技术创新、产品开发及营销服务提供决策参考。专利分析不仅是企业争夺专利的前提，更能为企业发展其技术策略、评估竞争对手提供有用的情报。因此，专利分析是企业战略与竞争分析中一种独特而实用的分析方法，是企业竞争情报常用分析方法之一。如美国学者 Fai 和 Tunzelmann(2001)从 867 家公司挑选了 32 家在 1930—1990 年间具有专利活动记录的公司,并将它们分为化学、电子、机械及交通运输四个产业部门,分别计算了各产业所占的专利份额,然后以产业间专利份额的相关系数来表示产业融合度。因此该方法适用于判断产业之间的技术融合度,对于文化创意产业融合度来说,具有局限性,且操作难度大。

2)赫芬达尔指数法

赫芬达尔指数是一种测量产业集中度的综合指数,主要是指一个行业中各市场竞争主体所占行业总收入或总资产百分比的平方和,用来计量市场份额的变化,即市场中厂商规模的离散度。赫芬达尔指数是产业市场集中度测量指标中较好的一个,是经济学界和政府管理部门使用较多的指标。如 1998 年 Gambardela 在研究电子信息产业中各行业的技术融合状况时,通过各行业的专利数量来计算技术融合度,并引用了赫芬达尔指数(HHI)来表示产业或行业间的技术融合度。HHI 值越小,表明产业或行业间的技术融合程度越高,反之则表明技术融合程度越低。该方法能够衡量文化创意产业在融合发展过程中的技术融合、产品融合、业务融合程度,因此该方法从某种程度上来说可以进行文化创意产业跨行业融合的研究,但对跨区域融合和一体化融合不具有针对性。

3)投入产出法

投入产出法作为一种科学的方法,是研究经济体系(国民经济、地区经济、部门经济、公司或企业经济单位)中各个部分之间投入与产出的相互依存关系的数量分析方法。投入产出法就是把一系列内部部门在一定时期内投入(购买)来源与产出(销售)去向排成一张纵横交叉的投入产出表格,根据此表建立数学模型,计算消耗系数,并据以进行经济分析和预测的方法。如李美云(2007)、徐盈之(2009)等国内学者采用了此方法,以制造业各行业生产过程中信息技术产出占行业总产出的比重表示信息产业与制造业各行业的融合度,公式为 $x_{it} = \dfrac{g_{ait}}{g_{it}} \times 100\%$,其中,$x_{it}$ 表示产业融合度,g_{at} 表示制造业 i 行业生产过程中信息技术产出,g_i 表示制造业 i 行业总产出。x_{it} 的取值在 0～1 之间,其值越大,表明产业的融合度越高,若为 0 则表示两个产业相互独立,若为 1 则表示完全融合。该方法只适用于两个行业间的融合程度的评价,对于某行业与其他行业的融合程度的衡量来说过于局限,并且对行业跨区域融合及进一步的跨区域融合发展并未涉及。

4)AHP——模糊综合评价法

这是层次分析法和模糊综合评价法相结合的一种研究方法。该方法首先通过层次分析法(AHP)计算出权重,邀请专家对每个指标打分,构建判断矩阵,各判断矩阵的特征向量作为各准则层对于目标层的权重并对其做一致性检验,再计算组合权向量并做组合一致性检验模糊,最后运用模糊综合评价法进行融合度的分析。其中层次分析法求出权重的方法客观可行,但该方法在指标设计和专家打分环节的主观性均较强,其中很多指标难以量化,多依赖主观感觉打分,指标计算的客观性无法保证,计算过程十分繁琐,不易于操作。

5) 综合评价函数——耦合度模型

该方法首先利用熵值权重法计算出各个指标的权重,接着利用综合评价函数对需要耦合的对象分别进行分析,分析出二者的可融合性,最后再借鉴物理学上的耦合度模型构建出二者融合发展评价模型。该方法中的熵值权重法会忽略指标本身重要程度,有时确定的指标权数会与预期的结果相差甚远,但该方法中的综合评价函数能够分别计算出两个研究对象的发展程度,然后再根据二者的融合性,利用耦合度模型构建出二者融合发展的评价模型。

7.3.2 本书研究方法的确定

上述的各类方法中,前三种为传统的融合评价方法,都主要适用于研究两个行业间的具体融合程度,并且在指标的选取上都具有一定的局限性,对文化创意产业融合发展的可行性高,因此在本书接下来的研究中未涉及前三种方法。而后两种方法是结合了多种研究方法综合得出的一种融合发展的方法与模型,由上文分析可知两种方法各有千秋,综合考虑文化创意产业融合发展特性,最终本书首先选取熵值权重法确定各指标的权重,接着用综合评价函数分别计算出文化创意产业跨产业与跨区域融合发展的可融合性,最后利用耦合度模型计算出长三角文化创意产业一体化融合发展的评价模型,具体方法步骤如下。

1) 熵值权重法简介

熵值法是源于信息论中的一个概念:信息熵。信息熵是信息无序度的度量,信息熵越大,信息的无序度越高,其信息的效用值越小;反之,信息的熵越小,信息的无序度越小,信息的效用值越大。在综合评价中,可以运用信息熵来评价所获系统信息的有序程度及信息的效用值。各个指标所反映的信息都具有特定的熵值和一定的效用价值。根据熵的特性,可以通过计算熵值来判断一个事件的随机性及无序程度,也可以用熵值来判断某个指标的离散程度,指标的离散程度越大,该指标对综合评价的影响(权重)越大,其熵值越小。熵值权重法基于"差异驱动"原理,突出局部差异,由各个样本的实际数据求得最优权重,反映了指标信息熵值的效用价值,避免了人为的影响因素,因而给出的指标权重更具有客观性,从而具有较高的再现性和可信度;赋权过程具有透明性、可再现性;采用归一化方法对数据进行无量纲化处理,具有单调性、缩放无关性和总量恒定性等优异品质,且鲁棒性较好。

2)熵值权重法与文化创意产业融合发展评价的应用

在确定了文化创意产业融合发展评价的评价指标后,便会遇到如何选择合适的一级指标和二级指标的问题。因为本书将文化创意产业融合发展的评价指标分为两大部分,其中每个部分又有更加具体的细分,因此文化创意产业融合发展评价指标体系是一个复杂的系统。并且在该系统中许多因素之间的比较无法用定量的方式进行描述,此时需要将半定性、半定量的问题转化为定量计算问题。在选择文化创意产业融合发展评价指标之前,必须考虑文化创意产业融合发展相关的多种影响因素或者判断准则,而通过运用分熵值权重法可以将各个评价指标进行有序度分析。根据前文对文化创意产业融合发展影响因素的分析,本书已根据研究文献在理论上将影响文化创意产业融合发展的因素分为,跨产业融合发展和跨区域融合发展两大方面,其中在跨产业融合方面分为产业发展环境、产业结构、经济效益和科技创新这四个分支,在跨区域融合方面分为区域总体水平、空间集聚度和交通便利性这三个分支。通过运用熵值权重法可以进一步发现,上述影响因素之间是相互制约、相互影响的,也是对文化创意产业融合发展的最好体现。研究表明,熵值权重法是解决这类多层次多因素问题行之有效的决策方法,它通过将文化创意产业融合发展评价体系这一复杂的决策体系进行分解后,最终将各种因素合成一个指标进行排序,以便为文化创意产业融合发展的分解以及最终的决策提供定量的依据。因此,熵值权重法可以在文化创意产业融合发展评价中得到很好的应用,而应用熵值权重法解决文化创意产业融合发展评价指标的科学问题,并最终为文化创意产业融合发展评价提供决策参考。

3)基于熵值权重法的长三角文化创意产业融合发展评价指标权重的确立思路

首先对原始数据进行无量纲化处理:

正向指标:$X_{ij}=\dfrac{x_j(t)-\min(x_j)}{\max(x_j)-\min(x_j)}+0.0001$

负向指标:$X_{ij}=\dfrac{\max(x_j)-x_j(t)}{\max(x_j)-\min(x_j)}+0.0001$

其中，X_{ij} 代表标准化处理之后的数据；$x_j(t)$ 表示在第 t 年份中第 j 项指标的原始数据；$\max(x_j)$ 为第 j 项指标的最大值。

计算各个指标的熵值：

$$Y_{ij} = X_{ij} / \sum_{i=1}^{m} X_{ij}$$

$$e_j = -\frac{1}{\ln m} \sum_{i=1}^{m} Y_{ij} \ln Y_{ij}$$

式中，Y_{ij} 是第 j 项指标在第 i 年份的比重；e_j 是第 j 项指标对应的熵值；m 是评价年数。

确定各个评价指标的权重：

$$d_j = 1 - e_j$$

$$W_j = d_j / \sum_{j=1}^{n} d_j$$

其中，d_j 代表第 j 项指标的差异系数，W_j 是第 j 项指标的权重。

7.3.3　基于综合评价函数的文化创意产业融合发展水平评价模型的构建

1）综合评价函数简介

综合评价函数首先可以利用研究对象的不同、子系统所对应的指标个数及各个指标所对应的权重等，分别计算出研究对象的不同子系统的具体的发展状况。再根据各个子系统对研究对象总体上的重要程度确定其对应的不同系数，进而得出研究对象的综合发展指数，并确定每个子系统对研究对象总体上的贡献程度。因此利用综合评价函数可以表现研究对象在某一具体的时间段内的综合发展程度，也可以对不同子系统进行具体研究，从而对比不同子系统之间的联系与区别，为融合发展评价提供一种量化直观的研究思路。

2）综合评价函数在文化创意产业融合发展评价的应用

本书将文化创意产业融合发展评价分为两个部分，即跨行业融合与跨区域融合。因此利用综合评价函数先分别评价文化创意产业跨行业与跨区域融合发展的程度，再利用最后的综合发展程度，分别计算出跨行业和跨区域融合发展对文化创意产业一体化融合发展的贡献程度。因此利用综合评价函数可以清楚地分析文化创意产业跨行业与跨区域融合之间的关联，便于为未来长三角地区文化创意产业融合发展找准发力点。而在总体上也并未忽略对文化创意产业一体化融合发展程度的量化体现，也便于从宏观上把握长三角地区文化创意产业融合发展的未来趋势。

3) 基于综合评价函数的文化创意产业融合发展的评价思路

综合评价函数为：

$$I(t) = \sum_{j=1}^{n} W_j M_{ij}$$

其中，$I(x)$ 为文化创意产业跨行业融合发展的综合评价函数；j 为跨产业融合评价指标的个数（$j=1,2,\cdots,n$）；W_j 为评价指标的权重；M_{ij} 为跨产业融合第 j 个指标第 i 年份的无量纲化值，所得 $I(x)$ 值越大，说明跨产业融合的发展状况越好，反之则相反。

$$A(y) = \sum_{j=1}^{n} W_j N_{ij}$$

其中，$A(y)$ 为文化创意产业跨区域融合发展综合评价函数；j 为跨区域融合评价指标的个数（$j=1,2,\cdots,n$）；W_j 为评价指标的权重；N_{ij} 为跨区域融合的第 j 个指标第 i 年份的无量纲化值，所得 $A(y)$ 值越大，说明跨区域融合发展的状况越好，反之则相反。

$$U = \alpha I(x) + \beta A(y)$$

其中，U 为综合发展指数，反映跨产业与跨区域融合的一体化发展水平对整体融合度的贡献；α、β 为待定系数，该待定系数为上一步中已经求得的权重，即 α 为跨产业融合所对应的总权重，β 为跨区域融合对应的总权重。

7.3.4 基于耦合度模型的长三角文化创意产业融合发展评价标准的设计

1) 耦合度简介

耦合引自一个物理学概念，德国教授哈肯在 20 世纪 70 年代首次提出"耦合"的概念，他认为自然界存在着各种各样不同时间、空间跨度的系统，结构千差万别，尽管它们的属性不同，但在整个环境中，各个系统间存在着相互影响而又相互合作的关系，同时也存在着一系列不稳定与稳定的相互转换。因此耦合是指两个或者两个以上的运动方式或者系统通过相互作用和彼此影响，从而协同的现象。系统内部或多个系统之间保持健康发展的前提，是系统内部或系统之间各个要素协调发展，相互协作、促进、配合形成良性循环的发展态势，从而达到共同的发展目标，即协同发展。因此耦合度是指一种各个子系统之间相互依赖、相互促进与相互协调的动态的关联关系。整体系统从无序状态发展到有序状态的关键,就在于系统内部各个子系统能够有效协同运作,这种协同运作左右着系统变化的特征和规律,耦合度就是用来衡量这种协同作用。

2) 耦合度模型与文化创意产业融合发展评价的应用

根据上文对文化创意产业融合发展的量化评价结果,本书利用耦合度模型对长三角近年来文化创意产业一体化融合程度进行具体的分类划分,使其更加直观地体现出文化创意产业融合发展的程度,也可将不同年份的文化创意产业融合发展的程度进行纵向对比,从而总结出长三角文化创意产业融合发展的规律和趋势。

3) 基于耦合度模型的文化创意产业融合发展的评价思路

本书借用物理学中的耦合度模型构建文化创意产业的融合发展模型,计算公式为:

$$R = \frac{2\sqrt{F(x) \cdot G(x)}}{F(x) + G(x)}$$

$$D(I(x), A(y)) = \sqrt{R \times U}$$

其中,R 为文化创意产业跨行业与跨区域一体化发展的融合度,其值处于 $0 \sim 1$ 之间,值越大融合性越好,值越小融合性越差;U 为综合发展指数;D 为融合发展度,是衡量文化创意产业跨行业与跨区域一体化融合发展水平的定量指标。

为了更加直观地比较长三角地区文化创意产业一体化融合发展的程度,需对其进行等级划分。根据模型计算结果,文化创意产业一体化融合发展程度 D 的取值范围为 $[0,1]$,本书根据相关文献将其分为十个等级,如表 7-12 所示。

表 7-12 融合发展程度等级划分

融合发展度	融合发展等级	融合发展度	融合发展等级
[0,0.1]	极度不融合	[0.5~0.6]	勉强融合
[0.1~0.2]	严重不融合	[0.6~0.7]	初级融合
[0.2~0.3]	中度不融合	[0.7~0.8]	中级融合
[0.3~0.4]	轻度不融合	[0.8~0.9]	良好融合
[0.4~0.5]	濒临融合	[0.9~1.0]	优质融合

7.4　长三角文化创意产业融合发展实证评价

文化创意产业融合发展已经成为未来文化创意产业的发展趋势,也成为文化创意产业理论界关注的焦点。因此,构建出文化创意产业融合发展的评价指标体系进行比较研究具有相当重要的现实意义。然而目前我国关于融合发展的研究还不够成熟,理论界关于融合发展的研究方法多采用综合评价函数,并且借鉴耦合度模型构建出一套完整的融合度评价模型。因此本书利用此方法将文化创意产业融合发展分为跨行业与跨区域融合这两个方面进行研究,并选取相关指标,通过对一系列指标的对比分析,从而间接实现对文化创意产业融合发展的评价。

本书将长三角地区作为研究对象,通过对上海、江苏、浙江和安徽这四个省市的文化创意产业发展现状进行实地调研和详细了解之后,获取 4 个地区的相关统计数据,对长三角地区近几年文化创意产业融合发展现状进行实证研究,以期将长三角各地的文化创意产业融合发展进行对比分析,从而在总体上把握长三角地区文化创意产业融合发展的趋势和走向。本书对文化创意产业融合发展的研究拟通过全新的指标体系的构建、合理的样本选择、多元的数据采集、科学的比较分析,得出比较客观的评价结果。

本书的指标体系设置跨行业与跨区域融合两个子系统,其中跨行业融合子系统中的二级指标有 4 个,跨区域融合发展子系统中的二级指标有 3 个,再将这 7 个二级指标进行细化最终分解成 20 个三级指标。

7.4.1　样本的选择与数据来源

本书选择上海、浙江、江苏、安徽这四个省市作为研究样本,通过查找这 4 个地区 2011—2017 年统计年鉴来搜集样本数据。

在跨行业子系统中,本书选取 4 个二级指标分别为产业发展环境、产业结构、经济效益和科技创新。其中,由于产业发展环境中规模以上文化创意企业数没有直接的统计数据,本书通过选取文化、体育和娱乐法人单位数量代替,文化创意产业从业人数选取城镇文化、体育和娱乐从业人数来体现。关于文化创意产业劳动生产率在统计年鉴中也没有直接的数据,因此选用各省市全员劳动生产率来间接反映。在科技创新这个一级指标中选用各省市地区的 R&D 的经费投入、规模以上工业企业 R&D 人员全时当量以及有效发明专利数来体现各地区之间科技创新能力的差异。在产业经济效益中,直接用第三产业总产值、文化创意产业增加值以及文化及衍生产业的总产值来体现。在产业结构中,第三产业占 GDP 比重、文化创意产业占 GDP 比重以及文化创意产业占第三产业比重也都可以在统计年鉴中可以直接找到。

在跨区域子系统中,本书选取交通便利性、区域发展水平、空间集聚度 3 个二级指标进行表征。其中,区域发展水平中人均 GDP、人均消费支出和恩格尔系数都可以从统计年鉴中直接找到或者计算得出,其中恩格尔系数选取各地城镇居民的恩格尔系数。产业集聚度选取规模以上工业销售产值中的大中型企业占比来间接反映。资源分密度用各地区文化创意产业企业数除以人口数来体现。园区可达性用各地国家级经济技术开发区每年的增加数量来体现。交通便利性中的民用航空客运量和接待入境人数这两个指标都可以直接从统计年鉴找到。

表 7-13　文化创意产业融合发展评价指标实证数据(2011 年)

二级指标	三级指标	上海	浙江	江苏	安徽	最优指标
产业发展环境	规模以上文化创意产业企业数(家)	4 453	6 044	7 352	2 653	7 352
	文化创意产业从业人数(万人)	5.16	6.6	6.02	3.29	6.6
	全员劳动生产率(元/人)(省市全员劳动生产率)	377 402	233 790	224 471	225 569	377 402
科技创新	R&D 经费投入(亿元)	597.71	612.93	1 071.96	214.64	1 071.96
	规模以上工业企业 R&D 人员全时当量(人/年)	79 147	203 904	287 447	56 275	287 447
	规模以上工业企业有效发明专利数(件)	12 530	18 091	26 720	5 092	26 720
产业经济效益	第三产业总产值(亿元)	11 142.86	14 180.23	23 517.98	4 975.96	23 517.98
	文化创意产业增加值(亿元)	1 923.75	1 320	2 321.31	489.17	2 321.31
	文化及衍生产业总产值(亿元)	115.21	218.56	268.01	81.24	268.01

（续表）

二级指标	三级指标	上海	浙江	江苏	安徽	最优指标
产业结构	第三产业占 GDP 比重（%）	58	34.6	42.4	32.52	58
	文化创意产业增加值占 GDP 比重（%）	10.02	4	4.21	3.01	10.02
	文化创意产业占第三产业比重（%）	17.28	11.56	9.93	0.93	17.28
区域总体水平	人均 GDP（元）	82 560	59 249	62 290	25 659	82 560
	城镇人均消费支出（元/人）	25 102	20 437	16 781.74	13 181.46	25 102
	恩格尔系数（城镇）	35.5	34.6	36.1	39.8	34.6
空间集聚度	产业集聚度	0.76	0.6	0.64	0.59	0.76
	资源分布密度（个/万人）	3.14	1.26	0.98	0.39	3.14
	园区可达性	5	11	18	4	18
交通便利性	民用航空客运量（万人次）	3 974	1 580	555	214	3 974
	入境人数（万人次）	817.57	773.69	737.33	151.75	817.57

表 7-14 文化创意产业融合发展评价指标实证数据（2012 年）

二级指标	三级指标	上海	浙江	江苏	安徽	最优指标
产业发展环境	规模以上文化创意产业企业数（家）	4 941	7 218	9 065	3 204	9 065
	文化创意产业从业人数（万人）	5.11	6.74	6.07	3.59	6.74
	全员劳动生产率（元/人）（省市全员劳动生产率）	399 708	277 332	253 892	254 201	399 708

（续表）

二级指标	三级指标	上海	浙江	江苏	安徽	最优指标
科技创新	R&D 经费投入（亿元）	679.29	722.59	1 288.02	281.8	1 288.02
	规模以上工业企业 R&D 人员全时当量（人/年）	82 355	228 618	342 262	73 356	342 262
	规模以上工业企业有效发明专利数（件）	16 805	20 553	45 120	9 215	45 120
产业经济效益	第三产业总产值（亿元）	12 199.15	15 681.13	23 517.98	5 628.48	23 517.98
	文化创意产业增加值（亿元）	2 269.76	1 581.72	2 478.57	531.13	2 478.57
	文化及衍生产业总产值（亿元）	120.1	254.15	302.99	92.43	302.99
产业结构	第三产业占 GDP 比重（%）	60.4	34.9	43.5	32.7	60.4
	文化创意产业增加值占 GDP 比重（%）	11.29	4.56	4.37	3.11	11.29
	文化创意产业占第三产业比重（%）	18.69	13.07	10.05	0.95	18.69
区域总体水平	人均 GDP（元）	85 373	63 374	68 347	28 792	85 373
	城镇人均消费支出（元/人）	26 253	21 545	18 825.28	15 012	26 253
	恩格尔系数（城镇）	36.8	35.1	35.4	38.7	35.1
空间集聚度	产业集聚度	0.77	0.58	0.63	0.57	0.77
	资源分布密度（个/万人）	3.46	1.5	1.2	0.46	3.46
	园区可达性	5	13	20	7	20
交通便利性	民用航空客运量（万人次）	3 766	1 670	662	239	3 766
	入境人数（万人次）	800.4	865.93	791.54	800.4	865.93

表 7-15 文化创意产业融合发展评价指标实证数据（2013 年）

二级指标	三级指标	上海	浙江	江苏	安徽	最优指标
产业发展环境	规模以上文化创意产业企业数（家）	6 266	14 697	15 410	8 852	15 410
	文化创意产业从业人数（万人）	5.89	7.16	7.72	3.38	7.72
	全员劳动生产率（元/人）（省市全员劳动生产率）	417 313	307 251	282 532	299 427	417 313
科技创新	R&D 经费投入（亿元）	776.78	817.27	1 487.45	352.08	1 487.45
	规模以上工业企业 R&D 人员全时当量（人/年）	92 136	263 507	393 942	86 000	393 942
	规模以上工业企业有效发明专利数（件）	20 140	22 578	52 718	13 582	52 718
产业经济效益	第三产业总产值（亿元）	13 985.61	17 948.7	27 354.5	6 572.15	27 354.5
	文化创意产业增加值（亿元）	2 500	1 880.4	2 700.8	645.95	2 700.8
	文化及衍生产业总产值（亿元）	136.37	267.2	418.85	127.66	418.85
产业结构	第三产业占 GDP 比重（%）	62.8	47.5	45.06	34.18	62.8
	文化创意产业增加值占 GDP 比重（%）	11.5	5	4.6	3.27	11.5
	文化创意产业占第三产业比重（%）	18.31	10.53	10.21	9.57	18.31
区域总体水平	人均 GDP（元）	92 852	68 805	75 354	32 000.9	92 852
	城镇人均消费支出（元/人）	28 155	25 254	22 262	16 285.2	28 155
	恩格尔系数（城镇）	34.89	28.23	28.4	39.1	28.23

（续表）

二级指标	三级指标	上海	浙江	江苏	安徽	最优指标
空间集聚度	产业集聚度	0.77	0.57	0.63	0.58	0.77
	资源分布密度（个/万人）	4.37	3.04	1.94	1.28	4.37
	园区可达性	5	17	22	7	22
交通便利性	民用航空客运量（万人次）	4 173	1 915	728	264	4 173
	入境人数（万人次）	757.4	866.28	288.03	200.52	866.28

表 7 - 16　文化创意产业融合发展评价指标实证数据（2014 年）

二级指标	三级指标	上海	浙江	江苏	安徽	最优指标
产业发展环境	规模以上文化创意产业企业数（家）	6 864	17 680	18 371	11 029	18 371
	文化创意产业从业人数（万人）	5.67	7.21	7.77	3.36	7.77
	全员劳动生产率（元/人）	416 000	305 411	296 919	313 579	416 000
科技创新	R&D 经费投入（亿元）	861.95	907.85	1 652.82	393.61	1 652.82
	规模以上工业企业 R&D 人员全时当量（人/年）	93 868	290 339	422 865	95 287	422 865
	规模以上工业企业有效发明专利数（件）	27 540	28 235	73 252	21 667	73 252
产业经济效益	第三产业总产值（亿元）	17 274.62	19 220.79	30 774.27	7 378.7	30 774.3
	文化创意产业增加值（亿元）	2 833.08	2 187.5	3 167.1	724.97	3 167.1
	文化及衍生产业总产值（亿元）	157.58	291.71	536.56	154.96	536.56

（续表）

二级指标	三级指标	上海	浙江	江苏	安徽	最优指标
产业结构	第三产业占 GDP 比重(%)	64.4	47.9	46.52	35.39	64.4
	文化创意产业增加值占 GDP 比重(%)	12	5.45	4.9	3.48	12
	文化创意产业占第三产业比重(%)	18.63	11.38	10.53	9.83	18.63
区域总体水平	人均 GDP(元)	99 438	73 002	81 874	34 425	99 438
	城镇人均消费支出(元/人)	30 520	26 885	23 476	16 107	30 520
	恩格尔系数(城镇)	34.98	28.28	28.1	33.3	28.1
空间集聚度	产业集聚度	0.76	0.55	0.62	0.54	0.76
	资源分布密度(个/万人)	4.78	3.69	2.31	1.59	4.78
	园区可达性	6	19	24	11	24
交通便利性	民用航空客运量(万人次)	4 522	2 169	809	270	4 522
	入境人数(万人次)	791.3	931.03	297.1	232.9	931.03

表 7 - 17   文化创意产业融合发展评价指标实证数据(2015 年)

二级指标	三级指标	上海	浙江	江苏	安徽	最优指标
产业发展环境	规模以上文化创意产业企业数(家)	7 315	21 070	20 741	13 372	21 070
	文化创意产业从业人数(万人)	5.61	7.41	7.77	3.24	7.77
	全员劳动生产率(元/人)	445 768	306 482	297 437	340 948	445 768

（续表）

二级指标	三级指标	上海	浙江	江苏	安徽	最优指标
科技创新	R&D 经费投入（亿元）	936.14	1 011.18	1 801.23	431.75	1 801.23
	规模以上工业企业 R&D 人员全时当量（人/年）	94 981	316 672	441 304	96 791	441 304
	规模以上工业企业有效发明专利数（件）	30 815	31 642	85 485	28 568	85 485
产业经济效益	第三产业总产值（亿元）	17 274.62	21 341.91	34 272.4	8 602.11	34 272.4
	文化创意产业增加值（亿元）	3 020	2 490	3 481.9	833.71	3 481.9
	文化及衍生产业总产值（亿元）	179.85	344.05	635.64	199.34	635.64
产业结构	第三产业占 GDP 比重（%）	67.22	49.8	48.07	39.09	67.22
	文化创意产业增加值占 GDP 比重（%）	12.1	5.81	4.97	3.79	12.1
	文化创意产业占第三产业比重（%）	18	11.67	10.34	9.7	18
区域总体水平	人均 GDP（元）	106 009	77 644	87 995	35 996.6	106 009
	城镇人均消费支出（元/人）	36 946	28 712	24 966	17 233.5	36 946
	恩格尔系数（城镇）	26.23	28.23	28.1	33.7	26.23
空间集聚度	产业集聚度	0.74	0.55	0.63	0.53	0.74
	资源分布密度（个/万人）	5.07	4.32	2.6	1.92	5.07
	园区可达性	6	21	26	12	26
交通便利性	民用航空客运量（万人次）	5 000	2 364	882	297	5 000
	入境人数（万人次）	800.16	1 012.04	305.01	259.18	1 012.04

表 7‒18 文化创意产业融合发展评价指标实证数据(2016 年)

二级指标	三级指标	上海	浙江	江苏	安徽	最优指标
产业发展环境	规模以上文化创意产业企业数(家)	7 621	25 203	28 933	14 519	28 933
	城镇文化创意产业从业人数(万人)	6.03	6.82	7.87	3.36	7.87
	全员劳动生产率(元/人)	477 994	321 476	304 925	356 129	477 994
科技创新	R&D经费投入(亿元)	1 049.32	1 130.63	2 026.87	475.13	2 026.87
	规模以上工业企业R&D人员全时当量(人/年)	98 671	321 845	451 885	99 451	451 885
	规模以上工业企业有效发明专利数(件)	37 513	38 661	117 912	41 791	117 912
产业经济效益	第三产业总产值(亿元)	19 662.89	24 091.57	38 691.6	9 959.92	38 691.6
	文化创意产业增加值(亿元)	3 395	3 233	3 863.9	976.31	3 863.9
	文化及衍生产业总产值(亿元)	208.8	385.44	795.79	247.14	795.79
产业结构	第三产业占 GDP 比重(%)	69.77	51	50.00	41.3	69.77
	文化创意产业增加值占 GDP 比重(%)	12.1	6.8	4.99	4.00	12.1
	文化创意产业占第三产业比重(%)	17.34	13.33	9.98	9.69	17.34
区域总体水平	人均 GDP(元)	116 582	84 916	96 887	39 091.8	116 582
	城镇人均消费支出(元/人)	39 857	30 743	26 433	19 606.3	39 857
	恩格尔系数(城镇)	26.23	28.16	28	32.55	26.23

（续表）

二级指标	三级指标	上海	浙江	江苏	安徽	最优指标
空间集聚度	产业集聚度	0.74	0.56	0.62	0.51	0.74
	资源分布密度（个/万人）	5.26	5.13	3.62	2.07	5.26
	园区可达性	6	21	26	12	26
交通便利性	民用航空客运量（万人次）	5 381	2 628	1 025	341	5 381
	入境人数（万人次）	854.37	1 120.3	329.77	282.91	1 120.3

表 7‑19　文化创意产业融合发展评价指标实证数据（2017 年）

二级指标	三级指标	上海	浙江	江苏	安徽	最优指标
产业发展环境	规模以上文化创意产业企业数（家）	8 172	30 861	37 550	18 125	37 550
	城镇文化创意产业从业人数（万人）	6.41	6.69	8	3.19	8
	全员劳动生产率（元/人）	532 485	345 959	312 391	388 727	532 485
科技创新	R&D 经费投入（亿元）	1 205.21	1 266.34	2 260.06	564.92	2 260.06
	规模以上工业企业 R&D 人员全时当量（人/年）	88 967	333 646	455 468	103 598	455 468
	规模以上工业企业有效发明专利数（件）	43 416	49 158	140 346	49 810	140 346
产业经济效益	第三产业总产值（亿元）	21 191.54	27 602.26	43 169.44	11 597.45	43 169.44
	文化创意产业增加值（亿元）	3 718.42	3 745	4 317.6	1 088.29	4 317.6
	文化及衍生产业总产值（亿元）	241.19	431.1	924.58	328.4	924.58

（续表）

二级指标	三级指标	上海	浙江	江苏	安徽	最优指标
产业结构	第三产业占 GDP 比重（%）	69.18	53.3	50.25	42.92	69.18
	文化创意产业增加值占 GDP 比重（%）	12.3	7.2	5	4.03	12.3
	文化创意产业占第三产业比重（%）	17.78	13.51	9.95	9.39	17.78
区域总体水平	人均 GDP（元）	126 634	92 057	107 150	44 206	126 634
	城镇人均消费支出（元/人）	42 304	33 851	27 726	20 740	42 304
	恩格尔系数（城镇）	25.1	27.9	27.5	32.14	25.1
空间集聚度	产业集聚度	0.74	0.56	0.62	0.52	0.74
	资源分布密度（个/万人）	5.62	6.22	4.68	2.57	6.22
	园区可达性	6	21	26	12	26
交通便利性	民用航空客运量（万人次）	5 644	3 040	1 169	341	5 644
	入境人数（万人次）	873.01	1 211.73	370.1	320.98	1 211.73

7.4.2 权重的计算

1）原始数据标准化

本书选用的 20 个指标其中有 19 个是正向指标，取其最大值为最优值。但其中恩格尔系数是负向指标，因此取其最小值为最优指标，将原始数据进行标准化处理后结果如表 7-20 所示。

表 7-20 上海原始数据标准化处理结果

	2011	2012	2013	2014	2015	2016	2017
X1	0.051 68	0.065 664	0.103 633	0.120 769	0.133 693	0.142 462	0.158 251
X2	0.409 663	0.399 268	0.561 431	0.515 693	0.503 219	0.590 537	0.669 539

（续表）

	2011	2012	2013	2014	2015	2016	2017
$X3$	0.496 607	0.569 025	0.626 182	0.621 919	0.718 564	0.823 189	1.000 1
$X4$	0.187 382	0.227 266	0.274 929	0.316 568	0.352 839	0.408 173	0.484 387
$X5$	0.057 396	0.065 432	0.089 934	0.094 272	0.097 061	0.106 304	0.081 995
$X6$	0.055 093	0.086 7	0.111 357	0.166 069	0.190 283	0.239 805	0.283 448
$X7$	0.161 565	0.189 221	0.235 995	0.322 109	0.322 109	0.384 64	0.424 664
$X8$	0.374 818	0.465 197	0.525 336	0.612 338	0.661 162	0.759 113	0.843 592
$X9$	0.040 38	0.046 179	0.065 471	0.090 621	0.117 028	0.151 356	0.189 763
$X10$	0.684 127	0.748 556	0.812 986	0.855 939	0.931 644	1.000 1	0.984 261
$X11$	0.754 675	0.891 381	0.913 986	0.967 807	0.978 571	0.978 571	1.000 1
$X12$	0.920 708	1.000 1	0.978 704	0.996 722	0.961 249	0.924 086	0.948 861
$X13$	0.563 616	0.591 474	0.665 542	0.730 766	0.795 842	0.900 551	1.000 1
$X14$	0.409 423	0.448 946	0.514 256	0.595 465	0.816 119	0.916 076	1.000 1
$X15$	0.292 617	0.204 182	0.334 114	0.327 991	0.923 229	0.923 229	1.000 1
$X16$	0.961 638	1.000 1	1.000 1	0.961 638	0.884 715	0.884 715	0.884 715
$X17$	0.471 798	0.526 687	0.682 776	0.751 386	0.802 844	0.835 434	0.897 184
$X18$	0.045 555	0.045 555	0.045 555	0.091 009	0.091 009	0.091 009	0.091 009
$X19$	0.692 549	0.654 244	0.729 198	0.793 47	0.881 5	0.951 665	1.000 1
$X20$	0.628 244	0.612 046	0.571 479	0.603 46	0.611 819	0.662 962	0.680 547

表 7 - 21　浙江原始数据标准化处理结果

	2011	2012	2013	2014	2015	2016	2017
$X1$	0.097 272	0.130 914	0.345 23	0.430 71	0.527 853	0.646 287	0.808 421 63
$X2$	0.709 04	0.738 146	0.825 464	0.835 859	0.877 439	0.754 778	0.727 750 73
$X3$	0.030 355	0.171 719	0.268 854	0.262 88	0.266 357	0.315 037	0.394 523 63
$X4$	0.194 823	0.248 435	0.294 724	0.339 008	0.389 526	0.447 925	0.514 273 13
$X5$	0.369 919	0.431 829	0.519 227	0.586 443	0.652 409	0.665 367	0.694 929 32
$X6$	0.096 208	0.114 411	0.129 383	0.171 208	0.196 397	0.248 292	0.325 901 82
$X7$	0.241 091	0.280 388	0.339 759	0.373 065	0.428 601	0.500 594	0.592 512 63

（续表）

	2011	2012	2013	2014	2015	2016	2017
$X8$	0.217 116	0.285 478	0.363 494	0.443 71	0.522 724	0.716 798	0.850 534 77
$X9$	0.162 929	0.205 13	0.220 604	0.249 667	0.311 73	0.360 809	0.414 950 48
$X10$	0.055 939	0.063 993	0.402 248	0.412 986	0.463 993	0.496 207	0.557 952 35
$X11$	0.106 666	0.166 946	0.214 309	0.262 748	0.301 499	0.408 066	0.451 122 6
$X12$	0.598 636	0.683 659	0.540 641	0.588 501	0.604 83	0.698 298	0.708 433 33
$X13$	0.332 757	0.373 608	0.427 394	0.468 959	0.514 93	0.586 948	0.657 668 71
$X14$	0.249 238	0.287 284	0.414 643	0.470 648	0.533 382	0.603 122	0.709 843 72
$X15$	0.353 841	0.319 828	0.787 175	0.783 773	0.787 175	0.791 937	0.809 623 81
$X16$	0.346 254	0.269 331	0.230 869	0.153 946	0.153 946	0.192 408	0.192 407 69
$X17$	0.149 328	0.190 495	0.454 645	0.557 561	0.674 199	0.813 136	1.000 1
$X18$	0.318 282	0.409 191	0.591 009	0.681 918	0.772 827	0.772 827	0.772 827 27
$X19$	0.251 665	0.268 24	0.313 36	0.360 137	0.396 048	0.444 667	0.520 541 99
$X20$	0.586 847	0.673 867	0.674 198	0.735 284	0.811 71	0.913 844	1.000 1

表 7 - 22 江苏原始数据标准化处理结果

	2011	2012	2013	2014	2015	2016	2017
$X1$	0.134 753	0.183 841	0.365 662	0.450 511	0.518 425	0.753 173	1.000 1
$X2$	0.588 458	0.598 853	0.941 888	0.952 283	0.952 283	0.973 073	1.000 1
$X3$	0.000 1	0.095 618	0.188 601	0.235 31	0.236 992	0.261 302	0.285 542
$X4$	0.419 241	0.524 872	0.622 373	0.703 222	0.775 779	0.886 094	1.000 1
$X5$	0.579 198	0.716 513	0.845 974	0.918 428	0.964 618	0.991 124	1.000 1
$X6$	0.160 007	0.296 047	0.352 223	0.504 041	0.594 485	0.834 234	1.000 1
$X7$	0.485 576	0.485 576	0.586 026	0.675 564	0.767 153	0.882 859	1.000 1
$X8$	0.478 662	0.519 739	0.577 786	0.699 585	0.781 812	0.881 592	1.000 1
$X9$	0.221 565	0.263 043	0.400 425	0.540 001	0.657 486	0.847 386	1.000 1
$X10$	0.265 335	0.294 865	0.336 744	0.375 939	0.417 55	0.469 362	0.476 073
$X11$	0.129 271	0.146 494	0.171 252	0.203 545	0.211 08	0.213 232	0.214 309
$X12$	0.506 857	0.513 614	0.522 623	0.540 641	0.529 942	0.509 672	0.507 983
$X13$	0.362 873	0.422 858	0.492 252	0.556 822	0.617 441	0.705 502	0.807 141

（续表）

	2011	2012	2013	2014	2015	2016	2017
$X14$	0.123 725	0.193 896	0.311 905	0.353 59	0.404 754	0.455 127	0.499 526
$X15$	0.251 801	0.299 42	0.775 61	0.796 018	0.796 018	0.802 821	0.836 835
$X16$	0.500 1	0.461 638	0.461 638	0.423 177	0.461 638	0.423 177	0.423 177
$X17$	0.101 301	0.139 037	0.265 966	0.329 431	0.379 174	0.552 416	0.735 949
$X18$	0.636 464	0.727 373	0.818 282	0.909 191	1.000 1	1.000 1	1.000 1
$X19$	0.062 899	0.082 605	0.094 759	0.109 676	0.123 12	0.149 455	0.175 975
$X20$	0.552 544	0.603 687	0.128 668	0.137 225	0.144 688	0.168 047	0.206 094

表 7 - 23　安徽原始数据标准化处理结果

	2011	2012	2013	2014	2015	2016	2017
$X1$	0.000 1	0.015 889	0.177 737	0.240 121	0.307 261	0.340 129	0.443 462
$X2$	0.020 89	0.083 26	0.039 601	0.035 443	0.010 495	0.035 443	0.000 1
$X3$	0.003 664 8	0.096 622	0.243 453	0.289 399	0.378 2 55	0.427 542	0.533 374
$X4$	0.000 1	0.032 934	0.067 294	0.087 598	0.106 244	0.127 453	0.171 351
$X5$	0.000 1	0.042 889	0.074 563	0.097 827	0.101 595	0.108 258	0.118 647
$X6$	0.000 1	0.030 583	0.062 871	0.122 647	0.173 67	0.271 434	0.330 722
$X7$	0.000 1	0.017 185	0.041 892	0.063 009	0.095 042	0.130 592	0.173 467
$X8$	0.000 1	0.011 06	0.041 052	0.061 692	0.090 095	0.127 343	0.156 592
$X9$	0.000 1	0.013 3 69	0.055 143	0.087 514	0.140 138	0.196 818	0.293 173
$X10$	0.000 1	0.004 932	0.044 664	0.077 147	0.176 476	0.235 805	0.279 295
$X11$	0.000 1	0.010 864	0.028 087	0.050 692	0.084 061	0.106 666	0.109 895
$X12$	0.000 1	0.001 226	0.486 586	0.501 226	0.493 906	0.493 343	0.476 451
$X13$	0.000 1	0.031 127	0.062 907	0.086 91	0.102 478	0.133 131	0.183 779
$X14$	0.000 1	0.062 956	0.106 674	0.100 559	0.139 239	0.220 712	0.259 643
$X15$	0.000 1	0.074 93	0.047 719	0.442 277	0.415 066	0.493 297	0.521 188
$X16$	0.307 792 3	0.230 869	0.269 331	0.115 485	0.077 023	0.000 1	0.038 562
$X17$	0.000 1	0.012 107	0.152 759	0.205 932	0.262 536	0.288 265	0.374 028
$X18$	0.000 1	0.136 464	0.136 464	0.318 282	0.363 736	0.363 736	0.363 736
$X19$	0.000 1	0.004 704	0.009 308	0.010 413	0.015 385	0.023 489	0.023 489
$X20$	0.000 1	0.612 046	0.046 11	0.076 658	0.101 451	0.123 838	0.159 754

2) 基于熵值权重法求得的指标权重

根据上文介绍的熵值权重法的过程求解,将 4 个省市 7 年的指标一起进行求解,其结果根据更具普遍性与客观性。各个指标对应的熵值如表 7-24。

表 7-24 长三角文化创意产业融合发展评价指标对应熵值

一级指标	二级指标	三级指标	熵值
跨产业融合	产业发展环境	规模以上文化创意产业企业数(家)	0.902 493 979
		文化创意产业从业人数(万人)	0.920 368 995
		全员劳动生产率(元/人)(省市全员劳动生产率)	0.923 949 949
	科技创新	R&D 经费投入(亿元)	0.925 748 682
		规模以上工业企业 R&D 人员全时当量(人/年)	0.877 128 161
		规模以上工业企业有效发明专利数(件)	0.900 523 821
	产业经济效益	第三产业总产值(亿元)	0.921 421 837
		文化创意产业增加值(亿元)	0.927 668 59
		文化及衍生产业总产值(亿元)	0.888 638 042
	产业结构	第三产业占 GDP 比重(%)	0.9160 767 22
		文化创意产业增加值占 GDP 比重(%)	0.869 823 046
		文化创意产业占第三产业比重(%)	0.966 016 727
跨区域融合	区域总体水平	人均 GDP(元)	0.938 321 225
		城镇人均消费支出(元/人)	0.937 006 211
		恩格尔系数(城镇)	0.946 233 992
	空间集聚度	产业集聚度	0.919 302 554
		资源分布密度(个/万人)	0.931 892 965
		园区可达性	0.902 620 66
	交通便利性	民用航空客运量(万人次)	0.849 692 967
		入境人数(万人次)	0.926 507 699

根据以上得到的熵值,进行进一步的计算,最终得到长三角文化创意产业融合发展评价指标权重。具体结果如表 7-25。

表 7‑25　长三角文化创意产业融合发展指标权重

一级指标	二级指标	三级指标	权重		
跨产业融合	产业发展环境	规模以上文化创意产业企业数（家）	0.057 069 017		0.620 847
		文化创意产业从业人数（万人）	0.046 607 001	0.148 187	
		全员劳动生产率（元/人）（省市全员劳动生产率）	0.044 511 115		
	科技创新	R&D 经费投入（亿元）	0.043 458 339		
		规模以上工业企业 R&D 人员全时当量（人/年）	0.071 915 303	0.173 596	
		规模以上工业企业有效发明专利数（件）	0.058 222 125		
	产业经济效益	第三产业总产值（亿元）	0.045 990 786		
		文化创意产业增加值（亿元）	0.042 334 642	0.153 504	
		文化及衍生产业总产值（亿元）	0.065 178 718		
	产业结构	第三产业占 GDP 比重（%）	0.049 119 212		
		文化创意产业增加值占 GDP 比重（%）	0.076 190 893	0.145 2	
		文化创意产业占第三产业比重（%）	0.019 889 972		
跨区域融合	区域总体水平	人均 GDP（元）	0.036 099 792		0.379 513
		城镇人均消费支出（元/人）	0.036 869 452	0.104 438	
		恩格尔系数（城镇）	0.031 468 551		
	空间集聚度	产业集聚度	0.047 231 175		
		资源分布密度（个/万人）	0.039 862 169	0.144 088	
		园区可达性	0.056 994 872		
	交通便利性	民用航空客运量（万人次）	0.087 972 769	0.130 987	
		入境人数（万人次）	0.043 014 096		

由表 7‑25 可知，最终跨产业融合权重为 0.620 847，而跨区域融合权重为

0.379 513,可见跨产业融合的重要性略高于跨区域融合。因为文化创意产业是新兴产业,跨产业融合是文化创意产业融合发展的基础。研究文化创意产业与其他产业融合的可能性,可以进一步佐证文化创意产业融合发展的优势和经济价值。因此,跨产业融合发展的权重相对较高。而跨区域融合应考虑到各个区域内的经济发展情况、文化风俗习惯以及交通便捷性等问题,即跨区域融合发展受到客观因素的影响。目前长三角文化创意产业跨区域融合发展还处于起步阶段,因此其所占的比重相对较低。

通过对 7 个二级指标的权重比较来看,每个指标的权重均超过了 0.1,权重从高到低排序为:科技创新、产业经济效益、产业发展环境、产业结构、空间集聚度、交通便利性、区域发展水平。其中科技创新所占的权重最高,因为我国今年来一直致力于打造创新型国家,努力推进创新创业,所以才使得科技创新所占的比重相对较高。空间集聚度是在跨区域融合中最重要的指标,是因为文化创意产业在空间上的集聚程度越强,才能提高其产业辐射作用,带动关联产业及周边相对落后地区的发展,从而促进长三角地区文化创意产业一体化协同发展,这一点对长三角文化创意产业融合发展来说尤为重要。产业经济效益的权重排第二,因为经济效益是衡量产业发展最直接的指标,而产业发展最基本的目的也是促进经济社会发展。产业发展环境和产业结构权重相当,二者都对文化创意产业融合发展起到基础保障作用,交通便利性也是促进区域间融合的前提和保障。而其中区域发展水平所占权重最低,是因为长三角地区的上海、浙江、江苏和安徽三省一市在经济、文化、科技等各个方面的发展在全国处于相对领先地位,地区之间的发展差异相对较小,因此在研究长三角地区文化创意产业融合发展情况时,区域的发展水平的重要性相对较小。

7.4.3　融合发展水平评价

1) 二级指标的比较分析

借鉴综合评价函数中的评价方法,利用各二级指标中所包含的三级指标的权重分别乘以其对应的标准化后的值,所得乘积再相加便也可将各二级指标进行量化比较,其具体结果如下。

(1)产业发展环境。利用产业发展环境中所包含的三个三级指标所对应的权重和标准化后的结果,计算出产业发展环境方面的评价结果,结果如表 7 - 26 所示。产业发展环境一般可以分为政治、经济、文化、技术环境。有研究表明,近年来,随着上海中心地位的确立,长三角为增强区域辐射能力,促进区域协调平衡发展,在推进长三角一体化发展进程中的政策利好多偏向于周边地区。因此,江苏、浙江和安徽等省借助政策东风,发展速度也相对加快。在经济环境方面,由于受到政策偏好和原有经济基础相对较好的影响,再加上近年来上海产业成本相对提高,极大地增加了浙江、江苏和安徽等省的吸引力。而在文化环境方面,长三角地区存在许多相似之处,特别是近年来浙江、江苏和安徽不断改善营商环境,使得上海在文化环境方面的吸引力逐步减弱。在技术环境方面,由于受到产业转型升级的影响,使得部分高新技术产业由上海向周边地区转移。因此,综合来看,自 2013 年开始,文化创意产业发展环境的优势已逐渐从上海转移到江苏和浙江。而从总体上看,长三角地区的文化创意产业的产业发展环境也在逐年稳步变好。

表 7 - 26　产业发展环境评价结果

	产业发展环境						
	2011	2012	2013	2014	2015	2016	2017
上海	0.044 147 05	0.047 684 06	0.0599 529	0.058 609 39	0.063 067 33	0.072 294 36	0.084 751 99
浙江	0.039 948 55	0.049 517 26	0.070 141 32	0.075 238 17	0.082 874 72	0.086 083 56	0.097 614 79
江苏	0.035 120 94	0.042 658 41	0.073 161 36	0.080 567 2	0.084 517 85	0.099 965 74	0.116 396 16
安徽	0.001 142 45	0.009 088 03	0.022 825 31	0.028 236 79	0.034 860 78	0.040 093 09	0.049 053 69
长三角	0.030 089 7	0.037 236 9	0.056 520 2	0.060 662 9	0.066 330 2	0.074 609 2	0.086 954 2

图 7 - 2　产业发展环境评价结果

（2）科技创新。近年来上海的科技创新能力降低，主要原因在于上海各个行业中占比最高的是商务服务业，并且在上海的创新企业榜单上，前三名都是国企，挤进榜单的大多都是国有资本集中的钢铁、石化、电子制造、汽车与建筑行业，不见科技企业或互联网公司的身影。而上海周边地区由于受到上海经济发展的辐射，以及"双创"等政策的利好，尤其是江苏省政府和企业注重创新资源投入，一些高新技术企业愿意扎根于此，如苏州工业园吸引了 92 家世界 500 强企业，在全国高新技术园区中排名第一。而浙江省的阿里巴巴也一直是互联网企业的领军者，带动了浙江科技创新能力的提升。因此浙江和江苏的科创企业发展势头迅猛，科创能力稳步提升。纵观长三角科技创新发展的整体趋势也是逐年变好。

表 7 - 27　科技创新评价结果

	科技创新						
	2011	2012	2013	2014	2015	2016	2017
上海	0.015 478 55	0.019 630 01	0.024 899 02	0.030 206 06	0.033 392 63	0.039 345 34	0.043 450 33
浙江	0.040 670 92	0.048 512 91	0.057 681 55	0.066 875 04	0.075 280 99	0.081 772 26	0.091 300 21
江苏	0.069 188 68	0.091 574 8	0.108 392 94	0.125 956 2	0.137 697 11	0.158 356 08	0.173 613 13
安徽	0.003 620 05	0.006 296 26	0.011 947 16	0.017 982 91	0.022 034 85	0.029 127 77	0.035 234 5
长三角	0.031 338 9	0.041 503 5	0.050 730 2	0.060 255 1	0.067 101 4	0.077 150 4	0.085 899 5

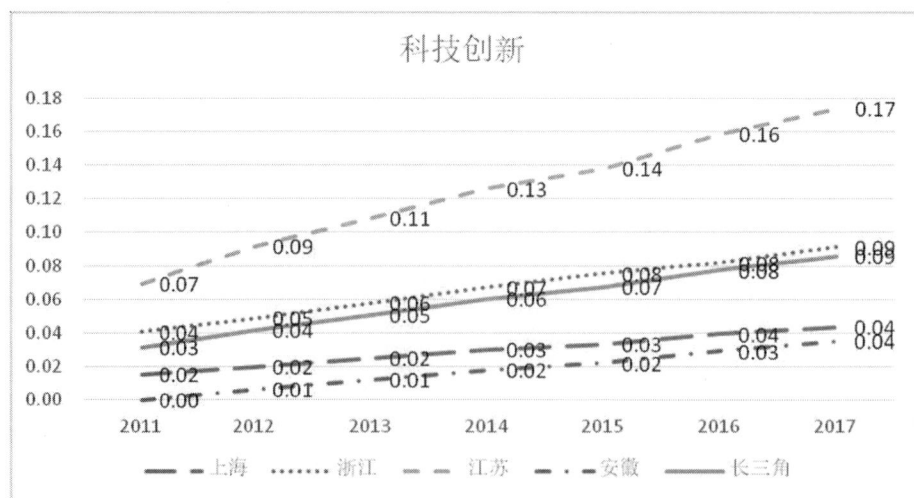

图 7 - 3　科技创新评价结果

（3）产业经济效益。在文化创意产业经济效益方面，上海周边地区的经济效益在近年来要优于上海。主要由于近年来江苏和浙江两地对文化创意产业的政策补贴力度加大，而两地政府也极其重视文化创意产业的繁荣发展。如浙江省横店影视城是全国最大的影视城，每年有大量影视作品在此拍摄。江苏的文化创意产业园区也如雨后春笋般迅速发展起来，吸引着大量的文化创意企业入驻。上海的文化创意产业由于发展较早，所以近几年来出现优势转移的现象，因为上海虽有丰富的资源，但相对成本也高，因此临近的江苏和浙江是文化创意产业企业的首选之地。整体上，长三角地区的文化创意产业经济效益增长稳健，尤其是在 2015 年之后出现了加速增长的趋势，因此长三角地区是文化创意产业发展的肥沃土壤。

表 7 - 28　产业经济效益评价结果

	产业经济效益						
	2011	2012	2013	2014	2015	2016	2017
上海	0.025 930 19	0.031 406 23	0.037 360 83	0.046 643 73	0.050 431 86	0.059 691 88	0.067 612 28
浙江	0.030 898 96	0.038 350 98	0.045 392 89	0.052 214 84	0.062 159 2	0.076 885 16	0.090 303 15
江苏	0.057 037 3	0.061 479 75	0.077 511 32	0.095 882 96	0.111 233 83	0.133 156 78	0.153 519 5
安徽	1.535E−05	0.002 129 91	0.007 258 71	0.011 213 63	0.017 319 22	0.024 225 39	0.033 715 79
长三角	0.028 470 4	0.033 341 7	0.041 880 9	0.051 488 8	0.060 286 0	0.073 489 8	0.086 287 7

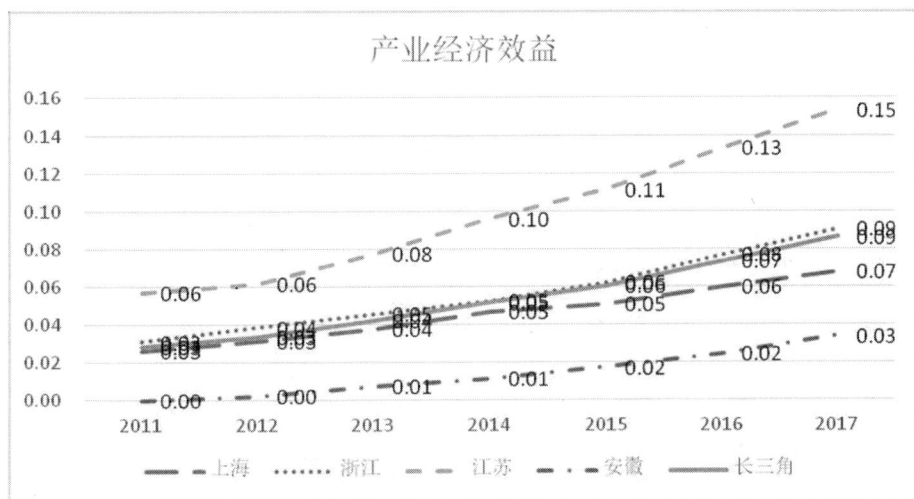

图 7 - 4　产业经济效益评价结果

（4）产业结构。上海产业结构要明显优于长三角其他地区，主要是因为上海经济发展早，再加上近年来上海制造业加速转移，其中许多转移到劳动力成本相对较低的周边地区，使得其每年工业产值下降近 2 000 亿元，减少部分占全市 GDP 近 10%，到 2017 年上海第三产业占比已近 70%，而江苏和浙江占比刚刚过半，安徽占比近 43%。因此上海的第三产业以及文化创意产业的占比明显高于长三角其他地区。虽然江浙地区在产业发展环境、科技创新以及经济效益方面占据优势，但因为优化产业结构是一个循序渐进的过程，也是一个长期任务，所以上海在产业结构方面在长三角地区遥遥领先。也正因如此，从总体上看长三角地区产业结构优化的速度明显比其他指标缓慢。

表 7 - 29　产业结构评价结果

	产业结构						
	2011	2012	2013	2014	2015	2016	2017
上海	0.109 415 98	0.124 575 57	0.129 037 02	0.135 605 91	0.139 439 04	0.142 062 41	0.143 417 46
浙江	0.022 781 52	0.029 460 99	0.046 839 79	0.052 009 81	0.057 792 5	0.069 353 33	0.075 868 33
江苏	0.032 963 69	0.035 860 81	0.039 983 39	0.044 727 39	0.047 132 59	0.049 438 41	0.049 816 48
安徽	1.452E−05	0.001 094 41	0.014 012 02	0.017 621 04	0.024 896 84	0.029 522 12	0.031 568 37
长三角	0.041 293 9	0.047 747 9	0.057 468 1	0.062 491 0	0.067 315 2	0.072 594 1	0.075 167 7

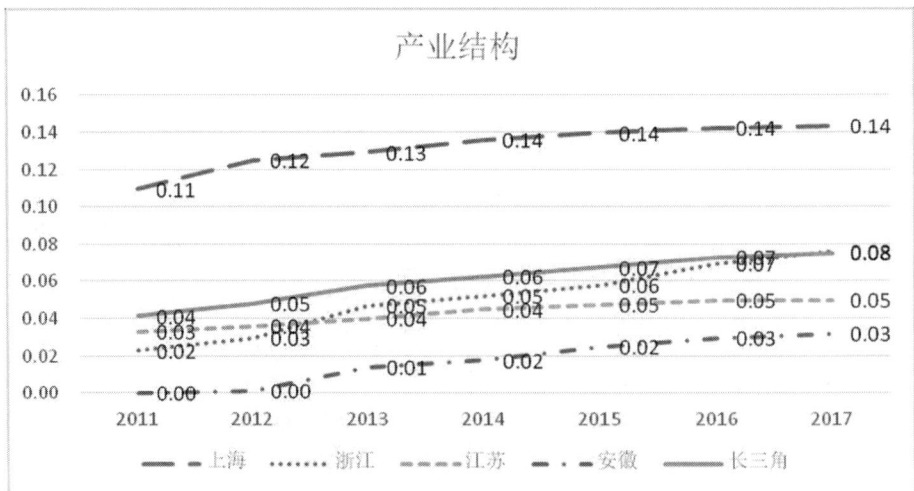

图 7 - 5　产业结构评价结果

(5)区域总体水平。上海的经济发展情况在长三角地区总体上处于领先地位,但江浙两地紧随其后。目前上海的最低月工资标准达 2 480 元,是全国最高的,虽说上海的工资水平高,但这也使得上海的生活成本高,因此在 2011 年前后出现了恩格尔系数上升的现象,这使得 2011—2014 年之间上海区域的总体水平提升放缓,甚至在 2013 年与 2014 年被浙江反超,但自 2015 年开始上海的区域总体水平加速发展,再次保持着领先的地位。江苏和浙江两地则齐头并进,两地不相上下,保持匀速增长。安徽省由于不处于沿海地区,离上海相对较远,区域的发展相对落后。长三角地区的区域总体水平一直在全国处于领先位置,近几年也一直保持着匀速增长的趋势,这为文化创意产业在区域内或跨区域的融合发展都提供了坚实的物质基础。

表 7‑31 区域总体水平评价结果

区域总体水平						
	2011	2012	2013	2014	2015	2016	2017
上海	0.044 649 86	0.044 329 79	0.053 500 35	0.058 656 37	0.087 872 25	0.095 337 59	0.104 448 24
浙江	0.032 336 6	0.034 143 72	0.055 487 74	0.058 946 04	0.063 025 65	0.068 346 6	0.075 390 94
江苏	0.025 585 12	0.031 836 22	0.053 677 26	0.058 187 03	0.062 262 08	0.067 512 38	0.073 888 84
安徽	1.0444E−05	0.005 802 8	0.007 705 58	0.020 762 78	0.021 894 61	0.028 466 89	0.032 608 31
长三角	0.025 645 5	0.029 028 1	0.042 592 7	0.049 138 1	0.058 763 6	0.064 915 9	0.071 584 1

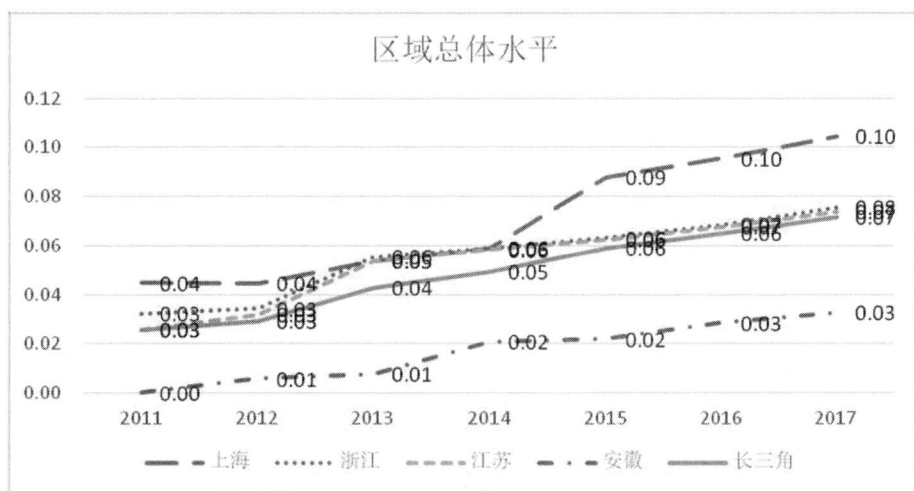

图 7‑6 区域总体水平评价结果

　　(6)空间集聚度。上海文化创意产业发展较早,因此在2013年之前上海文化创意产业的空间集聚度处于领先位置,但随着上海部分产业向周边地区的转移分散,自2013年来上海文化创意产业空间集聚度发展放缓。相反江苏和浙江两地由于受到上海产业转移的影响和政府政策的支持,文化创意产业加速集聚,因此在2013年江苏文化创意产业空间集聚程度赶超上海,浙江也在2016年超越上海。而安徽由于起步较晚,且受到上海的辐射相对较小,因此文化创意产业的空间集聚程度还远不及长三角其他地区。整体上看,长三角地区文化创意产业的空间集聚效益在不断提升,加速了文化创意产业在长三角地区的均衡发展,不断增强区域效益。

表 7-32　空间集聚度评价结果

	空间集聚度						
	2011	2012	2013	2014	2015	2016	2017
上海	0.066 822 59	0.070 827 14	0.077 049 2	0.080 558 26	0.078 976 32	0.080 275 43	0.082 736 9
浙江	0.040 446 95	0.043 636 12	0.062 711 87	0.068 362 5	0.078 193 3	0.085 548 2	0.093 000 99
江苏	0.063 933 54	0.068 802 54	0.079 043 58	0.084 938 2	0.093 918 99	0.099 008 2	0.106 324 24
安徽	0.014 547 08	0.019 164 56	0.026 587 83	0.031 803 8	0.034 834 24	0.032 226 69	0.037 461 98
长三角	0.046 437 5	0.050 607 6	0.061 348 1	0.066 415 7	0.071 480 7	0.074 264 6	0.079 881 0

图 7-7　空间集聚度评价结果

（7）交通便利性。上海作为国际化的大都市，自古便水陆交通均发达，地处南北的中间点，也是黄金水道流入长江的入海口，是中国内地、南方、北方和海外的连接点，也是商品流动的必经之地。如今上海的虹桥和浦东两大机场，有多个国内和国际航线，此外上海市的公交交通，其线路、车辆、载客量均居全国第一。这为文化创意产业跨区域发展提供了坚实的基础。长三角其他地区由于空间范围较大，因此，总体的交通便利性很难与上海媲美，但浙江受 G20 峰会等大事件的影响，让全世界对浙江多了一份了解，因此其与外界的联系也更加密切，地区内部的交通网络也日趋发达。江苏和安徽两省在这方面发展速度略显滞后。总的来说，长三角地区虽在 2012 到 2013 年之间的交通便利性有所回落，但总体上还是呈现上升趋势。

表 7‐33　交通便利性评价结果

	交通便利性						
	2011	2012	2013	2014	2015	2016	2017
上海	0.087 948 83	0.083 882 21	0.088 731 17	0.095 761 07	0.103 864 81	0.112 237 33	0.117 254 67
浙江	0.047 382 39	0.052 583 61	0.056 567 12	0.063 309 8	0.069 756 43	0.078 426 77	0.088 811 92
江苏	0.029 300 62	0.033 234	0.013 870 8	0.015 551 16	0.017 054 84	0.020 376 38	0.024 345 95
安徽	1.3099E−05	0.026 740 41	0.002 802 25	0.004 213 44	0.005 717 32	0.007 393 14	0.008 938 03
长三角	0.041 161 2	0.049 110 1	0.040 492 8	0.044 708 9	0.049 098 4	0.054 608 4	0.059 837 6

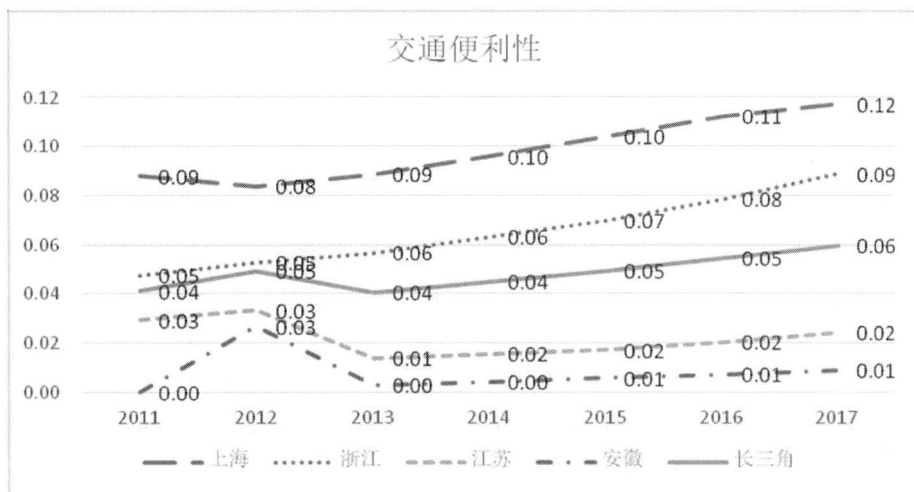

图 7‐8　交通便利性评价结果

2) 一级指标比较分析

(1)跨产业融合发展。文化创意产业作为附加值极高的产业,在与其他产业融合的过程中,既使得其自身加速发展,也为与其融合产业带来不可估量的增加价值。因此跨产业融合发展在长三角文化创意产业融合发展过程中起着先导作用,为其跨区域融合埋下伏笔,以促进长三角各地区的平衡发展。产业发展环境、科技创新、产业经济效益、产业结构四个指标共同构成了跨产业融合的总体情况。江苏省在产业发展环境、科技创新以及产业经济效益的发展速度都超过上海,但在产业结构方面上海最优,其跨产业融合发展速度自 2013 年开始增速放缓。因此从整体上看长三角地区文化创意产业自 2012 年来江苏跨产业融合发展总体上比上海好,浙江跨产业融合发展也在 2016 年开始超越上海。因此,近年来上海在文化创意产业跨产业融合方面不具备明显优势,而其原本优势已向周边地区输送,为长三角地区文化创意产业跨区域融合奠定基础。

表 7 - 34　跨产业融合综合评价结果

	跨产业融合						
	2011	2012	2013	2014	2015	2016	2017
上海	0.194 971 76	0.223 295 87	0.251 249 76	0.271 065 08	0.286 330 86	0.313 393 99	0.339 232 06
浙江	0.134 299 96	0.165 842 14	0.220 055 55	0.246 337 87	0.278 107 41	0.314 094 31	0.355 086 48
江苏	0.194 310 6	0.231 573 77	0.299 049 01	0.347 133 74	0.380 581 37	0.440 917 01	0.493 345 27
安徽	0.001 189 68	0.018 608 61	0.056 043 2	0.075 054 38	0.099 111 68	0.122 968 37	0.149 572 35
长三角	0.131 193 0	0.159 830 1	0.206 599 4	0.234 897 8	0.261 032 8	0.297 843 4	0.334 309 0

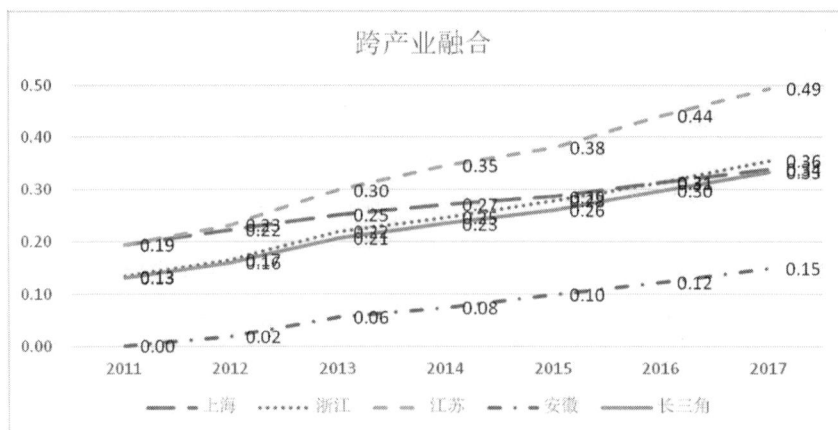

图 7 - 9　跨产业融合综合评价结果

(2)跨区域融合发展。跨区域融合发展的优势依靠长期的积累,从区域的总体水平、文化创意产业的空间集聚度以及各地区的交通便利性来衡量长三角地区文化创意产业跨区域融合发展水平。从结果上看,在跨区域融合方面上海具有足够优势,而浙江和江苏的优势还没有明显地体现出来。上海凭借经济发展历史优势以及便捷的交通,为文化创意产业跨区域融合提供基础支持。而浙江近年来也紧跟上海,通过不断加强与外界联系,浙江各地机场增设多个国际航点,也加快了城市公共交通建设,促进区域内经济平衡发展,也为文化创意产业的跨区域融合提供了支持。江苏虽发展相对较慢,但也保持匀速发展,苏南地区加强与上海的联系,苏北地区不断完善高铁网络,大大提高了区域内和区域间的交通通达度,保证了文化创意产业跨区域融合的便捷性。安徽虽在 2012—2013年间文化创意产业跨区域融合程度有所下降,但总体上还是保持增长态势。总之,文化创意产业在长三角地区的空间集聚度不断提升,长三角地区的区域总体水平和交通便利性日益提高和完善,这些都保证了长三角地区文化创意产业跨区域融合发展水平稳步增长。

表 7 - 35 跨区域融合综合评价结果

	跨区域融合						
	2011	2012	2013	2014	2015	2016	2017
上海	0.199 421 28	0.199 039 14	0.219 280 72	0.234 975 71	0.270 713 38	0.287 850 35	0.304 439 81
浙江	0.120 165 94	0.130 363 45	0.174 766 72	0.190 618 34	0.210 975 39	0.232 321 56	0.257 203 85
江苏	0.118 819 28	0.133 872 76	0.146 591 64	0.158 676 75	0.173 235 9	0.186 896 96	0.204 559 04
安徽	0.014 570 62	0.051 707 77	0.037 095 66	0.056 780 02	0.062 446 17	0.068 086 72	0.079 008 32
长三角	0.113 244 3	0.128 745 8	0.144 433 7	0.160 262 7	0.179 342 7	0.193 788 9	0.211 302 8

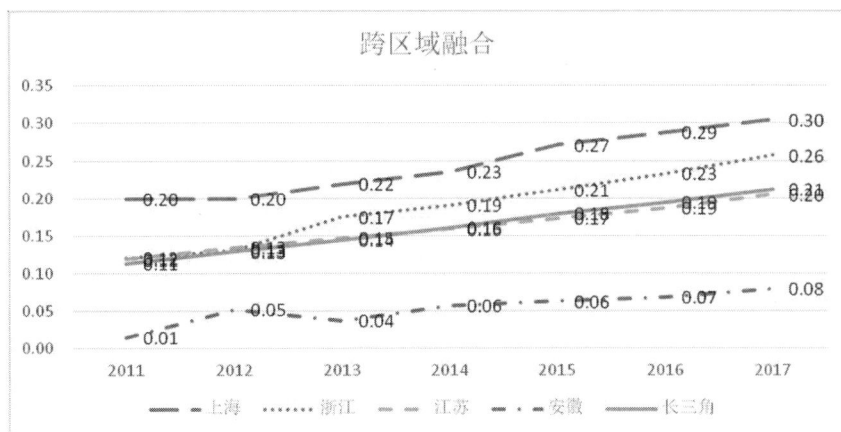

图 7 - 10 跨区域融合综合评价结果

7.4.4 耦合度评价

当前,上海与江苏、浙江、安徽共同构成的长江三角洲城市群,已成为国际6大世界级城市群之一。文化创意产业的跨行业融合与跨区域融合构成了文化创意产业的一体化融合。从表7-36与表7-37可知,2011—2017年长三角地区文化创意产业一体化融合发展水平总体呈现上升趋势,最低为2011年的0.315 190 7,最高为2017年的0.515 901 9,总体发展趋势为轻度不融合—濒临融合—勉强融合,7年的时间已经从不融合跨越到了融合水平,虽然目前还没有达到更高的融合程度,但这主要是由于文化创意产业作为一个新兴产业,于2005年前后才开始正式独立发展,其本身的发展程度还没有成熟。因此,一体化融合发展仍有待进一步加强。从各省市来看,上海在2011年到2015年之间的一体化融合协调度领先于其他地区,而到了2016年已经被江苏赶超,江苏在2017年的融合协调程度已达0.59,逼近初级融合。浙江也逐渐缩小与上海发展的差距。安徽省虽然总体上有所落后,直到2017年其一体化融合程度也还处于不融合的状态,但其发展速度最快,上升空间也最大。长三角地区的各个城市都在不遗余力地推动文化创意产业的发展,虽目前的协调融合程度还不高,但是可以预见,在未来几年的发展过程中,文化创意产业融合发展程度一定会更上一个台阶。

表 7-36 融合协调度与评价标准

	协调融合度						
	2011	2012	2013	2014	2015	2016	2017
上海	0.443 449 99	0.462 316 69	0.488 430 71	0.506 668 89	0.529 427 62	0.550 840 85	0.570 571 05
浙江	0.358 799 21	0.388 947 97	0.448 919 59	0.472 602 58	0.500 238 72	0.529 030 09	0.560 223
江苏	0.400 966 7	0.432 915 04	0.476 063 26	0.505 734 5	0.529 088 42	0.561 296 29	0.591 060 67
安徽	0.057 546 86	0.165 834 08	0.218 702 54	0.259 733 35	0.288 051 33	0.312 786 31	0.341 752 75
长三角	0.315 190 7	0.362 503 4	0.408 029 0	0.436 184 8	0.461 701 5	0.488 488 4	0.515 901 9

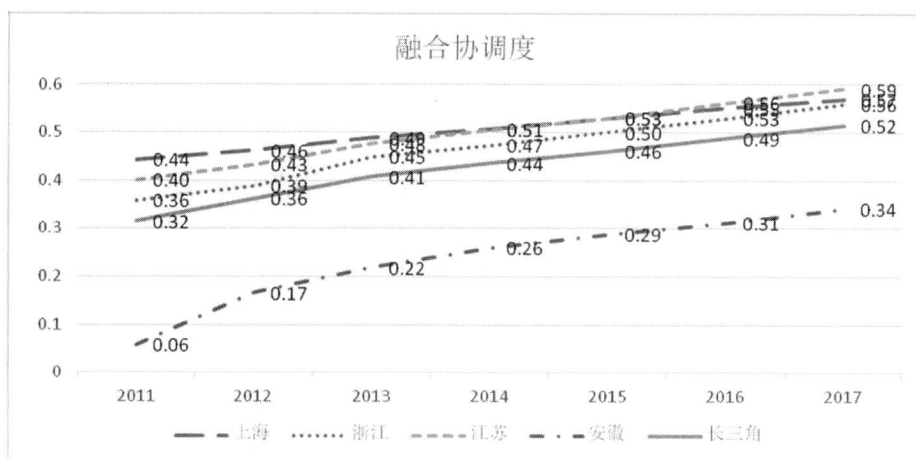

图 7-11 耦合度评价结果

表 7-37 融合协调度与评价结果

	2011	2012	2013	2014	2015	2016	2017
上海	濒临融合	濒临融合	濒临融合	勉强融合	勉强融合	勉强融合	勉强融合
浙江	轻度不融合	轻度不融合	濒临融合	濒临融合	濒临融合	勉强融合	勉强融合
江苏	轻度不融合	轻度不融合	濒临融合	濒临融合	勉强融合	勉强融合	勉强融合
安徽	极度不融合	严重不融合	中度不融合	中度不融合	中度不融合	轻度不融合	轻度不融合
长三角	轻度不融合	轻度不融合	濒临融合	濒临融合	濒临融合	濒临融合	勉强融合

第 8 章

发达国家文化创意产业融合发展的经验与启示

随着科技与全球化发展,产业融合是当今国际产业发展的必然趋势。文化创意产业融合发展是文化创意产业与不同产业类型为了实现更好的发展,利用新兴产业技术,在时空范围内不断寻求相互融合的契机,企图从资源、人才、资本、市场、业务等方面,促成区域范围内不同产业的协同发展,以实现文化创意产业的经济效应、社会效应、综合效应。目前,由于文化创意产业具有高创新性、高附加值性和高融合性等特征,已经被世界诸多发达国家和地区列入优先发展的战略性新兴产业。推进文化创意产业融合发展,既可以催生新的产业形态和形成新的经济增长点,优化产业结构和转变经济发展方式,也符合当前国际经济发展的阶段性特征和后工业时代世界经济发展的大趋势。本部分以发达国家为例,剖析发达国家文化创意产业一体化融合发展的基本措施与经验。

8.1 发达国家文化创意产业融合发展的现状分析

通过文献研读和网络分析表明,文化创意产业作为经济转型过程中的战略型新兴产业,由于科技含量重、附加价值高、可持续发展,其增长速度远远高于整体国民经济增速,是国民经济新的增长点,因此受到世界发达国家的共同肯定和广泛认同。目前全球文化创意产业主要集中在以美国为核心的北美地区,以英国为核心的欧洲地区和以中国、日本、韩国为核心的亚洲地区。其中,美国占据全球市场的 40% 以上,欧洲占据 30% 左右,日本占 10% 左右,韩国占 5% 左右。世界各国大力推动文化创意产业发展的国家有美国、英国、法国、德国、澳大利亚、意大利、日本、韩国、芬兰、瑞典、丹麦、新西兰、瑞士、比利时、荷兰、中国等。相比较之下,美国、英国、法国的文化创意产业都已建立起完整的、商业化的产业链条和多元化发展模式,目前正在促成文化创意产业与关联产业之间的跨界融合与协同发展。

8.1.1　英国

英国是世界上第一个提倡发展创意经济的国家,也是最早从国家层面借助产业政策,从教育培训、扶持个人创意和提倡创意生活三方面,推动文化创意产业融合发展的西方国家。从时间上来看,1997 年英国前首相布莱尔内阁是最早制定产业发展政策来推动文化创意产业发展的,政府强有力的引导作用,使文化创意产业不仅促进了英国国家经济增长、财富积累和就业扩大,而且极大地推动了英国公民社会的形成和民主政治的发展。时到今日,英国文化创意产业的发展经验在国际上得到推广与示范,成为世界各国学习的标杆。世界各国在目睹英国的成就后,便相继跟着导入及引进文化创意产业,通过跨界融合与协同发展手段,促进传统产业结构的优化升级。作为老牌的资本主义国家,英国是世界上最早进行工业革命的国家,但在 20 世纪 90 年代,英国经济结构方面的深层次问题逐步暴露出来,传统产业面临升级,某些产业的发展濒临倒闭,导致英国逐渐失去了制造业大国的地位。随着 20 世纪末以信息技术为标志的知识经济时代的到来,为了促进经济的持续发展和增强在全球经济中的竞争力,英国政府出台了一系列促进文化创意产业发展的国家政策,大力促成文化创意产业与关联产业之间的跨界融合与协同发展,由此使得英国创意产业增长速度一直高于同期经济增长的平均速度,文化创意产业对英国 GDP 的贡献甚至已经超过金融业。文化创意产业已成为英国政府推动经济发展和增加就业的支柱产业,年平均产值多达 600 多亿美元,为国民经济增长做出了近 10% 的贡献。数据表明,与媒体特别是新媒体相关的产业发展迅速,音乐创作、电影制作、建筑设计、网络游戏等已经发展成为英国的支柱产业。如在音乐创作方面,英国市场居世界第三,音乐产量占全球产业的 15%,仅次于美国,位居全球第二。英国的电子游戏市场居全球第四。全世界前 100 大获利最高的电子游戏,就有 26 个是英国制作。英国有 100 多家电影工作室,是世界一流的电影制作中心。可以说,在后工业社会时期,文化创意产业的拉动、渗透和跨界作用,从困境中拯救了英国经济,使英国从一个"世界制造工厂"转型发展成为"世界创意中心",传统产业的文化内涵与科技含量大大提升。而英国的工艺水平和艺术人才也成为促进文化创意产业融合发展的重要筹码,吸引着全球一流企业在英国设立分部从事技术创新与研发工作。如许多英国设计师曾经深入参与到苹果 IPOD 和宝马 MINI 的开发中,为世界工业的发展贡献自己的创意和灵感。此外,由于英国文化创意产业的融合发展拉动了绝大多数中小企业的发展,由此成为容纳就业大军的第一大产业。数据显示,2017 年全英国与创意产业相关的企业超过 15 万个,吸纳的就业人数占英国人口总数的 9% 以上。到目前为止,文化创意产业成为国民经济增长中最具发展前景的经济部门,文化创意产业在推动产业结构优化升级和国民经济转型发展中起着越来越重要的作用。英国政府也非常重视文化创意产业的跨界融合与协同发展,并且在整个国民经济过程中刻意放大文化创意产业对关联产业的融合与带动作用,使整个文化创意产业不同于传统意义上的其他产业,创意经济的发展空间也越来越大。

8.1.2　美国

美国属于文化创意产业大国,文化创意产业最为发达,创意经济更是成为新经济的重要表现形式。美国通过政府有意识的协调,推动产业跨界融合,极大地带动了关联产业的协同发展,使得美国文化创意产业迅速壮大并且在其国民经济生产总值中占有非常大的比重,达到近 14%。文化创意产业在美国被定义为以创意元素和知识资产为核心资源的产业集群,产业之间的关联与跨界十分明显。20 世纪 90 年代,在自由和安全的环境下,美国采取多方投资和多种经营的方式,鼓励非文化部门和外来资本投入,使流动资本相继集中在文化创意产业中寻觅商机。在 90 年代后期,美国在有线电视、无线电视以及付费电视领域的垄断地位无人能够撼动,占到整个世界份额的 80% 左右,全球家庭录像、电影票房和 CD 以及录音带收入的近 60% 也被美国收入囊中,图书出版收入也占到全球市场份额的 35% 以上。文化创意产业不仅为美国经济提供了前所未有的贡献率,更值得一提的是,美国文化、生活方式、价值理念也借此迅速向全球扩散,特别是美国式的民主在全球范围内广泛传播,奠定了美国成为世界强国的文化地位。数据表明,早在 2010 年代美国的文化创意产业开始跃居为战略性支柱产业,为美国国民经济的发展和就业做出了巨大的贡献,并且在整个出口贸易中占据极其重要的地位。在美国著名的 500 强公司里,文化创意产业公司多达近 80家,文化创意产业对国民经济的贡献率已逐步超越传统的制造行业,整个产业的出口贸易额位居美国第一,占到全美国全球贸易额的 40% 以上。2016 年美国联邦政府第一次就美国文化艺术对国内生产总值贡献进行深度分析,并且发布了"2012—2015 年度文化艺术对美国民经济影响数据报告",认为文化创意产业已占 GDP 重要比重。

8.1.3　法国

作为数字信息化时代最具发展潜力的产业,文化创意产业一直是法国国民经济的支柱产业之一。从启蒙运动时期开始,法国政府一直给予文化领域较为宽松的政策和财政支持,文化创意产业的溢出效应及关联带动作用十分明显。长期以来,法国在世界文化创意产业诸多领域都拥有较大的竞争优势,特别是时尚服装产业更是世界首屈一指,其中法国首都巴黎更是全球著名的时尚圣地,也是各国艺术家神往的艺术殿堂。著名的环球唱片公司是目前全球最大的音乐公司,拥有最为完整的影视声乐制作、出版发行与营销售后产业链条;法国阿歇特出版公司是全球第二大出版商,全球第三大数字游戏开发商是法国的育碧娱乐公司。由此法国成为全球第二大电影出口所在地、第三大影视生产地和动漫制作所在地、第四大艺术品市场所在地。法国的电影更是久负盛名,巴黎号称"世界电影之都"。法国每年举办的各种艺术节、临时性的展览活动众多。2015 年由文化创意产业创造的国民生产总值占到 GDP 的 3.1% 左右,虽然要比美国 6.4 的百分比低很多,但相比欧盟 2.6 的百分比,已经是高出不少。文化创意产业已跃居法国经济支柱产业,总营业额的 80% 来源于文化产业的核心环节(如设计、生产、发行等)。同时,除了为国民经济做出巨大贡献以外,文化创意产业与关联产业之间跨界融合与协同发展,极大地缓解了法国历年来一直居高不下的失业率。通过推进文化创意产业的融合发展,法国每年可以安排约 150 万人再就业,约占法国就业总人数的 4.5% 左右。目前,法国文化创意产业正在朝着如何加快产业数字化步伐和进一步开拓国际市场这一方向发展。

8.1.4　韩国

亚洲是全球文化多元汇合的集中地,自 20 世纪 90 年代以来,随着科技的进步与经济的发展,政府主导的文化创意产业在世界的地位举足轻重。通过动员社会投资、官民共同融资、设立创意基金等鼓励性策略,韩国在发展文化创意产业方面取得了巨大的成绩,是亚洲发展文化创意产业的典范国家之一,其中闻名全球的韩剧对国民经济做出了巨大贡献,甚至在一些国家演变成为一种"韩流"文化热。大约在英国政府提出创意理念的相同时期内(1997 年),由于遭遇亚洲金融风暴,韩国总统金大中专门成立"文化内容振兴院",制定并通过"文化内容振兴法",从电影与数字产业等开始,大力倡导发展"文化内容产业"。1999 年到 2001 年韩国就系统制定了《文化产业发展五年计划》《文化产业前景 21》《文化产业发展推进计划》等文件,明确文化产业中长期发展战略计划,由政府积极推动电子音乐、数字游戏、网络媒体等新兴产业业态发展。到 2003 年的时候,韩国的数字内容产业已经超过传统的汽车产业成为韩国第一大产业。即使在 2008 年发生全球金融危机的情况下,韩国的游戏产业仍然有着递增 35% 的强劲输出。据世界主要经济体文化创意产业发展现状研究课题组的研究表明,2014 年韩国游戏产业约占到全球份额的 6.3% 左右,游戏产业给韩国带来约 25 亿美元的出口创汇,而在 2015 年韩国游戏市场规模达到约 67 亿美元,比前一年增长12.9%。2016 年韩国文化创意产业产值达到前所未有的 855 亿美元,市场营业额达到 2.337 亿美元,连续 5 年实现了 18.5% 的出口年均增长率。此外,韩国的影视产业显示出强有力的优势,是仅次于美国和日本的位居全球第三的动漫制作和输出国。韩国文化创意产业与关联产业之间的跨界融合与协同发展,使韩国文化创意产业形成了完整的产业链,也极大地促进了国民经济的发展,文化创意产业成为韩国新的经济增长点。

8.1.5 日本

日本非常重视文化创意产业,政府出台的与文化创意有关的相关法案、法规,促成了文化创意产业的迅速发展。日本的文化创意产业也称为感性产业,是典型的外向型经济部门,在全球文化市场中占有重要份额。自 20 世纪 90 年代开始,日本就由政府推动文化、科技与经济相互融合发展。此后,日本发布《21 世纪文化立国方案》,确立和启动日本文化立国战略。统计数据表明,2014年日本文化创意产业的规模占 GDP 总量的 15% 以上,拉动了科技、工业、制造、营销、服务等产业的发展,避免了日本财政、就业、税收等方面的危机。而首屈一指的当数"动漫产业",不仅形成了巨大的经济规模,而且成为文化创意产业的主要组成部分,并由此使得日本成为全球著名的动漫制作与动画输出国。目前日本的游戏产业占据全球市场的 50% 以上,而日本动漫作品占据全球市场的 60%以上份额,占据欧洲市场的 80% 以上份额。到目前为止,动漫产业对日本的贡献率使其跃居全国第三大产业部门,通过动漫形象的全球传播,使日本在世界得到了极高的认知度,国家形象也得到了极大提升,扩大了日本文化在全球的影响力。

而亚太地区其他新兴经济体也逐渐认识到,由于无法继续发挥传统制造业的竞争优势,于是转而寻求新的经济增长点,开始大力挖掘文化创意产业的发展潜力,不断促进文化创意产业的跨界融合,进而促进国民经济的崛起。如澳大利亚、新西兰和其他欧洲国家也纷纷出台相应的产业政策,从不同程度上重视并推动文化创意产业与关联产业的协同发展。

8.2　发达国家文化创意产业融合发展的基本模式

从前述可知,当前文化创意产业的发展情况已经成为衡量一个国家或地区经济发展水平的重要标志,成为说明一个国家或地区综合竞争力强弱的主要指标。世界发达国家基于以下几个方面的认识,都已经把文化创意产业确立为支柱产业,并确立了相应的政策措施和手段以推动产业的融合发展和快速壮大。

8.2.1　基于对产业成长规律的认识深化形成的创意经济发展模式

文化及创意的产业化以及其经济潜能的显现和发挥,是伴随着工业经济时代向知识经济与网络经济时代演进而发生发展的。这一方面导致人们的消费需求从物质层面向精神和体验层面延伸,表现为从以往大众化的消费向个性化的消费转化,从功能及式样稳定的喜好转变为不断"求新、求变和求异"风格。另一方面,经济发展水平的提高和科技的发展,也为满足这种新需求的实现创造了条件。因此,文化创意产业从最初单一的产业现象,通过文化与创意、文化与科技、文化与旅游休闲等产业的融合,乃至进一步与整体经济进行深化与融合发展,逐步使得文化创意产业的内涵不断拓展,潜在的功能作用得以显现并充分发挥,这也在近些年发达国家文化创意产业的快速成长,及其在国民经济中超越传统服务业而形成支柱地位的发展态势中可以看出来。联合国贸发会议权威公布的《2008 创意经济报告》中就明确指出:"创意经济是一种正在全球兴起的新生发展范式,其核心就是:创意、知识与信息逐渐被人们认识到是全球化的世界中推动经济增长、促进发展的强大动力。它拥有创造收入、增加就业和出口收益的潜力,同时也促进社会包容、文化多元性和人类社会的发展。"目前,新兴的创意经济已经成为发达经济体乃至发展国家推动经济增长、就业、贸易、技术革新与社会凝聚力的最重要的经济部门,而且这一趋势还在不断演进。对产业成长与发展规律的深刻认知,也成为许多发达国家促进文化创意产业融合发展的重要模式。

8.2.2 基于全球竞争需要而形成的文化创意产业集群化发展模式

当今时代,任何产业都将面临全球化竞争,尤其是在信息化网络化极为发达的条件下。与传统商品不同,作为具有非物质和无形资产特性的文化创意产业,其产品、服务、消费方式及其市场需求,早已超越时空和国界,不受物理和空间限制。文化创意产品生产及价值实现具有报酬递增特性。所以,在全球创意经济中抢占先机、占领市场和产业制高点,也成为国家和地区乃至各类文化创意产业集团努力实现的战略目标。正是这种激烈的全球化竞争导致了文化创意产业集群化发展的三种全新趋势。一是在特定空间上的聚合趋势,即文化创意产业主要是在城市及其特定的空间形成高度的集聚;二是产业整合的集团化趋势,即大型文化创意产业集团,为获取竞争优势在产业内部及其他产业之间形成结盟或兼并重组已成为潮流。三是内涵式发展及质量优先的集约化趋势,即都十分重视对资源集聚与要素整合,以推动文化创意产业发展。而事实也证明,文化创意产业主要是基于全球化市场需求空间、国际化人才流动以及信息化网络联系背景中发展起来的。发达国家的先行发展过程及其经验表明,文化创意产业的发展在空间上具有明显的非均衡性。在文化创意产业先行发展并且领先的国家中,并非在各个地区或城市都有所发展,而是在这些国家特定的若干都市区域有很高的集中度,比如美国的纽约、洛杉矶;英国的伦敦、伯明翰、曼彻斯特;日本的东京;法国的巴黎;澳大利亚的布里斯班(昆士兰)、韩国的首尔等。而且在这些都市范围内也是在特定街区范围形成很高集聚度的文化创意产业群落。值得注意的是,这些群落往往是以若干具有国际品牌和很强竞争实力地位的大型集团化龙头企业为核心,在其周围形成与其共生依存的众多中小文化创意企业,这种产业链共生结构的环境,既有利于核心龙头企业的产业分包,又有利于在全球竞争环境中引领小企业的成长发展。所以,这些创意都市的形成、创意集群的发展、城市品牌形象的塑造,主要是依靠这些具有国际性视野和竞争力的龙头公司的带动。

8.2.3 基于全球产业升级而形成的文化创意产业集约化发展模式

从世界文化创意产业的演进来看,其成长历程也是产业或部门不断深化、功能作用不断显现和提升的过程。从文化创意产业兴起到创意经济的形成就是这一演进特征的集中反映。虽然一开始发达国家对文化创意产业的重视主要是基于满足新时代消费特性及收入水平提高的消费升级需求,还有实现城市转型、城市更新及创造就业机会的需求;而后来随着文化及创意产业进一步发展,使得它在国民经济中成为新的支柱产业,并推进了整体产业结构升级。时至今日,文化创意产业的功能作用已超越一般产业,成为驱动地区社会经济发展的重要引擎和不断催化新生业态、体现国家或区域软实力的主要承载体。而这一功能的实现主要归功于文化创意产业的融合发展。从国际趋势和经验看,文化创意产业既是"消费者服务业",也是"生产者服务业"。因为现代文化创意产业正在从一个主要满足最终消费需求的产业,越来越走向满足生产者服务的产业,即:从仅仅是满足文化创意消费的"产出",演化为还能够为其他产业提供创意服务的"投入"。比如:"创意设计"类的产品就是人类将创意内容、文化价值和市场目标结合在一起而成为知识经济活动的产物,它对经济社会发展有重大的溢出效应。所以,生产性服务业对于文化创意产业在未来具有很大发展空间。目前人们只是基于"产出"的层面理解文化创意,并看作是产业(这也符合对产业的传统定义),然而,更具重要意义的是它在新经济模式中作为创意"投入"而发挥引擎或带动作用。这才是发展文化创意产业的真谛所在,它自身服务价值及产出固然重要,但创意作为投入而带动或引发其他产业的产出可能更具倍增效应。由此可以看出,融合发展既是文化创意产出形成的结果,也是驱动创意投入的条件。

8.2.4　基于市场驱动与政策拉动而形成的协同发展模式

在发达国家文化创意产业先行发展的进程中,其动力模式主要是在政府主导和市场驱动下产业内生的协同发展模式。一方面,在市场机制驱动下,产业本身有着转型升级和内在动力,各类企业及创意者对产业的选择、地域的选择、市场领域的选择,都是基于自身的利益和发展战略,因为其选择的风险与收益均是内部性的。即使这些国家文化创意产业先行发展中创意都市的形成及创意群落(文化创意产业区)的发展,也都是特定区域系统和主体自发行为、自组织作用的演进结果。另一方面,随着产业的发展演进和对产业发展规律的进一步深刻认识,政府有意识地对产业进行调整优化,由此导致政府支持、法律规范、市场运作、行业自律、企业自主的协同发展模式。虽然各国政府出于新兴产业发展和经济转型的需要,在初始阶段的发展推进中出台不同程度和扶持性政策,但大多只是在产业发展方向加以引导,在产业发展环境条件上进行优化,在国际市场开拓及品牌塑造上给予支持。即使对文化创意产业的资金扶持也是以间接方式通过杠杆效应带动社会及民间资本的有效参与。如英国的"一臂之距"发展模式,主要是由英国文化、媒体和体育部共同出版"Banking on a hit"手册,专门指导相关企业或个人如何从金融机构或政府部门获得投资援助。实际上,对于文化创意产业的发展而言,政府的扶持只是一种前期的促进手段,而文化创意产业发展的关键是能够进入市场并为消费者所接受。从国外的发展经验来看,各国政府都十分重视文化创意产业的市场体系和运行机制的完善。首先,各国政府都非常重视市场体系的建设,其政策并不刻意强调文化创意的产业化,而是通过提供政策工具使文化创意的生产者能够更好地发挥创意,使文化创意产品更容易地被消费者接受,从而促进文化创意产品的市场交易。其次,各国政府都在努力实现文化创意产业投资主体的多样化。比如在美国,政府对文化领域的直接投入所占比例正在不断减少,而通过立法鼓励社会团体、企业和个人对文化进行捐赠和投资。目前美国的一些公共文化活动中,私人和企业的投资额已经远远超过了政府的投入。最后,各国政府都在努力为本国的文化创意产业开拓国际市场。如日本政府以国家品牌战略向全球市场推出的"酷日本"文化品牌形象。因此,培育文化创意产业的市场化运作机制,依靠市场内源驱动和政府外源拉动形成协同发展模式,是其长期健康稳定发展的基础。

8.3　发达国家文化创意产业融合发展的经验

无论是理论研究还是实践经验都表明,文化创意产业内含的要素渗透、价值扩散、科技整合等特点促成了产业之间的跨界融合,目前已成为全球范围内促进经济发展的新增长点,文化创意产业已经逐渐取代传统产业而成为新的支柱产业。从部分发达国家和地区文化创意产业发展的现状来看,虽然各国在发展文化创意产业方面的领域和重点各有差异,但是都毫无例外地借助文化创意产业的跨界与融合作用作为调整优化产业结构和转变经济发展方式的重要手段。从前述分析可以看出,英、美、日、韩等国作为世界范围内的典型国家,尽管在发展文化创意产业方面初步形成了自己的特色,各有自己的主导产业,但也表现出如下一些共同的特点。

8.3.1　政府出台强有力的指导政策,提供了产业跨界融合的制度保障

发达国家都十分明确政府在文化创意产业融合发展中具有重要的指导作

用,认为政府是推动文化创意产业融合发展的重要力量。各国政府都制订发展文化创意产业的政策和规划。政府在政策引导、法律制定、资金扶持、研发投入、技术开发等方面对文化创意产业进行大力引导和扶持,既创造了文化创意产业跨界融合所需的环境,也提供了产业协同发展所需要的制度保障。如英国政府成立的创意产业工作小组,就是由前首相布莱尔亲自领导,由文化、媒体和体育部牵头,由外交部、贸工部、地方政府等组成的跨部门单位;美国政府在推动文化创意产业融合发展方面也功不可没,不仅是世界上第一个进行文化立法的国家,而且还制定了非常具体的社区推动和协调方案,为创意阶层和创意企业提供相关信息;而韩国则结合立法、行政、司法等部门,从人才培养、融资环境、基础设施、政策优惠等方面对文化创意产业进行综合扶持,大力促进文化创意产业融合发展。日本政府在文化创意产业的机构建设上也不遗余力,许多管理部门都直接隶属于政府部门,对文化创意产业的融合发展有直接的影响和作用。

8.3.2　植根于本土文化资源和价值理念,实现了产业交叉和错位发展

文化创意产业特有的文化属性和产业属性使它有别于其他产业,文化创意产业既要服务于国民经济发展,为经济增长和就业做出贡献,同时又要起到传播本国文化价值的作用,为社会进步做出贡献。为了适应全球文化扩张的战略需要,发达国家文化创意产业的发展都深深植根在本国的文化资源和价值理念上,并由此打造具有本国特色的文化创意产业门类和竞争优势,通过对本国文化创意资源的开发与利用,将各国价值理念融入整个开发过程中,实现资源要素的有机聚合与产业的交叉错位发展,从而既彰显出本国的生活品位和价值追求,又开辟了向世界各国推广本国文化产品的重要渠道。如美国借助好莱坞和迪士尼主题公园,不仅将美国的时尚和风范传播到世界各地,也把美国的价值观念推销到了全球的每一个角落。数据表明,在1950年代的时候,美国电影收入比例中的40%就来自海外。进入21世纪后,这一数字提高到60%左右,通过影视和文化传播,将美国生活方式、意识形态和价值理念向全世界传播。日本的动漫产业通过各种卡通形象,把日本的历史文化播撒向全球,由此衍生出来的包括服装、玩具、饮料、生活用品等卡通形象产品充斥在世界的街头和角落,随处可见。韩国除了将韩国传统历史文化观念融入闻名遐迩的韩剧中以外,其美容、化妆、电子等产业中也随处可见其独具特色的价值理念。随着全球化时代文化创意产业的迅猛发展,发达国家的文化霸权行为及"文化托拉斯"现象给发展中国家和转型

国家带来严重威胁和巨大挑战,文化创意产业在全球呈现出南北非均衡发展的态势,南北文化"鸿沟"将更加分明,文化上的贫富差距将进一步拉大。

8.3.3 凭借高科技手段和发达工业体系,奠定产业跨界融合所需条件

文化创意产业是知识资本与产业资本的完美结合,无论是文化的产业化还是产业的文化化,都离不开高科技手段和发达的工业体系。文化创意产业既是对传统产业的优化升级,又是对知识资源的物化表现,是知识经济时代科技与文化高度融合的产物。文化创意产业之所以率先在英美等发达国家和地区发展起来,这与这些国家和地区先进的工业基础和发达的科技水平是分不开的,这些国家和地区长期以来倡导的技术创新和先进的科学技术水平高度激发了人类思维的重大变革,这也是文化创意产业得以发展的重要源泉。创意与产业融合的程度既决定未来文化创意产业的发达程度与发展速度,又取决于已有的工业体系和科技创新水平。因为科技创新水平是创意与产业的高度融合的桥梁,是促进文化产业化和产业文化化的重要途径,没有先进的科技水平和工业基础,创意缺乏实现的手段。发达国家在文化创意产品的研究与开发、生产与传播等方面具有突出优势,为了实现经济效益最大化和规避投资风险,发达国家的许多跨国公司凭借科技优势和资金实力,不断挤压发展中国家文化创意产业的发展空间,致使世界文化市场正日渐被几家全球知名的公司所主导。如韩国的韩剧便是韩国高科技手段创造文化产品的重要表现,不仅赚足了观众的眼泪,而且在不知不觉中掏空了观众的腰包。随着科技进步和经济全球化发展,未来文化创意产业对数字技术、精细化制作技术、网络技术、信息服务技术等的依赖性越来越强。

8.3.4 依靠产业化运作与商业化推广手段,促成产业跨界与价值融合

研究表明,文化市场化或创意产业化,是促进文化创意产业跨界融合与协同发展的动力。产业化运作是文化创意产业商业价值实现的必然途径,只有实行产业化运作和商业化推广,才能将文化创意产业做大做强。文化创意产业从最初创意的萌生,到研发设计,到生产制造以及最后成果的推广,都有一个价值实现的过程,这一过程需要进行商业化运作。离开商业运作,文化创意产业的市场价值就无法实现。世界各国在推进文化创意产业的融合发展过程中,通过商业化的运作手段完善文化创意产业的各个环节,延伸文化创意产业价值链,开拓文

化创意产品市场,实现文化创意产品的市场价值。同时,发达国家凭借产业规则的制定权和话语权进一步整合全球文化资源,增加其垄断地位,实现产业的跨区域发展。如迪士尼便是以美国文化为代表的成功典范,经过商业化运作,使唐老鸭和米老鼠等卡通形象,不仅在影视、娱乐等文化领域实现了巨大的商业价值,而且通过将其他关联卡通形象产业化,衍生到玩具、服装等关联行业,在产品市场实现了巨大的赢利。再通过延伸创意产业链,其产业规模和盈利都稳居世界前列。根据世界银行的分析,目前以欧美和日本为代表的发达国家的跨国公司的贸易量约占到全球的 2/3 左右。如目前西方发达国家的跨国公司基本上控制了全球 90% 的新闻传播。

8.3.5　发达的经济基础和先进的消费理念,为产业融合提供了驱动力

无论是从国家、地区还是从城市来看,文化创意产业的发展都有一个共同的特点,那就是所在区域的经济相对发达。即使是在发达国家,经济基础相对薄弱的区域,城市文化创意产业发展相对落后。而发展中国家的文化创意产业的发展也主要是源于经济发达地区和城市。因为文化创意产业是相对高端的产业,无论是研发、生产还是消费,没有一定的经济基础和前卫的消费理念作为后盾,产业的发展将受到严重的掣肘。从世界范围来看,法国的巴黎、英国的伦敦、美国的纽约、日本的东京、韩国的首尔、澳大利亚的昆士兰、加拿大的温哥华等城市,都是文化创意产业发展相对发达的地方,许多城市还是文化创意产业发展的起源地。从发达国家的经验可以看出,经济基础对文化创意产业的产生与发展有着至关重要的影响,没有一定的经济基础,人们的消费需求和消费水平会相对较低,主要停留在相对物质的层面,不会对文化、创意、时尚产生强烈的追求,产业的发展也会受到制约,停留在相对低端的层次。因为即使有相对高端的产业,人们也因为经济实力的原因无法承受由此产生的高端消费。考察发达文化创意产业相对发达的国家,这些国家都是经历工业化以后,居民的经济收入、消费层次和消费水平都相对较高,具有承受高端产品消费的能力。根据马斯洛需求层次理论,只有满足了低层次的物质消费需求以后,人们才有可能产生相对高层次的精神追求与文化消费。

8.4 发达国家文化创意产业融合发展的启示

从上述分析可以看出,由于发达国家在文化创意产业发展方面具有相对完善的产业政策和法制体系,使得发达国家和地区文化创意产业起步较早,融合发展速度较快。目前,很多国家已走过了产业融合发展的初始时期,经过转型发展以后,文化创意产业已经进入了相对成熟且稳定发展的阶段,对国民经济的贡献率也越来越大。借助文化创意产业融合发展功能,发达国家也调整和优化了产业结构,顺利地实现了对传统产业的升级与换代。发达国家文化创意产业融合发展发展历程留给我们一些有益的启示。

8.4.1 在产业跨界融合的发展初期政府给予大力的政策支持

发达国家经验表明,文化创意产业融合发展与政府的政策支持是离不开的。政府在文化创意产业融合发展中的政策支持主要是,通过制订完善的公共服务和政策法规,为文化创意产业融合发展营造一个适宜的外部环境。特别是在文化创意产业跨界融合发展的初期,产业竞争不强,产业优势不明显,产业市场效益不明确的时候,政府可以发挥有形的手,来有效弥补市场的失灵,为文化创意产业提供更大的发展空间。事实上,为了促进文化创意产业更加协调发展,许多发达国家都成立了由政府高层领导牵头、由多部门参与、具有协调功能的文化创意产业发展委员会或指导委员会,为创意产业融合发展提供专业化的规划和指导。如英国创意产业的特点主要体现在政府的战略引导以及政策扶持,政府通过制定有益于产业发展的法律法规,对产业发展全局进行规划,对发展方向予以引导。以资金和人才培养两个角度充分调动和发挥从业个体的积极性。英国伦敦西区文化创意产业融合发展具有较好的代表性。伦敦西区是以政府引导为核心的模式,它是世界两大戏剧中心之一,聚集了 49 家剧院,平均每晚约 3 万人前来观演,经济连锁效益显著。这主要归功于英国政府积极鼓励创新剧作向商业化发展,很多剧目往往在国家资助剧院首演,成功后再转入商业剧院续演。有些经典剧目在一些固定剧院连续上演几十年,成为西区的经典和象征。伦敦西区在发展的过程中,采用"一臂之距"文化管理模式,并得到了政府的大力扶持和社会的热情支持,其直接或通过半官方机构与民间机构,以项目的形式资助园区内的文化艺术创作,这种文化管理模式有助于保证创意产业园区的自主性,保持文化的延续性。日本、韩国和澳大利亚等政府也从国家层面制定了相应的文化产业政策和相关法律制度来推动和保障文化创意产业的融合发展。

8.4.2 在产业融合发展过程中对自主知识产权进行充分保护

自主知识产权既是保护创新成果和提高创业者积极性的重要因素,又是培育文化创意产业竞争力的核心所在。文化创意产业不同于传统的制造业,讲究产品的原创性和知识产权保护,特别是创意源自对自身知识资源的有效利用与开发,是一个智力开发过程,是一项复杂的智力活动,绝不是靠简单引进就能解决的问题,需要付出辛勤的脑力劳动才可能取得成功。只有在不同产业融合发展过程中,注重对创新成果的知识产权保护,并实现市场价值,才能取得文化创意产业融合发展的主动地位。发达国家在文化创意产业融合发展过程中,历来都十分注重对本土文化资源的有效利用和对创意的开发,拥有自主知识产权的文化创意成果,在整个文化创意产业市场中占有相当重要的地位。特别是在全球一体化持续深化的当前,发达国家不断提升文化创意产业的竞争力水平,着力打造具有自主知识产权的产业品牌,文化创意产业融合发展已呈现出国际化趋势,甚至在个别领域开始出现由跨国公司引领、控制甚至垄断他国文化创意产业市场的局面。美国在积极鼓励各州、各企业集团及全社会大力推动文化艺术发展的同时,也制订相关法律制度对文化创意产业发展实行严格的知识产权保护。美国甚至将文化创意产业称之为版权产业。

8.4.3 在产业发展模式上通过集聚化发展加速产业跨界融合

发达国家在文化创意产业融合发展模式上,都注重建立文化创意产业园区,打造特色文化创意产业集群,不断完善文化创意产业链条,发挥文化创意产业集群效应。园区内众多关联企业聚在一起,可以实现要素集聚和资源共享,加快信息流通,降低交易费用,减少企业生产成本。同时,园区内产业之间分工明确,可以减少无效率的竞争和恶性竞争,各自致力于产业链的不同环节,又加深了企业之间的合作,实现产业的互补,由此形成完整的产业链条。文化创意产业园区还容易形成激励创新的发展环境,是创意思维的孵化器,是创意成果产业化的重要平台。因此,文化创意产业园区是促进文化创意产业融合发展的重要载体。建立文化创意产业园区可以吸引大量创意产业及相关产业集聚,将各种创意企业、非营利机构、创意人才等聚集在一起,形成规模效应,提升产业的效率水平。如美国的迪士尼主题公园、好莱坞影视城、百老汇戏剧产业园、硅谷科技创业园等,既是著名的文化创意产业集聚区,又都是企业科技成果的有效孵化器,孕育了一大批中外著名的创意企业。近年来,韩国投资 60 多亿韩元分别在釜山、光州、大田、大邱等地建立"文化创意产业支援中心",推动文化创意产业跨界融合与协同发展。

8.4.4　在产业融合发展手段上加快文化人才和创意阶层培养

从世界各国文化创意产业融合发展经验来看,文化创意人才的培养是促进文化创意产业融合发展的动力源。源源不断的创意人才是创意产业融合发展的智慧供给和创意涌现的无限源泉。发达国家文化创意产业的融合发展,正是以丰富的人力资源为坚强后盾。为了适应产业发展趋势,这些国家调整人才教育结构,建立了相应的创意人才培养机构和培养体系,加强对创意产业人才特别是高端创意人才、复合型人才、营销人才的培养,源源不断地培养文化创意产业专业人员和培养相关从业人员。统计数据表明,截至 2016 年,在美国,文化创意产业从业人员超过 270 万,英国这一人数超过 200 万,均超过本国其他从业人员10% 以上的比例。在美国,开设游戏专业的大学院校多达 540 所,日本也有近200 所大学开设游戏专业,而韩国有 200 多所大学开设与文化创意产业相关的专业,其中政府指定赞助的大学及研究院开设的游戏专业就有 100 多个。

第 9 章

国内区域文化创意产业融合发展的比较分析

进入 21 世纪以来,特别是随着我国经济社会进入创新驱动增长的新时代后,党中央确立了关于不同地区一体化协同发展的重大战略,旨在促进经济发展由高速增长阶段转向高质量发展阶段。推动区域一体化发展不仅是新时代实现区域经济更高质量增长的内在要求,也是促成区域文化创意产业融合发展的重要理论指导和制度基础。在区域一体化发展的背景下,进一步加强区域文化创意产业合作与交流,对于推动区域一体化发展进程、拓展区域经济文化发展空间、进一步壮大区域整体经济实力、加快形成新的国际竞争优势,具有极其重要的现实意义。

一体化是指各行政区域主体的相互竞相开放,尤其是地方政府之间的主动拆除各种现实存在的行政壁垒,消除各种潜在的行政规则,大力推进要素在区际之间按市场规律流动。从现实来看,只有政府才能有这种权威性和强制力。因此,区域一体化既是政府的自我革命,需要政府之间打破政策壁垒和区域潜规则,也可以促进文化创意产业与市场的深度融合以及跨区域协同。而要想打破行政分割与市场垄断,关键在于建立一体化协同发展机制,破除行政区划对文化创意资源进行自由流动的各种限制,让各种生产要素按照经济规律自由流动,实现资源在时空上的优化配置。因此,从制度供给层面构建区域文化创意产业一体化融合发展的基本框架,并以此来规范区域内各经济行为以及开放各类商品市场与要素市场,特别是鼓励资本、技术、人才等要素的自由流动,就显得十分重要。因此,区域文化创意产业一体化融合发展的内容至少包含以下几个方面。一是形成统一开放的大市场,积极鼓励和全面放开各个领域的竞争;二是促进各市场主体之间的正常流动,优化产业主体的空间布局;三是合作领域应更为广泛,其中产业合作、资本流动、信息交换等,应更多地交予市场而非政府;四是只要在合理的制度和政策框架范围内的经济活动,就应当视为正常的市场现象予以认可,并且应当排除各地方政府的超规制干预;五是政府之间通过建立多层次的合作机制,形成重大事项的快捷而有效的协商与解决平台,如建立省际合作机制、城市合作机制、国家层面的高度协调机制,形成上下畅通的信息沟通机制,着力于加强基础设施的共建共享、生态环境的联防联控联治等。

依据产业融合的相关研究理论,区域文化创意产业融合的发展过程可以划分为四个层面,分别是资源上的融合、技术上的融合、产品和业务上的融合、市场上的融合,产业融合经过了这四个层面后才最终完成产业融合的整个过程。其中资源上的融合是产业融合的基础;技术上的融合是产业融合的内在原因和前提;产品和业务上融合是产业融合发生的过程和必要准备;市场上融合是产业融合的最终结果。这四个层面可能前后相互衔接,也可能是同步相互促进,可根据具有的融合发展需要进行相应的调整。目前,从区域范围来看,中国文化创意产业形成了长三角、珠三角和京津冀三足鼎立的格局与态势,各自在区域文化创意产业融合发展方面形成了自己的特色。以下分别对三地文化创意产业融合发展的现状进行比较分析。

9.1 京津冀文化创意产业融合发展现状

2014年2月党中央提出京津冀协同发展的国家战略,为进一步推动区域文化创意产业的协同发展带来了机遇。2015年4月中央政治局审议通过《京津冀协同发展规划纲要》,使得京津冀文化创意产业走上快速融合发展之路,文化创意产业融合发展也成为推动区域经济发展的重要动力。未来随着"京津冀一体化"战略的加速落实,促成京津冀文化创意产业融合发展,构建京津冀文化创意产业融合发展网络,对于京津冀区域一体化协同发展具有极其重要的现实意义。目前,随着《京津冀三地文化领域协同发展战略框架协议》的签署,京津冀三地的文化创意产业依据优势互补、共建共享、统一开放的原则,充分发挥各自优势,形成一体化融合发展的新趋势。

9.1.1 根据协同发展理念,促成产业与城市融合创新发展

回顾文化创意产业发展的历程,京津冀大部分地区文化创意产业发展都经历了从文化创意产业园区开发,到文化创意产业集聚,然后到城市文化创意街区,最终发展到与城市相融合的过程。客观而言,在过去的近20年中,这种建立

在房地产开发基础上的产业发展模式既创新了京津冀旧城改造模式,也为区域经济发展带来了极为可观的效益。其中,文化地产作为地产领域的一个重要分支,虽然不如商业地产那样赚钱,但与普通行业相比,仍具有相当可观的利润空间。然而,随着传统经济发展方式的转型,过去那种"配套物业销售+园区服务收入"的高速发展模式,已经走到尽头,将文化创意产业发展建立在"卖房子"上的做法无疑不是可持续发展之策。事实也证明,京津冀文化创意产业发展在经历了从废旧厂房到动漫产业基地、文化产业园、影视基地、主题公园等不同阶段后,这种将文化创意产业发展建立在地产开发基础上的发展模式越走越窄。而随着新世纪协同发展理念的提出,京津冀文化创意产业逐步找到了一条与城市融合发展的道路。在经历了这种深刻的认识以后,京津冀文化创意产业发展模式逐步进行转型升级:由初期的 1.0 模式——"房东"——"租户"(传统物业型服务平台),转型到 2.0 模式——园区运营方为入园企业提供软硬件相结合的综合服务(产业服务平台),再逐步发展到 3.0 模式——产业资源高度、有效整合;产业间实现融合发展,再逐步过渡到以合作、共赢的理念,打造基于产业链发展为核心的创新生态圈(公共协作创新平台)。今天已经上升到了 4.0 模式——产业创新共享平台网络,在产业集聚、产业融合的基础上,重点突出产业孵化、源头创新(产业创新平台网络)。在整体经济步入新常态的形势下,随着区域一体化进程的推进,京津冀文化创意产业正迈入质量效益型发展的新阶段,产业发展从追求规模扩张向注重提质增效转变。

9.1.2　创新产业运营机制,促进文化创意产业园区转型升级

回顾过去,由于区域发展不均衡,京津冀文化创意产业整体发展水平不高的问题曾经不断显露。例如,有的园区有空间无平台,缺乏适应文化创意企业发展的服务体系;有的园区有建设无管理,尚无高效的运营模式;有的园区有集聚无协作,未形成完整的产业链;甚至还有的园区有名无实,空有文化创意产业园区的名头,而无文化内涵与实质,与产业发展要求极不适应。面临新形势和新挑战,特别是当前产业调整和经济增长方式转型的关键时期,京津冀为了深入贯彻落实协同发展战略,加快推动非首都功能疏解和产业转型升级,对文化创意产业融合发展提出了新的更高的要求。

在经过广泛调研和深入研究,并全面掌握各地文化创意产业园区发展情况的基础上,京津冀提出了建设文化创意产业示范园区的构想,拟通过文化创意产业示范园区的认定,加强扶持建设力度,树立园区发展标杆,支持示范园区采取

"主园＋分园"、园区共建等模式,在城市发展新区、生态涵养发展区及河北、天津等地输出管理经验和运营模式,从而实现典型引路、高端示范,引领其他园区进一步优化服务体系,促进产业集聚,全面提升园区科学发展水平,推动文化创意产业向"高精尖"结构演进,促进京津冀文化创意产业协同发展。此外,全国首个,也是目前唯一的国家文化创意产业创新实验区首次在京津冀亮相。实验区区域面积达 78 平方公里,集成首都文化、金融、科技等创新资源,拥有体制机制、政策环境、市场体系、金融服务、人才培养、发展模式等六大创新。这是一个全国文化产业改革的探索区、文化经济政策的先行区和产业融合发展的示范区。如果说尚 8 集团的产业生态圈是文化产业园区发展的 4.0 阶段,那么,国家文化创意产业创新实验区的文化创意产业集群发展模式已经率先从 1.0 进入 5.0 阶段。即从最初的打造单个文化创意产业专业楼宇,到建设园区、培育集聚区,再在集聚区基础上规划建设产业走廊,直到建设全国首个国家文化产业创新实验区,产业园区模式升级正在引领京津冀文化创意产业不断升级发展。

目前,在文化创意产业融合发展的过程中,京津冀涌现了一批批文化创意产业园区,推动了产业蓬勃发展。如近年来,在每年京津冀举办的文博会上,不仅可以观察到北京、天津和河北文化创意产业的发展面貌,看到大量领先的新创意、新技术、新产品、新商业模式和全文化创意产业链的新版图,更能够努力寻找到一个前沿的、有规模价值的产业生态圈范例,文化创意产业园区创新发展的新探索、新经验成为其中重要的板块。文化创意产业园区重大项目的亮相、国家新媒体产业基地、鸟巢文化中心、历史文化创意产业集聚区、高校大学生创意园等集中展示,全面展现京津冀文化创意产业高端化、集聚化、功能化发展的新形象,对于京津冀文化贸易迈向规模化、集约化、现代化发展的路径探索,具有重要引领价值。

9.1.3 借助新兴科技手段,促进产业跨区域融合创新发展

区域一体化既是一条商贸之路,也是一条文化之路。京津冀三地地缘相近、人缘相亲,文化一脉,各具优势。随着京津冀一体化发展战略的实施,区域范围内各地政府都在大力推动文化创意产业的融合发展,以文化创意产业为载体实现区域一体化协同发展。在京津冀协同发展的战略背景下,三地借助强势的新兴科技手段,正在加强建设动漫网游及数字内容功能区、798 时尚创意功能区、戏曲文化艺术功能区、音乐产业功能区、新媒体产业功能区、创意设计服务功能区、会展服务功能区与周边产业区域及其他城市的合作与交流。例如,北京东城

区把"胡同工厂"模式输出天津,打造成了天津的 C92 文创园。该项目是天津南开区首家创意产业园,复制东城区"产业园集群发展＋多元价值服务体系＋资本化运营"三位一体的园区运营模式,打造一个集科技、媒体、通讯三大领域融合的 TMT 新兴产业基地。同时,C92 文创园联手天津商家联盟举办"创意集市",组织 10 余家开设网店的创业者集中展卖创意食品、创意玩具。同时,在推动京津冀协同发展、打造新的首都经济圈、推进区域发展体制机制创新的大背景下,2018 年来自京津冀三地的 66 家文化创意产业园区代表出席,共同发起并签署了《京津冀文创园区协同发展备忘录》,加强对三地文化资源的协同开发、管理和利用,推进区域文化产业融合和文化创意资源共享,切实推动三地文化创意产业协同发展。

9.2　珠三角文化创意产业融合发展现状

近年来,珠三角文化创意及相关产业发展迅猛,已成为珠三角国民经济重要支柱性产业。此外,在"文化＋"引领下,高附加值的创意文化产业快速增长,显示了珠三角文化创意产业结构持续优化,文化创意产业正与制造、信息服务、教育、旅游、体育等跨界融合发展,让文化创意产业边界不断拓展。目前已经形成了涵盖国民经济大多数领域的产业发展体系,产业规模不断壮大已成为珠三角一个举足轻重的产业门类和国民经济新增长点。统计数据表明,目前珠三角有文化创意产业法人单位 12.1 万家,从业人员 350 多万(不含个体劳动者),先后有 25 家企业被评为"国家文化产业示范基地",有多家企业入选全国"文化企业 30 强",数量均居全国各省市前列。珠三角文化创意产业门类齐全,产业链完整。在文化创意产业 10 大类产业中,珠三角的文化信息传输、文化创意和设计、文化休闲娱乐、工艺美术、文化产品和用品生产以及文化专用设备生产等 7 大类产业规模领军全国。在促进区域文化创意产业融合发展方面,珠三角积累了丰富的经验。

9.2.1　因势利导,助推产业转型升级实现融合发展

珠三角实现文化创意产业持续发展的重要经验在于顺应并把握住产业转型升级的战略方向,推动文化创意产业与传统产业融合互动、协同发展。一方面,珠三角以传统制造业为代表的基础优势及产业转型升级的巨大需求,为文化创意产业的融合发展提供了强大动力和广阔市场。另一方面,文化创意产业通过

发挥创意与科技的渗透力,有力推动着传统产业的结构调整与优化升级。其中,珠三角文化创意产业与制造产业的良性互动尤为突出。目前,珠三角地区众多制造业集群与文化创意集群的"群群互渗"正逐步深化,如佛山陶瓷、顺德家电、东莞家具、中山灯饰等制造业集群,通过与文化创意集群的对接融合实现转型升级,传统产品功能和附加值通过创意的引擎作用大幅提升,而文化创意集群亦通过依托庞大的制造业集群规模和需求获得显著成长。融合文化元素的创意产品正与民众消费需求升级意愿互为推动,不断培育催生出新的消费亮点和消费高潮。在生产与消费良性互动中,珠三角传统制造业和服务业相互融合,正形成全新的产业业态,开创着全新的盈利模式。

9.2.2 科技驱动,利用信息技术基础发挥乘数效应

文化创意产业的融合发展离不开发达的信息化基础,而珠三角是全国重要的信息产业基地和信息化先导区,信息化设施和信息技术在国内相对领先,为珠三角文化创意产业融合发展提供了高效载体,也拓展了文化创意相关业态的发展空间。目前,珠三角正逐步巩固相对领先的信息科技基础,积极发挥信息技术的驱动作用,为文化创意产业融合发展提供持续而强力的支撑。尤其是近年来数字创意、网络设计、云计算、物联网、电子商务等现代信息技术的广泛应用,有效弥补了珠三角本土文化资源相对不足的缺陷,大大促进了工业设计、软件服务、数字媒体等文化创意产业的快速发展。信息技术的不断发展,为珠三角带来了乘数效应,促成了内容产业与技术革新相结合,推动文化创意产业不断更新创作手段、拓展创新空间、提升创意内涵,促进数字出版印刷、网络游戏、动漫制作等文化新业态快速发展,拉动了整个文化创意产业体系的不断成熟完善,并由此产生强大的支撑和拉动作用。

9.2.3 市场主导,调动企业主体作用激活发展活力

由于改革开放时间较早,珠三角的市场化程度较高,市场机制的导向作用和市场主体作用在经济发展过程中较为显著。近年来珠三角从法治政府建设、文化市场监管、知识产权保护、对外文化贸易和社会安全与信用等领域全面推进改革,推动建设规范有序、公平公正的经济运行机制和文化市场体系,积极培育文化创意市场主体的创新能力与竞争活力,努力构建健康有序的文化创意产业营商环境。特别是在降低文化创意市场准入门槛、完善投融资机制等方面不断深化改革探索,积极引导社会资金投入文化创意产业,使民营企业成为广东文化创

意产业的一大特色。目前民营企业占文化(创意)产业规模总量 50%以上,且遍布于动漫游戏、印刷出版、演艺设备制造等各文化创意产业领域。如前述的腾讯、网易、奥飞动漫、华侨城、长隆、广州锐丰等民营重点文化(创意)企业,均在全国同行业中居领军地位。实践证明,这些政策措施大大激发了珠三角文化创意企业的经营活力、促进了文化创意市场的繁荣与发展,为珠三角文化创意产业发展提供了宽松的基础环境和良好的管理服务。

9.2.4　广纳资源,发挥毗邻港澳优势放大开放红利

珠三角在积极布局各类文化(创意)产业园区的同时,充分利用毗邻港澳的优势,密切与港澳地区合作、扩大对外开放交流,为文化创意产业在更广范围内吸收技术、资金与管理经验等优质资源提供便利。与港澳的深度合作,有利于三地结合各自的功能定位、区域特色和文化创意产业基础,以文化创意产业关联链条为纽带,引导文化创意资源向特定园区集聚,通过产业链中不同环节优势企业间资本、技术等组织形式的重组,共同构筑相互衔接和配套的优势文化创意产业集群,建设具有核心竞争力和国际影响力的粤港澳文化创意产业带,打造亚太地区最具活力的文化创意集聚区。调研表明,粤港澳三地在文化创意产业的市场开拓、技术研发、人才培养、资金集聚等方面有很强的互补性,而且港澳作为多元文化汇集的国际大都市,具有优良的创意设计技术基础,具备充足和优秀创意运营管理人才,正可以弥补广东的不足。目前,随着粤港澳合作进程的加速,三地文化创意产业合作已从人才、技术、资金等单个要素的合作上升到与政府、企业、行业协会全方位合作,与设计、生产、营销、衍生产品开发全产业链综合性渗透。

9.3　长三角文化创意产业融合发展的案例分析:以张江高科为例

随着长三角区域一体化的不断推进,江、浙、沪、皖各省市都将文化创意产业视为新兴战略产业,纷纷建立集聚区大力推动文化创意产业融合发展,目前各省市文化创意产业总体呈现勃兴态势并各具特色。回顾历史,自 2004 年以来,长三角地区文化创意产业迅速崛起,其发展的速度、规模和影响力已位居国内前列,特别是上海、杭州、南京、合肥、苏州、无锡等地的文化创意产业已经具备相当规模与特色,并初步形成良性竞合的局面。近年来,随着国家对长三角一体化发展战略的推进,在上海创意产业中心首倡并组织下,长三角创意联盟在沪正式成立。联盟成员包括江苏的南京、扬州、常州、无锡,苏州等,浙江的杭州、嘉兴、宁

波、义乌、长兴等,安徽的合肥、芜湖、铜陵、黄山等,总计有一、二线城市共 17 个。目前,长三角已经形成了以上海为龙头,杭州、苏州、南京、合肥为辅助,以工业设计、装饰设计、广告策划、数字动漫、高新科技等为优势行业的文化创意产业集聚化发展态势,其特征主要体现在以下几个方面。一是从地域上来看,已从上海、杭州、南京、安徽等中心城市拓展到沿江、沿海的地级市乃至县级市;二是时至今日,文化创意产业已从当初的园区概念延伸到产业概念、品牌概念,资金链和信息连的共享、互动、交融的概念;三是文化创意产业的载体从原来的物理空间拓展到增值服务空间。许多文化创意产业园区为入驻企业精心打造各种公共服务平台;四是配合各地政府城市综合体的规划建设,文化创意产业园区发挥了创意的智慧作用,一些城市在产业对接和互动上相互取长补短,走上了一条资源和智慧相融合的发展之路。本部分以张江高科为例,剖析张江文化科技创意产业园区促进和推动产业一体化融合发展的基本措施与经验。

9.3.1　产业融合推动优质创新要素的集聚

张江文化科技创意产业园区作为全国首个在高新技术园区设立的文化创意基地,是长三角最具代表性的文化创意产业园区,自 2004 年 8 月正式揭牌以来,通过创新产业园区运作模式,采用企业化运作和强化园区作为基地运营商、企业服务商和产业投资商的功能,经过近几年的发展,成长为国内最具规模的文化创意产业园区之一。张江文化科技创意产业园区在资源上整合了优秀的文化企业,依托互联网等高科技产业发展优势,重点聚焦科技与创意等含金量高的网络游戏、动漫、数字内容、新媒体四大领域,集聚的文化创意产业迅速增加,使得文化创意产业已成为张江的第三大支柱产业。2011 年 2 月,张江被文化部认定为"国家级文化创意产业示范园区";2012 年 5 月,又被中宣部等五部委认定为首批国家级"文化与科技融合示范基地"。正是高新区独特的产业融合氛围和体制机制创新,共同激活了张江文化创意产业融合发展的潜在价值,促成了人才、资本、技术等基于特色产业链的优化配置和面向市场的创新发展,从而为文化创意产业的快速健康成长奠定了基础。

高素质人才和技术资源是文化与科技融合的要素基础,张江依托高新区的创新文化氛围不断吸收创意产业的人才和技术集聚,从而为创意产业建设积累了要素条件。经过多年的发展,张江逐渐形成"鼓励成功、宽容失败"的园区文化,同时"相约张江""现场张江"等品牌性文化活动也优化了地方文化品牌,而"市场化"的人才选拔观念更为广纳贤才提供了有益的环境。园区还引进上海电影艺术学院、中国美院上海设计分院、上海戏剧学院设计分院等著名高校,从而为文化创意人才的成长和集聚创造了条件。园区还将鼓励科技创业的优惠政策延伸到创意产业,从而降低了文化创意人才的创业成本。截至 2016 年,张江创意产业从业人员已超过 15 万人,累计引进文化创意类企业 359 家,实现年产值500 亿元以上。依托人才和机构的集聚,张江也拥有了更多核心技术,例如内容创作和分享技术、智能内容监管和分析技术、高逼真虚拟现实重建技术、3D 高清采集设备技术、天幕(球幕)沉浸电影技术以及设备多屏融合的交互展示技术等。他们不仅为数字出版行业的发展提供了最先进的流通渠道和版权保护方式,也为网络游戏和动漫产业提供了更加多元化的故事表现手法,同时为影视制作提供了更为高效、便捷的技术平台。也就是说,技术资源的集聚融合提升了张江创意产业发展的生产制造水平,也为文化与科技的融合创造了条件。

9.3.2　依托产业链促进企业的相互合作与协同发展

张江在促进文化创意产业融合发展的过程中,不仅吸引到众多龙头企业,还逐步形成产业链上下游企业集聚发展的态势,这有助于促进企业之间的协同合作。以动漫产业为例,张江在原创内容、中期制作、发行渠道和衍生产品开发等环节都有不少活力企业,它们常常基于好的创意开展技术方面的合作。例如,在制作 3D 动画片《超蛙战士》时,河马动画负责原创设计,视金石动画公司则承担动画后期制作,并利用中启创科技有限公司发布的"Vi Cloud 巍云"平台进行大批量特效渲染处理,而该片发行委托电影发行分公司来完成,奥飞动画则通过玩具授权协议参与衍生产品开发,具体负责衍生产品(合金机甲)与图书出版业务。正是通过这种上下游企业之间的合作,《超蛙战士》作为第一部中国式科幻题材动漫取得了多方面的成功,不仅在 2010 年 6 月上映首轮就获得 800 万元的票房,而且获得 2010 年度"美国国际电影节"(AIFF)"最佳动画奖"。

在尝试推进产业链之间的融合过程中,张江还逐渐形成以新媒体软硬件、出版技术研发为核心的"3+1"格局。其中"3"是指网络游戏、动漫和影视后期制作,它们共同组成网络游戏动漫产业集群,"1"则指数字内容产业,它为网络游戏和动漫作品提供新媒体和出版印刷技术等方面的支持。由此,园区的网游动漫与数字内容企业开展了更多跨领域、跨业态的合作,张江的文化内容产业也具有了更强的核心竞争力。例如,浦东电子出版社与久游网络、盛大网络等合作出版了《怒海争锋》《惊天动地 2》等大型 3D 网络游戏,与爱看屋文化发展有限公司、动画大王有限公司等合作出版了《红色经典动漫集》等多款动画音像产品,与摩力游数字娱乐有限公司等合作出版 Talent 等多种期刊,都取得了较好的市场回报和业界好评。

9.3.3 以公共服务建设为产业融合提供平台

为促进产业融合,张江文化科技创意产业园区还特别重视技术服务和投融资体系建设。目前,园区技术公共服务平台主要有四个。其中,创意设计平台由上海市科委出资建立,吸引到不少国际先进设计机构与企业;动漫研发服务平台由浦东新区科委和张江集团、电影学院共同出资设立,拥有国内唯一的 Autodesk MAYA 认证中心和 Mental Ray 技术中心,主要为园区企业提供设备租赁、项目孵化以及专业培训等方面的服务;影视后期制作服务平台由张江数字出版基地联合上海永尊文化传播有限公司共同投资,主要为中小企业及个人提供节目拍摄、编辑、后期制作、栏目包装等方面的技术支持;数字出版基地建设平台由综合信息服务、技术研发、专业人才培养等三部分组成,主要为数字出版企业提供技术和人才服务。这些平台不仅能为中小型创意企业提供软硬件技术支持,也能促进园区内的创意和创新资源在更广阔的市场实现文化与科技的深度融合。例如,动漫研发服务和影视后期制作平台近年来开发了多款公共软件,承接了国家"863 项目"等十多个科研项目,为《唐山大地震》《东方大港》等数十部影视动漫作品提供了制作服务,并为不少企业提供了技术培训。

为优化投融资环境,园区还建设了三个专注于创意产业的金融机构。其中,东方惠金文化产业投资有限公司是由上海市委宣传部委托上海精文投资公司、浦东新区政府委托上海张江集团公司共出资 1 亿元设立,重点采用与政府引导资金相结合、与文化产业发展平台相结合、与创业风险投资相结合、与互联网服务相结合的新型模式,努力为中小文化企业提供不同阶段发展所需要的担保和投资服务;华人文化产业投资基金则由文汇新民联合报业集团、东方惠金文化产业投资有限公司、国开金融有限责任公司等共同发起建立,重点为目标公司提供成长性资本、企业重组、管理层收购等市场化融资服务;上海文化产业股权投资基金由海通证券与上海东方传媒发起,联合上海新华传媒、上海强生集团等共同设立,重点投资文化战略新兴产业,参与文化企业的重组、改制、上市、并购,基金规模约 20 亿~30 亿元,其中 50% 主要服务于张江的原创文化产业项目。此外,张江园区的文化基金会也成立专门的控股子公司、担保公司和风险投资公司,这些融资平台也为创意与创新融合提供了资金支持。

9.3.4　以企业化运作模式促进产业融合面向市场

在管理体制上,张江高科以张江文化控股有限公司(以下简称张江文控)为核心,引入企业化运作模式,促进了文化创意产业面向市场的集成创新。2008年,张江集团以张江文化科技创意产业发展有限公司等为基础,投资 3 亿元成立了张江文控,作为园区文化创意产业的环境运营商和服务集成商。张江文控采取子公司模块化的运作形式,不仅为企业提供资金、人才方面的服务,更为文化创意产业的招商引资和企业发展提供环境建设、战略策划以及沟通交流等方面的服务,与文化创意企业之间更多存在合作,而不是竞争的关系。

具体地说,张江文控不仅担负着文化创意基地重大项目的规划、开发和建设,也承担着招商引资和综合服务职能。为更好地营造协同创新的环境,张江文控积极在企业间构建诚信、合作、互惠、高效的社会网络和市场网络,重点支持战略规划、产业发展研究等"头脑机构"部门的成长,并经常与入驻企业共同探索文化创意产业发展规律,并帮助企业跟踪产业发展前沿信息。此外,张江文控还定期到入园企业进行调研,利用张江集团的影响力为企业的技术、产品推向市场搭建平台,而人才招聘、营销服务、老总沙龙、项目孵化等也属于张江文控提供的专业化服务范畴。不仅如此,张江文控还积极引导上下游企业开展跨领域、跨业态的合作,并在企业与园区、政府之间扮演着交流纽带的角色。例如,张江文控不仅会帮助企业更好地利用政府政策,还会积极争取政府的更多政策支持;它还积极服务于园区企业的"走出去"项目,例如与云南的文化产业园洽谈,力图借助张江企业的技术展现云南多彩的文化。总的看来,张江文控的企业化运作模式的确增强了文化创意产业融合发展的市场意识。

张江在文化创意产业基地建设中,业已构建起以高科技园区为依托的特色创新体系。其中,"鼓励成功、宽容失败"的创新文化氛围吸引优质人才和先进技术的集聚,为文化创意产业融合发展积累要素条件;逐步完善的重点文化产业链,则促进企业之间的交流合作,为文化创意产业融合奠定主体基础;健全的公共服务体系,为产业发展提供技术和资本的支持,也为文化、科技、资本的对接创造良好平台;而市场化、企业化的管理模式,则刺激着面向市场的集成创新,保障文化与科技融合的市场导向。它们共同促成张江文化创意产业依托创新体系建设健康发展。

第 10 章

长三角文化创意产业融合发展的战略设计

当前,全球新一轮科技革命和产业升级正在催生新创意、新业态、新经济发展浪潮,长三角文化创意产业正呈现出融合发展的全新趋势和特点,并且在国家和地区发展大局中的地位作用更为凸显。随着我国经济发展进入新常态,未来长三角必须以全新的发展理念为引领,主动顺应一体化发展大趋势,积极把握产业融合发展的新趋势,着力供给侧结构性改革,积极拓展融合发展路径,推动文化创意产业持续健康发展。

10.1 长三角文化创意产业融合发展的战略构想

10.1.1 长三角文化创意产业融合发展的目的

长三角文化创意产业跨界融合与协同发展的目的在于,通过指导并开展区域内不同城市之间文化创意产业的分工与合作,既要提升区域经济综合竞争力,也要提升产业国际竞争。按理来说,在长三角一体化协同发展的情况下,合作应该成为长三角区域发展过程中的常态,但竞争也应该成为区域经济发展过程中的本质追求。而且在竞争过程中,除了企业作为竞争主体以外,承担着某些市场调节职能的政府也应该加入这一过程中来。在长三角文化创意产业一体化发展过程中,文化创意产业的跨界融合与协同发展既是一个对现有和稀缺资源的优化整合的过程,也是一个引入市场竞争机制的过程。这样的过程既有利于推动科技创新、优化资源配置和提高现有产业效率,也利于长三角这样的外向型经济增长区域引进外资,形成有序和良性的竞争生态,避免垄断和区域分割。因此,在未来长三角文化创意产业跨界融合与协同发展过程中,要想通过合作的方式来全面消灭竞争，或想借助竞争来完全排除合作，都是不可取的。政府必须密切处理好竞争与合作的关系，全面把握目前长三角各省市在文化创意产业发展过程中的现状，衡量各地推进文化创意产业发展，是否更加有利于区域经济的协调和整体利益的最大化。从目前长三角文化创意产业发展的实际来看，短期内应朝着成为区域范围内或国内重要产业资源集聚中心发展，初步形成区域内部或国内平台上的竞争与合作格局。

因此，研究长三角文化创意产业融合发展的问题，很有必要探讨区域主体之间的竞争和合作问题。在市场经济体制下，竞争不可避免地成为市场经济的本质特点。竞争的主体既有企业组织，也有承担着某些市场职能的政府机构，还有其他市场参与主体。从区域角度而言，市场化的过程是竞争机制的引入过程，也是一种稀缺资源的引入过程。一方面，它有利于提高产业效率、优化资源配置和推动科技创新。但另一方面，也可能因为竞争导致区域差异扩大化等不利的因素。长三角以发展外向型经济为主，引进外资一直是各地区的重头戏。但是在外资引进的过程中，必须有效制止恶性竞争和无序竞争。如果竞争的结果产生了垄断，则不利于区域经济社会发展。那么，这种竞争就被视为是恶性的。因此，对于政府而言，在市场化过程中必须密切关注竞争是否有利于区域经济整体利益的协调和最大化。因此，企图通过竞争排斥合作，或由合作取代竞争的做法都不可取。因此，融合发展既不是完全合作，也不是完全竞争，而是在竞争中合作，在合作中竞争。

结合目前的理论研究现状和我国的实际情况来看，用"竞合（Co-opetition）关系"理论比较适合指导长三角文化创意产业融合发展。竞争关系理论最初由哈佛大学教授亚当·布兰顿伯格和耶鲁大学教授巴瑞·内勒巴夫提出，研究的是既合作又竞争的复杂关系。这种理论抛弃以往"鱼死网破"的红海竞争思维，倡导区域内不同产业主体之间的优势互补、要素组合、资源共享与风险共担，从而实现交易成本的大幅削减以及收益的快速提升，在实现互利双赢和共同发展的基础上，使竞争双方的实力都能得以增强。这主要是在工业社会后期，随着市场经济和经济全球化的发展，政府职能发生急剧变化，原来相对严格的政府管制逐步放松，需求调节向供给调节转变，"至高无上的国家权力也变为企业式的国家、区域和城市之间的竞争"，"城市和区域的利益动机都会通过外部化和显性化影响到地方政府的目标与动机选择上"，整个社会逐步呈现出碎片化和多中心化，传统的垂直管理向扁平化管理转变，传统的单一静态的竞争或合作逐步转变为竞争与合作同时并存的局面，无论是区域经济增长方式还是产业发展模式，都呈现出一种明显的竞合状态。

在经济全球化背景下,长三角文化创意产业融合发展的最终目标是提升区域综合竞争力,通过加强区域协同与合作达到互利共赢的局面,而不是各自争抢资源、以邻为壑。20世纪90年代,许多国际知名企业就进行了跨界融合,比如迪士尼、时代华纳、贝塔斯曼等就通过与多媒体、高科技等融合,使得各行业之间优势互补,经营风险大大降低,打造出了超强的国际竞争力。目前,经过改革开放40多年的发展,长三角在经济上取得了巨大的进步,有序竞争和在合作基础上展开更高级别和更深层次竞争的思想也深入人心。人们在市场竞争的过程中也越来越认识到合作的重要性,如果没有企业与企业、政府与政府乃至企业与政府之间的合作,交易成本将不可避免地上升。尽管在新时代我国经济增长由高速向中低速转型过程中,长三角各省市在发展文化创意产业方面的竞争仍会相对激烈,但在一体化背景下,长三角各区域与产业之间的竞争应该是在强调合作的基础上展开的有序竞争。

同时,从全球范围看,由于当今的全球和区域竞争主要是依托若干个大都市群的竞争,长三角作为我国最大的都市区域,文化创意产业的融合发展对我国文化创意产业整体竞争力的提升和全球竞争都具有极其重要的意义。因为长三角文化创意产业发展不仅面临着本区域内部以及与国内其他地区的竞争,更面临着以跨国公司为主体的国外大公司和大企业的激烈竞争。跨国公司除了在全球范围内进行资源的配置和竞争力整合,近年来还很重视实施本上化战略。所以,长三角各省市在进行内部竞争的同时,必须思考怎样使长三角作为一个整体去参与国际竞争,这就要求长三角各地区加强区域合作,通过合作推进竞争的升级,提高长三角地区的综合竞争力,迎接国际市场的新挑战。整合长三角文化创意产业一体化融合发展,同样应该是使其成为具有国际竞争优势的大都市连绵带,指导并开展区域内和城市之间文化创意产业的分工和合作。因为通过跨界融合不仅可以促成长三角文化创意产业的协同发展,而且可以有效提升区域内文化创意产业整体竞争优势,促进长三角文化创意产业从外在的形态转向实质性的业态。

事实上,在世界级城市群的建设过程中,产业转移的发展趋势正在逐步转变为产业跨界融合与协同。随着全球经济一体化的发展,国际之间的竞争主要体现为以大都市群为核心的区域竞争。如果能从整体上提升长三角地区文化创意产业的综合竞争力,无论是对于我国文化创意产业参与国际竞争还是文化创意企业走向国际市场,都具有极其重要的意义。研究长三角文化创意产业跨界融合与协同发展并不要求长三角各省市在行动上完全整齐划一,而是为了从区域发展视角更好地促进长三角经济社会在一体化发展过程中形成"求同存异、多元生态"的产业创新生态系统,使文化创意产业"在竞争中求合作,在合作中求竞争",这也是符合社会主义市场经济体制的基本原则与产业内在发展规律。因为在市场经济体制下,任何产业都不可避免地会有竞争,但竞争并不影响合作,如何在竞争中更好地合作,在合作中存在竞争,促进产业共同发展,避免传统思维下那种"你死我活"的零和博弈结局,这既是长三角一体化协同发展过程中必须解决的一个重大的现实问题,也是当前我国经济体制改革中需要思考的一个理论问题。

回顾过去,改革开放 40 多年来,长三角在经济社会发展上取得了巨大的进步,究其原因主要在于通过政府和市场这两只手,使区域内形成了有序而良性的竞争,这种竞争是一种建立在更高和更深层次的合作基础上而展开的竞争理念。今天,随着时代的发展,科技、经济与社会之间融合发展的理念已经深入人心,在竞争中合作,在合作中竞争,已经成为一种共识。特别是随着全球一体化的发展,市场竞争的环境越来越动态复杂多变,人们越来越认识到这种竞合关系的重要性,无论是企业组织、政府还是产业,如果只讲求竞争而不讲求合作,将不可避免地导致交易成本的上升。未来随着全球经济一体化的加速发展,长三角文化创意产业跨界融合与协同发展必须围绕如何形成区域范围内的互利双赢,如何强化产业之间的合作竞争,最终达到促进区域经济社会综合竞争力的目的,绝不能是行政分割、彼此对抗、互相争抢、以邻为壑。

10.1.2　长三角文化创意产业融合发展的步骤

作为中国经济最发达的都市圈和经济区域之一的长三角,其文化创意产业的发展既要直接面对来自国内相似区域或兄弟省市的竞争压力,也必须面对来自国际范围内的激烈竞争。近年来,随着全球一体化速度的加快,长三角地区参与国际竞争的步伐也相应加速,许多资金实力雄厚的全球跨国公司全面融入长三角产业发展中,这些跨国公司不仅具有在全球范围内进行资源配置的能力,无论是经济规模还是整体竞争力都十分强大,并且还十分重视本土化战略的实施,以赢得国外市场。因此,长三角文化创意产业跨界融合与协同发展过程中,不能仅仅局限于区域内部或国内的竞争与合作,还必须从国家战略层面考虑如何将上海、浙江、江苏、安徽作为一个整体区域来共同参与到国际的合作与竞争中去。从这一角度来分析,未来长三角文化创意产业的跨界融合与协同发展,必须从区域和国家层面来加以强化,通过在竞争中加强合作来提升整体竞争力,通过在合作中推进竞争来提升区域经济转型发展与产业结构的优化升级。由此可以预见,随着全面深化改革的推进和新时代的到来,长三角文化创意产业必须改变传统的发展方式,必须在区域经济一体化的基础上,以一种前所未有的"竞合"态势加以发展,最终促成长三角区域经济国际化发展格局。

竞合理论最初由哈佛大学亚当·布兰顿伯格教授和耶鲁大学巴瑞·内勒巴夫教授两人共同提出,主要研究如何在既定的框架内处理好竞争与合作之间的这种复杂动态关系。竞合理论舍弃传统社会那种"你死我活""鱼死网破"的零和博弈思维,主张产业组织之间进行优势互补、资源整合、要素共享和风险同担,与蓝海战略的思想具有很大的类同。这一理论认为,通过既竞争又合作的这种关系,可以大幅削减交易成本,提升产业边际收益,在共同发展和互利双赢的基础上,使原本对立的竞争双方都得到实力上的增长。作者注意到在后工业时代,政府的职能和地位逐步发生变化,由原来高度集中的严格管制和需求调节为主演变为放松管制和以供给调节为主,传统社会那种高高在上的国家权力逐步分散,国家、区域和城市作为不同的利益主体,都有着显性化和外部化的追求动机,国家、区域、城市之间的关系由原来的管理与被管理,演变成为类似于产业组织之间的竞争与合作关系。

根据竞合理论,结合长三角实际来看,未来随着产业融合发展速度的加快,长三角必须主动对接"一带一路"和长江经济带战略,着力构建"合作务实、内外开放、江海联动"的全新格局,形成"以城市群为主形态、以都市圈为主构架、以基础设施网络为主纽带"的空间布局,不断丰富区域合作内涵,推进协同创新融合,联手打造文化创意产业跨界融合与区域协同发展的"升级版"。未来长三角文化创意产业融合发展在战略上可以分两步走。首先基本形成区域内部或国内平台上的竞争与合作格局,然后逐步形成地区性质或国际平台上的竞争与合作格局。

10.2　长三角文化创意产业融合发展的目标定位

当前长三角文化创意产业发展总体上走在前列,加快推进长三角文化创意产业融合发展,对于满足人民群众日益增强的文化需求、传播社会主义主流价值观念、引领新时期社会风尚、推动创新创业、促进区域经济转型升级有着极其重要的意义。根据国家对长三角经济社会一体化发展作出的总体部署,以及上海、浙江、江苏、安徽三省一市"十三五"文化产业发展规划,长三角总的目标是把文化创意产业培育成区域经济发展的支柱产业。未来长三角文化创意产业融合发展必须体现出更高的定位和追求。

10.2.1 打造内容生产的先导区，体现文化创意产业融合发展的"特色"

"十三五"时期，长三角必须围绕国家"一带一路"建设、长江经济带发展等国家战略，发挥自身特点优势，努力在数字创意、智能制造、创意引领文化旅游、优秀传统文化融入时尚生活等方面先行先试，谋求先发效应，体现长三角文化创意产业特色。必须大力倡导文化创新，积极打造文化精品，力争影视剧生产、舞台表演、音乐制作、书报刊出版和数字内容等文化内容生产保持国内领先水平，不断延伸拓展以内容生产为核心的文化产业链，筑强文化创意产业发展的核心竞争力。

10.2.2 创建新兴业态的引领区，彰显文化创意产业融合发展的"品质"

文化创意产业融合发展不仅要追求规模速度，更要注重质量效益。未来长三角必须以改革创新和科技进步为动力，推动文化创意产业技术进步、效率提升和模式变革，加快文化创意产业领域大众创业、万众创新，打造文化创意产业转型动力强劲、文化创新氛围浓郁、文化创意市场主体富有活力的全国文化创意产业新兴业态引领区。争取到 2020 年，现代文化创意产业体系基本形成，新兴业态占比 60%以上，文化创新创业能力水平居于全国前列。培育一批有广泛影响、富有江南文化特色的产业名品、名区、名城（镇），拥有一批文化创意产业领军人才，打造一批国内领先、具有国际竞争力的大型文化产业集团。

10.2.3 形成融合发展的示范区，展示文化创意产业融合发展的"实力"

长三角必须充分发挥文化创意产业在促进经济结构调整和发展方式转变等方面的重要作用，推动文化创意产业与关联产业的深度融合，加快建设文化创意产业园区、文化创意街区等融合发展新平台，树立具有鲜明江南特色的全国文化产业融合发展示范样板。要锁定国内文化创意产业发展"第一方阵"目标，文化发展综合指数保持全国前列，文化创意产业全球竞争力显著增强。争取到 2020年，实现长三角文化创意产业增加值比 2015 年翻一番，占 GDP 比重超过 6%。

10.3　长三角文化创意产业融合发展的基本原则

10.3.1　坚持内容先导，繁荣社会主义先进文化

积极培育和践行社会主义核心价值观，坚持以人民为中心的工作导向，大力发展符合先进文化前进方向的文化原创内容生产，构建以内容生产为核心的文化创意产业链，最大限度地满足人民群众日益增长的精神文化需求，实现社会效益和经济效益相统一和双提升。

10.3.2　坚持改革创新，激发文化创意产业活力

全面深化文化体制改革，加快简政放权，健全市场体系，提高供给效率，进一步解放和发展文化生产力；始终将提高自主创新能力摆在文化创意产业发展的突出位置，加强理念创新、科技创新、业态创新和载体创新，切实转变文化创意产业发展方式，不断激发文化创意产业融合发展活力。

10.3.3　坚持协调发展，优化文化创意产业结构

推动文化创意产业在城乡之间、产业门类之间、市场主体之间协调发展，引导和规范各类文化要素合理配置和有序流动。积极调整优化文化创意产业结构，走规模化、集约化、专业化路子，努力构建结构合理、门类齐全、科技含量大、附加价值高、富有创意、竞争力强的文化创意产业融合发展体系。

10.3.4　坚持多元融合，助推国民经济转型升级

牢固树立"文化＋"理念，充分利用现代高科技手段，促进文化创意产业与相关产业的深度融合，发挥文化创意产业作为绿色产业在经济结构调整和转变经济发展方式中的战略作用，推动文化创意产业成为长三角区域经济增长的战略性支柱产业。

10.3.5　坚持开放融入，拓展国内国际文化市场

充分利用长三角一体化发展契机，推进区域内外文化创意资源整合和高端要素集聚，加强产业链上下游和区域间分工协作。积极对接"一带一路"国家战略，坚持"走出去"和"引进来"并重，大力发展对外文化贸易，不断增强长三角文

化创意产业国际竞争力。

10.3.6 坚持文化惠民，推动文化发展成果共享

立足长三角各地特色文化资源和区域功能定位，因地制宜构建具有鲜明地域特色的文化创意产业集群，进一步凸显文化创意产业在促进地方经济繁荣、推动公共文化服务体系建设、推进城乡统筹发展等方面的重要作用，充分发挥文化创意产业育民、富民、乐民功能，推动文化发展成果共享。

10.4 长三角文化创意产业融合发展的总体要求

10.4.1 加大知识产权保护力度，推动长三角文化创意产业创造式发展

长三角是我国经济发展较快的东部地区，也是地方文化特色鲜明的区域。"文化+"的对象、内容、方式不断拓展延伸，文化与经济一体化融合发展趋势更加明显，知识表现的手段更加丰富多样，产权融合的速度越来越快。近年来，在推动文化创意产业与相关产业创新发展方面，长三角分别出台了一系列知识产权保护政策，各省市也每年定期连续举办各种文化创意设计大赛，在海内外产生了广泛影响，集聚了一大批有影响力的创意企业、品牌产品和跨界人才。目前长三角已经把文化创意产业与相关产业融合发展摆上更加突出的位置，不断开拓文化创意产业发展的新空间。然而，文化具有强大的嫁接、融合和激活作用，而版权是文化创意产业的核心资源和核心竞争力所在。诺贝尔经济学奖获得者、美国著名经济学家费尔普斯在《大繁荣》一书中提出，现代经济由整个商业人群的新创意推动。它的繁荣源自民众对创新过程的普遍参与，新工艺的设计和新产品的构思与开发，是深入草根阶层的自主创新。而创意是创新的源头，是创造力的核心。特别是在当今知识经济时代，文化创意正在以知识产权的形式向国民经济的各行业各领域渗透，在自身发展的同时催生各种新业态、提升各行业，版权将超越专利成为财富的引擎和来源。建议未来长三角以版权为突破口，通过加大版权保护力度，制定数字版权产业发展战略，探索版权资产运营模式，着力建设国家版权贸易基地，驱动文化创意内容产业向纵深发展。

10.4.2 顺应产业逆势增长态势,推动长三角文化创意产业跨越式发展

作为当前最活跃的产业表现形态,文化创意产业不仅能够形成新的产业增长点,创造新的生产供给,也能够为大众创业、万众创新提供广阔舞台。特别是当前数字化浪潮已席卷文化产品创作、生产、传播、消费等各个环节,网络文学、网络音乐、网络剧、网络演出、网络动漫、网络游戏、网络视频直播、微电影、数字阅读等新兴业态不断涌现,特别是以"互联网+"为主要形式的文化信息传输服务业发展迅猛,已经成为文化创意产业发展的"风口",传统文化形态被重构,新生文化形态在涌现。从长三角文化创意产业的发展情况来看,新兴业态呈快速增长之势。例如,无锡数字电影产业园布局数字拍摄和后期制作产业,用3年时间完成了传统影视基地10年的发展,2016年实现产值20多亿元。苏州蓝海彤翔搭建文化大数据平台,采取众包、众筹模式,汇聚300多万专业人才形成创新创业"蓝海",每天完成的影视动漫项目总额近400万元。未来长三角必须进一步贯彻创新驱动经济发展战略,抓住国家实施"互联网+"行动和长三角一体化发展的重大机遇,深入实施文化科技创新工程,加快文化产品服务数字化网络化,打造内容集成和数字传输综合平台,注重基于网络的新产品新业态新模式研发,着力推进科技、文化、经济交叉渗透,推动文化创意设计与装备制造业、消费品工业、旅游业、农业等深度融合,大力培育文化创意产业新业态,以"互联网+"引领文化产业转型升级。

10.4.3 立足区域发展比较优势,推动长三角文化创意产业特色化发展

发挥比较优势,做强区域特色,是促进区域文化创意产业融合发展并参与国际市场竞争的内在规律。因为文化的魅力和卖点全在于特色。如伦敦西岸、巴黎左岸、东京立川、纽约苏荷等,这些国际知名的文化创意产业集聚区不仅是全球产业创新的摇篮,也因其文化标杆定位驱动了所在国际都市的创新之路。长三角地域文化丰富多元,海派文化、吴越文化、江南文化、金陵文化、淮扬文化各具特色,江海文化、运河文化别具风情,数字、动漫、音像、出版、创作、丝绸、云锦、紫砂、泥人等,都是长三角富有特色、不断推陈出新的经典之作,都代表着区域文化创意产业的发展方向。未来长三角可以以此为依托大做文章,打造长三角区域文化创意产业特色和优势。首先,长三角文化创意产业发展要与城市发展和

城镇化建设充分融合,形成园区、社区、城区三区合一的新格局。其次,长三角要从各地地域特色文化中挖掘资源,推进差异化发展,着力培育产业特色,彰显产业个性与优势,提升区域文化创意产业发展的核心竞争力和影响力。第三,长三角要充分发挥名城名镇名村众多的优势,挖掘文化资源,留住文脉"乡愁",在"一带一路"、长江经济带、自主创新示范区建设中,打造一批有历史记忆和地域特点的文化街区、创意城镇,形成沿江、沿海和沿河文化产业带。

10.4.4　融入国家文化发展战略,推动长三角文化创意产业开放式发展

开放的文化才富有生命力,才能在更大的范围内流光溢彩。据联合国教科文组织统计报告,2013 年起,中国已经成为全球最大的文化创意产品出口国。同时,文化创意产品出口模式也朝着多元化方向发展,比如利用进口博览会、园艺会、国际书展、电影节、时装周等国际化平台来展示中国文化创意产品,已经成为推动对外文化贸易的主要途径之一;通过直接投资、收购兼并等方式积极拓展海外文化创意产业市场,扩大中国文化创意产业品牌知名度,也为中国企业走出去创造了更多的机会。据国家电影局提供的数据,2015 年国产影片海外销售收入 27.3 亿元,比 2014 年增长 48.3%。未来长三角各省市必须认真贯彻落实中央文化大发展大繁荣的战略要求,按照国家文化战略方案的部署,抓住"一带一路"建设等重大机遇,创新内容形式和体制机制,拓展渠道平台,创新方法和手段,培育外向型文化创意企业和品牌,推进长三角优秀文化创意产品走向国际市场,补齐对外文化贸易短板,提高长三角文化创意产业的国际市场竞争力。

10.4.5　以自贸区为平台和契机,推动长三角文化创意产业国际化发展

研究表明,在全球化大背景下,文化创意产业融合发展既需要发掘自身资源作为内在驱动力,也需要面向国际化市场提升全球文化资源配置能力。因此,文化不仅要送出去,更要卖出去,以扩大产业影响力。近年来,长三角各省市利用自贸区平台,鼓励有条件的文化企业加快"走出去"步伐,通过兼并收购等方式,迅速壮大境外业务。同时,重点培育一批海外文化贸易平台,支持文化企业参加国际性文化展会,不断提升长三角文化产业国际竞争力。如依托 2011 年建立的中国首个国家对外文化贸易基地——"上海国家对外文化贸易基地",推动长三角地区国际创意文化服务贸易平台发展。还可以依托上海文化产权交易所,探

索新技术条件下的文化产权、版权的交易品种、交易方式、渠道策略等,推动文化服务产品交易市场发展。未来长三角必须立足于自身比较优势,根据文化创意产业内在发展规律和国际发展趋势,紧紧抓住上海自贸区建设、建设具有全球影响力的科技创新中心等发展契机,在体制改革上实现突破,推动更多文化企业和文化项目进入《国家文化出口重点企业目录》和《国家文化出口重点项目目录》,从整体上来提升长三角文化创意产业竞争力,力争成为全国最前列,进而成为具有全球辐射和影响力的文化创意产业发展先行区,推动长三角文化创意产业国际化发展。

10.5 长三角文化创意产业融合发展的重点领域

10.5.1 广播影视

巩固长三角广播影视业在全国的领先优势,推动以内容生产为核心的全产业链发展,确立在全国影视产业发展中的副中心地位,将广播影视业打造成为长三角文化创意产业发展的重要增长点。

(1)提升影视产品制作水平。加大对影视产品原创生产的引导扶持,发挥长三角影视制作机构集聚、影视产业园区众多的优势,重点抓好电影、电视剧、纪录片、网络剧等影视精品的创作生产,打响一批大型综艺节目新品牌,实现影视内容生产由数量增长向质量提升的转变。在坚持播出权特许经营前提下深化制播分离,培育一批参与国际市场竞争的影视产品制作经营主体,扶持一批富有活力和较强竞争力的成长型、创新型中小影视制作企业。引进国内外高新技术团队和人才,打造一批以后期制作为特色的文化科技企业,提升长三角影视产品的后期制作水平。

(2)推动广电网络融合发展。加快推进下一代广播电视网建设和标准应用,推动广电有线、无线、卫星网络的互联互通和智能协同覆盖,提升广播影视立体化传播能力和智能化服务水平。推动广播电视全媒体网络化制播技术与移动互联网、云计算、大数据、社交媒体等新一代信息技术的融合创新,面向标清、高清、超高清、3D 等电视终端、互联网终端和手机移动终端等多种网络传输应用,加快构建全媒体融合制播平台,积极发展基于开放互联网的视频服务(OTTTV)、虚拟现实(VR)、增强现实(AR)等新兴业务。构建长三角联动机制,集节目监管、技术监测、安全指挥于一体的广播电视安全播出监管体系,保障"三网融合"环境下内容源的安全可控。

（3）健全完善影视产业链。积极推动长三角影视产业实验区、影视产业国际合作实验区、国际影视城、影视产业基地等错位发展、优势互补，强化影视产品创意策划、展示交易、后期制作及国际合作等功能。支持上海、浙江、江苏、安徽各省市电影院线进一步拓展空间，鼓励通过资本纽带增强发展合力；加快推进中心镇数字影院建设和农村电影院线整合，提升城乡影院终端网络覆盖水平。促进影视衍生产品开发，推动影视产业与旅游、时尚等相关产业的融合渗透，提升专业节展的品牌价值，加强影视产品的多重市场开发。

10.5.2　新闻出版

加快传统媒体与新兴媒体的融合发展，大力发展数字出版和绿色出版，培育以内容生产和文化传播为特色、具有全国影响力的新闻出版产业。

（1）建设新型主流新闻媒体。适应分众化、差异化传播趋势，加快构建舆论引导新格局。创新理念、内容、体裁、形式、方法、手段、业态、体制、机制，推动报纸期刊与网络、手机等新兴媒体在内容、渠道、平台及业务开发、经营管理、体制机制等方面深度融合、优势互补、一体发展。将上海、浙江、江苏、安徽所属报业集团、广电集团分别打造成为全国一流的互联网枢纽型传媒集团和全媒体化的新型广播电视主流媒体。以省市一级主要媒体集团为重点，推动新闻出版资源向大型传媒集团聚集，推进媒体资源聚合、生产流动融合、采编力量整合，逐步建立顺畅高效、适应市场竞争和一体化发展的内部运行机制，提高长三角主流媒体传播力、公信力、影响力、舆论引导力，着力打造一批形态多样、手段先进、具有竞争力的新型主流媒体。

（2）推进数字出版加快发展。将传统出版的专业采编优势、内容资源优势延伸到新兴出版，综合运用微博、微信、移动客户端等多媒体表现形式，生产满足用户多样化、个性化需求和多终端传播的出版产品。建设聚合精品、覆盖广泛、服务便捷、交易规范的数字出版内容发布投送平台和出版资源数据库，发展移动阅读、在线教育、知识服务、按需印刷、电子商务等新业态。支持在长三角建设国家数字出版产业基地，壮大数字传媒等内容生产企业。支持实体书店与电子商务合作，构建线上线下一体化发展的内容传播体系，将实体书店建设成为集阅读学习、展示交流、聚会休闲、创意生活等功能于一体的复合式文化消费场所。推动长三角出版联合集团建成集内容集聚、平台推送、电子商务为一体的国际化内容服务提供商。

(3)推动印刷产业绿色创新发展。积极推动传统印刷行业向绿色化、数字化、智能化、融合化方向发展,发挥长三角印刷产业区块优势,重点打造具有国际竞争力的龙头企业。推广应用数字化印刷、绿色印刷技术,鼓励规模以上的印刷企业建立绿色环保印刷体系。支持企业探索应用 3D 打印等新技术、新材料。发展私人订制按需印刷业态,不断提高印刷产品附加值,推动印刷复制业向高新技术产业转变。

10.5.3　动漫游戏

发挥长三角动漫游戏产业在全国的先发优势,以内容创意为核心引领,注重知识产权保护利用,推动产业链上下游良性对接,打造全国领先的以动漫游戏为特色的数字娱乐基地和国内具有重要影响力的动漫游戏产业中心。

(1)支持原创动漫创作生产。依托长三角国家级动漫产业园区,建立动漫原创企业集群,打造动漫产品的研发和创新基地。实施长三角动漫品牌建设和保护计划,发挥骨干企业领军作用,培育中小动漫企业健康成长。推进动漫拍摄、后期制作技术变革创新,加快创作生产具有示范和引领作用的优秀原创动漫作品,推进动漫内容创作、形象设计、音乐创作、节目制作、版权交易的发展。继续做强中国国际动漫节,搭建国内外优秀动漫企业交流、产品推介和展示交易平台。

(2)推动游戏行业健康壮大。强化游戏产业的知识产权和商标保护,搭建行业公共服务和技术平台,提升对内容创作、素材资源库管理、产品交易、渠道发行与版权保护的服务能力和水平,推动行业高标准化发展。重点支持具有民族文化特色的原创游戏产品,具有自主知识产权的网络游戏技术和游戏运营平台的研发推广。支持举办高品质、国际性电子竞技大赛,提升行业影响力。

(3)加快动漫游戏衍生产品开发。促进高新技术和动漫游戏产业深度融合,支持数字高清技术和三维动画电影技术的研发推广,培育一批动漫游戏衍生产品的设计研发企业,推动其与制造业无缝对接。建立制造企业和动漫游戏企业双向数据库,制定市场跟踪与反馈机制,实现投放精准的产业嫁接。以本土原创为核心,扩大产业外延,多形式、多途径开发版权价值,打造动漫影视作品、舞台剧、服装、玩具、文具、游乐设备、技术运用、动漫主题购物中心等系列新增长点。

10.5.4　创意设计与文化服务

把发展创意设计和文化服务作为助推高端制造业发展的重要突破口,积极响应"中国制造 2025",不断增强区域内文化创意与设计服务对相关产业的融合、渗透和带动能力。

(1)推动专业设计服务高端化发展。落实《中国制造 2025 纲要》,大力发展智能设计、时尚设计、品牌设计、新媒体和体验交互设计等领域,推动工艺美术品、服装服饰、皮革制品、家居用品、珠宝首饰等消费品制造业向时尚产业转型,鼓励依托专业设计服务发展创意农业、体育文创等新兴业态。因地制宜培育服务于区域经济发展的设计服务集群。培育和引进优秀设计主体,创造条件吸引国外先进设计研发中心、设计机构等落户长三角,支持骨干企业设立独立设计机构。推动网络众创众包设计发展,建立中小微企业与个人设计师、设计机构需求对接及线下项目孵化机制。

(2)提升城乡设计服务水平。促进文化创意和设计服务与新型城市化建设紧密结合,提升城乡规划、建筑设计和园林设计的文化品位,丰富美丽城市和美丽乡村建设的文化内涵,打造和优化"诗画江南"人居环境。加强传统文化理念和文化创意元素的应用,延续城市历史文脉,科学设计城镇人居环境、景观风貌和建筑色彩,加强城镇生态景观保护和建设,发展具有江南记忆和地域特色的美丽城镇,推进生态人文小城市试点,建设一批具有江南风情的小镇。加大历史文化名城、街区、名镇、名村和传统村落的保护开发力度,提升农村规划和村居设计水平,积极培育特色文化村,把美丽乡村打造成为传承优秀传统文化和展示社会主义新农村文化的重要载体。

(3)激发广告服务发展活力。推动传统广告业务与新媒体的深度融合,规范有序发展网络广告、移动媒体广告、社交媒体广告、嵌入式广告、二维码广告等新兴业态,鼓励传统广告企业开展跨界运营。充分发挥国家互联网广告监测中心、区域性广告产业教育研究中心、广告产业园信息交流中心等三大行业中心的引领和辐射效应,加快推进区域内国家广告产业试点园区建设,吸引行业高端要素集聚,打造广告产业发展高地。支持龙头广告企业做大做强,鼓励通过兼并、重组、合作等方式组建具有国际竞争力的大型广告集团。

10.5.5　文化休闲娱乐

发挥长三角文化资源丰富、文化市场活跃等优势,把握大众文化消费需求升级的机遇,大力发展文化演艺、文化旅游和文化体育,推动文化休闲娱乐产业发展迈上新台阶。

(1)做优文化演艺。不断深化国有文艺院团改革,加大对民营院团的扶持力度,培育有竞争力的市场主体。强化文化演艺与科技、旅游深度融合,进一步提升优秀演艺产品的市场影响力,推动演艺市场向多元化、品牌化方向发展,引导5A级旅游景区和国家级旅游度假区积极打造文化演艺节目,形成一批精品演艺节目。整合区域内外剧院资源,完善剧院联盟,培育演艺中介机构,健全演出市场网络体系,提高演艺市场资源配置能力。

(2)做精文化旅游。加快文化与旅游的整合发展,逐步构建主题突出、特色鲜明、产业联动发展的文化旅游产业发展新格局。充分利用博物馆、艺术馆、美术馆、农村文化礼堂等公共文化场所和文化创意园区(街区)、古城、古镇、古村落等文化旅游资源,加快发展特色文化旅游。培育壮大文化旅游经营主体,积极引导有实力的大企业、大集团参与文化旅游示范区和非物质文化遗产等旅游景点景区的建设运营,培育若干个年产值超10亿元的文化旅游集团。强化精品意识和品牌意识,打造江南小镇、吴越小镇、戏曲小镇等一批在全国具有较强影响力的文化旅游项目,推动文化与旅游的深度融合。

(3)做强文化体育。以承办2022年亚运会等重大赛事为契机,促进体育场馆建设运营、体育赛事和文化体育产品开发相结合,搭建体育产业互动交流平台。创新体育产品和服务,大力发展体育传媒、体育影视、体育动漫、电子竞技等体育文创产业,规划建设一批体育创意产业园和体育文创产业发展集聚区。大力培育品牌体育赛事,打造以国际马拉松赛、F1方程式赛车、宝马杯、汇丰杯、国际公路自行车赛、亚太汽车拉力赛中国(龙游)汽车拉力锦标赛、北仑世界女排大奖赛为代表,具有社会知名度和市场影响力的体育赛事品牌。支持国有企业参与体育赞助和市场开发,鼓励民间和境外资本投资体育产业,鼓励大企业大集团整合产业链上下游打造文化体育产业集群。

10.5.6　文化产品及装备制造

加快大众文化用品制造业的转型升级,振兴历史经典产业和工艺美术品制造业,推动文化装备制造向智造发展,打造全国文化产品及装备制造高端区。

(1)加快提升大众文化用品制造水平。大力提高传统办公用品、木制玩具、体育休闲用品的产品档次和技术含量,综合利用工业设计、品牌策划、营销推广等文化创意手段,加快将文化元素融入制造业研发、设计等价值链高端环节,提升产品制造的文化附加值。提高制造业创新能力,大力实施品牌创新、质量创新和标准创新工程。引导企业运用新技术改造研发、生产、管理、营销等各个环节,促进管理方式创新、工艺装备提升、产品质量改进以及生产效率提高。

（2）传承发展历史经典产业。振兴青瓷、宝剑、木雕、根雕、石刻、文房等历史经典产业,加强非物质文化遗产保护与生产技术的研发,加大对非物质文化遗产项目代表性传承人和民间文化艺术团体的扶持力度,推动历史文化遗产抢救性保护成果的利用和传播,鼓励文化文物单位加强文化创意产品开发。坚持市场化发展道路,切实发挥龙头企业和行业协会的作用,加强名企名品名家培育,通过建立产业发展联盟等方式,不断激发产业发展内生动力。通过文化嫁接拓展衍生产品制造,推动艺术品与日用品、旅游产品的有机融合,主动适应大众消费新特点,深入挖掘文化内涵,提供个性化定制服务。充分挖掘和利用本土文化资源优势,建设一批具有鲜明产业特色和独特风格的集设计制作、旅游购物等为一体的特色小镇,使历史经典产业焕发新的生机和活力。

（3）做大做强先进文化装备制造业。重点依托产业集群,鼓励文化装备制造向现代舞台装备、新型影院系统、数字多媒体娱乐设备、多功能集成化音响、游戏游艺设备等领域转型,加快培育一批高端文化设备制造基地。实施智能制造产品与装备开发计划,开展新一代信息技术与制造装备融合的集成创新和工程应用,实现制造业骨干企业的装备智能化、设计数字化、生产自动化、管理现代化、营销服务网络化。加快推动企业上市,鼓励有条件的企业围绕全球资源配置、提升产业集中度、完善市场网络等开展并购重组,鼓励企业跨界、跨所有制融合发展为综合性大型企业集团。

10.5.7　文化产品流通

坚持国内国际市场并举,推进文化产品流通业现代化改造,同步推进文化产品实体市场和文化贸易网络交易平台建设,规范有序发展艺术品交易市场,提升文化会展品牌影响力,推动文化贸易优化升级,建设文化产品大流通格局。

（1）有序发展艺术品交易。鼓励画廊、艺术品经营公司、艺术事务所等各类经营主体,拓展鉴赏、收藏、拍卖、交易及会展业务,丰富艺术品交易品种,推动多元化经营。鼓励社会资本参与民办博物馆、民办艺术馆建设,加快个性化定制服务,拓展大众消费市场。积极探索"艺术品＋互联网＋金融"模式,依托社交媒体等网络平台,发展"微拍""艺术电商"等新型流通组织和流通形式。依托大学和各类市场资源,提高各类艺术品鉴赏和创作水平,培育和壮大一批美术经纪、艺术品鉴定、法律咨询等中介服务机构。支持企业开展海外业务咨询和市场开拓,打造文化艺术品保税区和贸易基地。

（2）提升文化会展影响力。加快推进长三角重大文化会展平台建设,打造以长三角国际动漫节、长三角文化产品交易博览会、长三角特色文化产业博览会、长三角国际时尚消费博览会等为代表的具有影响力的品牌文化展会。围绕国家文化产业政策以及文化创意产业发展趋势,培育新型专业会展产品,提升会展服务的专业化水平。鼓励政府投资性展览场馆产权和运营权相分离,加大政府向社会购买服务的力度,提高会展场馆的市场化运营水平。创新发展基于互联网和大数据应用的新型展览业态,鼓励实体展览会举办网上展览。

(3)大力发展文化产品和服务贸易。贯彻落实"一带一路"倡议,加快文化"走出去"步伐,重点发展创意设计、影视制作、数字出版、游戏动漫等文化版权贸易,加大版权项目对外推广力度,推动报刊、图书、印刷业加强对外合作出版、开设实体书店等海外业务。积极参与"丝绸之路国际电影节"等文化交流活动,加快发展演出演艺、艺术品交易、休闲娱乐等文化服务贸易,做大做强影视传播、动漫制作等国家级文化贸易平台。结合文化出口重点企业和文化出口项目认定工作,培育一批创新能力强、拥有自主品牌和核心文化产品的对外文化贸易重点企业。开展跨国经营和对外推介,加快海外文化产品和服务交易营销中心布局,争创国家对外文化贸易基地,将本土文化产品和服务拓展至"一带一路"沿线市场。

第 11 章

长三角文化创意产业融合发展机制构建

从本质上来分析,长三角文化创意产业跨界融合与协同发展进程主要的影响因素主要有产业、政府和市场三个,只有产业、政府与市场之间形成合力,搭建共同发展平台,才能最终推动长三角文化创意产业跨界融合与协同发展。其中,市场需求是促成长三角文化创意产业跨界融合与协同发展的客观基础,产业发展是长三角文化创意产业跨界融合与协同发展的动力机制,政府引导是促进长三角文化创意产业跨界融合与协同发展的有力保障。发达国家文化创意产业的发展经验也表明,通过转变政府职能加强政府对产业发展的强有力的引导,遵循产业内在发展规律满足市场发展需求,借助必要的市场运作手段,可以助推文化创意产业融合发展。结合当前理论界的成果和专家座谈意见,本书构建如图 11 - 1所示的推进长三角文化创意产业协同一体化融合发展的框架模型,并据此提出相应的政策建议。

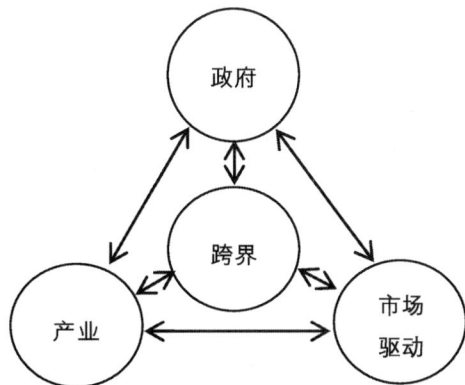

图 11 - 1　长三角文化创意产业融合发展机制

11.1　政策建议

11.1.1　政府之间达成共识，共建长三角文化创意产业融合发展环境体系

从本质上来分析，文化创意产业是一种科技含量和附加价值高的产业形态，决定了这一产业在发展过程中具有与其他关联产业进行交叉渗透的作用。然而，长三角文化创意产业跨界融合与协同发展是一项系统工程，需要上海、浙江、江苏、安徽达成共识，整合各自的资源禀赋与比较优势，把文化创意产业的发展融入经济社会的整体发展规划中来，使产业发展方向与区域经济发展、城市功能定位紧密关联，促进长三角文化创意产业一体化融合发展。长三角区域内文化既有同宗和共源性，又有差异和互补性，尽管区域内文化形态多种多样，各有特色，但更多的是有着相似的血缘和基因。特别是在数字化时代，通过高科技手段打造产业融合发展环境，完全可以实现技术流、资金流、人才流、信息流和物流等共享，拓展产业融合发展空间。近年来，长三角经济社会的长期快速发展，已具备了文化创意产业发展所需的经济基础和工业体系，构建长三角文化创意产业环境体系的条件已经相对成熟。长三角可以将上海、浙江、江苏各地的文化力量进行整合，将上海追求卓越的精神与江浙优秀的人文传统结合起来，形成一股文化合力，借助长三角作为平台，将这种文化的影响力向全国和全世界辐射。总之，要想促成长三角文化创意产业跨界融合与协同发展，并进一步推动区域内关联产业的发展和经济社会的进步，长三角各省市之间必需相互配合、分工协作、彼此默契，各级地方政府必须找出各自的着力点，并通过政策博弈形成产业发展模式，促进区域内文化创意产业的融合发展。

11.1.2　成立区域协调机构，构筑长三角文化创意产业融合发展政策体系

尽管早在 2003 年，长三角签订协议力促区域文化产业一体化融合发展，但受历史条件、行政体制、地理空间等方面的限制，产业之间的有机联系和差异化互动不多，从而制约了资源要素的利用和创新效率的发挥。目前，长三角文化创意资源分散，产业发展缺乏总体规划，不利于区域内文化创意产业的融合发展。而通过构建和设立跨区域的文化创意产业协调机构，不仅可以协调实施跨行政

区域的重大基础设施联合建设、重大战略资源联合开发、生态环境联合保护与建设，而且可以统一规划符合本区域长远发展的经济发展规划和文化产业结构，还能够从专业分工的角度协助各市县制定地方性文化创意产业发展战略和规划，实现局部性文化创意产业规划与整体性文化创意市场一体化规划有机衔接。一是要从长三角一体化发展的高度编制总体规划，注重文化创意产业的空间布局与整体关联，避开因为地域上的划分带来的管理体制上的分割，将各地方利益与区域整体利益结合起来形成网络关联。区域内各级地方政府必须按照总体规划来发展所在城市的文化创意产业，使之与关联地区和关联产业形成协调配合，从而促进长三角文化创意产业的融合发展。二是从产业链的角度，形成集研究开发、物料采购、生产制造、销售服务于一体的完整产业链条，并制定统一的分类标准，对区域内文化创意产业进行规范，促成文化创意产业的横向拓展与纵向关联，推进产业之间的消弭重组。三是要制定长三角文化创意产业创造力评价指标体系，定期发布长三角文化创意产业创造力指数，为长三角创意产业融合发展提供决策参考，提升产业政策的决策效率。四是要出台统一的文化创意产业知识产权保护措施，促进区域内文化创意产业的技术创新速度，积淀文化创意产业可持续发展的知识基础。五是改进区域内营商环境与创意氛围，吸引更多的创意资源向区域内集聚。如完善公共交通设施，建立统一开放的公共空间，调整企业税率，降低产业发展门槛，营造宽松的发展氛围，拓展城市容纳空间，培育创意人才队伍，为文化创意产业融合发展提供强有力的保障，将长三角打造成以知识作为支撑的智慧城市。

11.1.3　组建资源协调中心，构建长三角文化创意产业融合发展配置体系

长三角大多数产业园区市场定位都雷同，对消费者的吸引力有限。因此，必须推进长三角文化产业融合发展机制的构建。构建文化创意资源协调配置，其根本的目的在于充分整合和利用区域内资源优势，促进长三角文化创意产业的跨界融合与协同发展。长三角各级政府必须打破条块分割的传统思维，借鉴发达国家的成功经验，按照文化创意产业内在的发展规律，构建长三角文化创意产业融合发展配置体系，形成有利于不同产业同生共存的统一开放的大市场，为区域内文化创意组织提供资金、信息、项目、人才等方面的支持，促进不同产业主体开展合作与竞争，通过对文化资源的整合来促进长三角文化创意产业的融合发展。比如由上海、浙江、江苏、安徽定期在各省市组织举办大型文化活动，由此展

示各个省市的文化特色资源,也可以借文化的名目将各个分散的城市串连起来,营造有利于文化、旅游、商贸和社会发展的环境氛围,通过吸纳不同文化产业主体的加入,带动物流、资金流、技术流、商品流、客流、信息流的运转,促进区域内文化创意的融合发展。

11.1.4 打造信息共享平台,构筑长三角文化创意产业融合发展服务体系

根据长三角文化创意产业一体化发展的整体规划与实际要求,以区域内原有文化创意产业信息化环境为基础,利用大数据、云计算、物联网等现代信息技术手段,构筑长三角文化创意产业融合发展服务体系,加强对区域内信息和文化创意产业市场资源的开发和利用。由上海、浙江、江苏、安徽的行政主管部门牵头,由信息产业主管部门、市场管理部门、行业协会以及其他各类中介服务机构协助,共同构建一个为长三角文化创意产业融合发展的跨区域、跨部门、跨产业的公共信息服务平台,促成区域内关联信息的共享。搭建长三角文化创意产业发展平台不仅可以充分发挥政府宏观调控的作用,加速产业向特定区位的集聚,促成产业链的完善。也可以集聚一大批高校、科研院所等优势社会资源,还可以吸引一大批包括法律、金融、建筑、信息等营利性和非营利性服务机构以及资深的行业专家。他们不仅能培养创业能力和激发创业者意愿,也可以对项目进行评价和策划,为文化创意企业提供风险资金,还可以争取政府扶持基金等,这对于文化创意产业融合发展都有着积极的意义。因此,长三角必须搭建好大数据公共服务平台,既提升自身智慧服务的能力和水平,也为文化创意产业跨界融合提供精准的信息服务。

11.1.5 完善公共服务平台,构筑长三角文化创意产业融合发展保障体系

研究表明,公共服务在区域文化创意产业一体化发展过程中有着极其重要的作用,区域内文化创意产业融合发展只有基于成熟的体制机制才能获得长效。未来长三角必须加强顶层设计和系统谋划,从政府层面制订文化创意产业跨界融合与一体化协同发展规划,不断推进创新生态系统建设,完善一体化协同发展的制度体系。必须整合营利性和非营利性机构,构建统一开放的公共服务平台,大力发展拍卖、评估、代理、经纪、咨询、推介等服务,重点培育服务性中介机构,积极发挥其服务功能,促成文化创意产业的跨界融合与协同发展,不断加速创意

资源集聚。必须将上海、浙江、江苏、安徽文化创意产业的发展纳入统一的规划中,有针对性地根据各地文化创意产业发展的重点工作,对各地文化创意产业发展进行项目化管理,重点推进一批文化产业项目,以项目形式带动文化创意产业连片带面的发展。同时,针对产业发展过程中的薄弱环节,建立区域层面的文化创意产业发展基金,对初创和有发展前景的文创项目予以资助和扶持。需要注意的是,政府在履行服务职责中,只提供必要的制度保障,以出台相应的产业政策体系为主,引导并协调文化创意产业跨界融合,自己并不直接参与到文化创意产业具体的经营管理中,尽量使文化创意产业能够实现自由成长与发展。只有在不符合公共利益和资源许可的情况下,政府才予以干预。因为在市场经济条件下,政府必须依照产业发展的规律,将关注重点停留在宏观调控层面,而不能过多过细地干扰产业发展。在具体的管理方式上采取事前预防和事后控制相结合的机制,对区域内文化创意产业发展过程中迫切需要解决的一些问题,应事先进行制度规范和事后进行有效控制。

11.2　具体思路

面对长三角一体化发展的国家战略与区域经济发展的客观要求,促进文化创意产业的跨界融合与协同发展,既是区域经济新的增长点,也是长三角社会发展进步的重要突破口,既能够对区域内关联产业产生重要的拉动作用,也将对全国其他区域产业起到示范作用。通过实地调研和调查走访,本书结合专家意见,提出未来长三角文化创意产业跨界融合与协同发展的思路。

11.2.1　在产业门类选择上,坚持错位互补和结构优化,突出本土文化资源特色

根据实地调查,目前长三角地区存在各种不同的文化类型,其中以上海的海派文化、江浙的吴越文化和安徽的徽派文化最为有名,这几种文化表现形态虽然不同,但却具有内容上的同质性,总体来看属于同一个文化圈。长三角这种同质却不同类的文化为区域文化创意产业融合发展提供了基础,为产业之间的跨界融合与协同发展制造了契机。同时,这几种文化在层次上体现为都市文化、城市文化、县域文化、乡镇文化、村落文化等,形态的多样性和内容上的同质性使长三角文化创意产业具有强烈互补性,客观上促成了区域内产业之间的跨界融合。例如上海文化具有开放、前卫、创新、果敢、包容等特点,体现了国际化气息和现

代精神;而江浙文化中特有的海洋文明与农耕文明相对明显。同时,浙江重商主义的开拓进取特质与江苏的婉约风格又有所区别,这些文化上的差异为长三角文化创意产业融合发展带来了全新的增长点。正是由于存在不同的文化类型和"不对称优势",导致区域内出现了具有浓厚的地方特色和不可复制性的"义乌经济""温州模式""苏南模式""上海模式"等不同的经济增长模式。

11.2.2 在产业发展模式上,强化功能互补和产业集聚,不断完善产业价值链条

长三角必须根据各地文化资源和创意特色,迎合消费需求和市场趋势,以产业集聚区的建立为契机,充分发挥园区这一主要载体的孵化、集聚和平台功能,充分吸引不同产业主体和中介机构入驻,打造产业价值链条上的研究开发、应用设计、物料采购、生产制造、销售服务等不同环节,不断完善区域内文化创意产业价值链条。必须依托各地中心城市,借助文化创意产业园区,从省域或区域视角来规划整个文化创意产业的空间布局,形成"重点培育四大中心创意城市、加快扶持省市级特色园区、逐步培植典型园区"的整体构架。

一是重点培育四大中心创意城市。上海要以国际性大都市建设为契机,围绕中心城市推进功能布局,逐步形成以研发设计、时尚服装、应用开发、营销服务为主导的、引领整个长三角文化创意产业融合发展的战略高地。杭州重点发展数字动漫、工业设计、软件开发、影视制作、媒体传播、广告会展、游戏等为主要内容的产业类型,逐步形成长三角文化创意产业重要基地。南京要结合江苏特有的文化资源优势,逐步形成以轻工产品为主要内容的区域性设计中心,不断向周边和全国辐射,最终实现与国际接轨。合肥应当依托科技创新市场以及工业生产制造的区域布局,培育成为国际性的工业开发设计和展示交易中心。

二是加快扶持省市级特色园区。未来长三角应当立足上海、杭州、合肥、南京等具有辐射效应的中心城市,基于各处资源优势、空间布局、产业基础等各方面的情况,加快扶持具有特色的文化创意产业园区,如在上海、浙江、江苏、安徽等地构建环高等院校、高新技术园区、江海运河等文化创意产业园区和生态风光带等。

三是逐步培植集聚功能强大的典型园区。未来长三角文化创意产业跨界融合与协同发展必须将旧城改造与工业发展、历史建筑保护、人文资源修复、高校发展、自然生态风光等紧密结合起来,依托上海、浙江、江苏、安徽等特色产业园区,不断创新技术、资金、信息、人才等服务平台和运行机制,重点培植那些资源

禀赋优越、区位优势明显、文化特色鲜明、集聚功能完善、辐射能力强大的文化创意产业园区,以此拓展长三角文化创意产业融合发展的空间。

11.2.3　在产业管理体制上,做到梯次推进和有序衔接,形成区域协同发展态势

随着国务院对长三角区域一体化发展规划的提出,未来上海、浙江、江苏和安徽必须找准文化创意产业的跨界融合与协同发展定位和发力点,结合"互联网＋"思维,不断创新体制机制,聚焦产业发展重点,形成新的产业业态和商业模式,不断丰富产业发展主体,促进文化创意产业融合发展。不同地区要根据资源禀赋和比较优势,形成梯次推进、有序衔接的发展格局,促进不同区域文化创意产业差异化、特色化发展。同时还要结合产业发展的阶段性特征,进一步做好产业发展规划,扶持政策落地,该放的切实放给市场,该管的做好宏观调控,处理好与市场协同共进的生态关系,促进文化与金融、科技、贸易等跨界融合,积极培育文化创意产业创造力,发挥好文化创意产业在长三角区域一体化发展中的应有作用。上海、浙江、江苏、安徽各地可以结合各地特有的资源优势、环境条件、区位特点、市场情况,制订具体的"一体化协同"的产业政策,成立专门的管理机构,用以指导各地文化创意产业融合发展。对于区域内产业发展的差异,必须根据产业发展的阶段和规模,在鼓励和扶持力度方面加以区别对待,而不是"一刀切"式的管理。针对具有发展潜力的战略型新兴产业,要利用优惠政策为其提供专项资金加以"孵化"和扶持;针对传统型产业,要鼓励其利用现代高新技术融入现代市场体系中;针对高科技型产业,要从知识产权角度加以大支持和保护。只有这样,区域内长三角文化创意产业才能形成求同存异、多元生态、协同发展的基本态势,产业自身的辐射效应和带动作用才能发挥出来,并最终形成统一开放的市场体系,真正融入长三角一体化进程中。

11.2.4　在产业空间布局上,发挥资源禀赋和比较优势,促成连片带状集聚发展

比较优势是各国发展文化创意产业首先要考虑的因素。世界各国文化创意产业的发展差异主要是由各国不同的文化资源基础所决定的,在产业发展方向和选择重点上世界各国也各不相同。如印度的文化创意产业以电影闻名,而泰国的手工业对国民经济的贡献率最高。而大力发展版权产业的美国,主要是基于其影视、出版、软件、音乐等产业十分发达。英国利用建筑景观、工业设计、时

尚艺术、视觉表演、文物会展、出版传媒、动漫动画和影视广播研发等方面的优势,融合创新形成全新的创意理念、产品形式、开发模式等,充分挖掘和发挥传统产业优势。从产业基础、成长特点、市场容量、经济规模、行业关联度以及价值增值等方面来综合考虑,未来长三角必须着力推进研究开发、时尚艺术、工业设计、出版发行、媒体传播、广告会展、数字动漫、影视游戏、景观建筑、文学创作和商务交易等不同类型文化创意产业的发展,切实推进长三角文化创意产业跨界融合与协同发展。

此外,文化创意产业园区是创意要素集聚的空间载体,也是实现城市产业结构调整的有效抓手。但文化创意产业园区是文化创意企业的园区,而非政府的园区,不能仅仅单纯依赖政策布局。文化创意产业园区的意义在于整合社会资源,营造产业协同发展和谐共生环境,而非单纯的企业叠加和产业扎堆。目前,长三角文化创意产业在中心城区的发展较好,集群数量也不少,然而空间布局比较散乱,产业集中度不高,单个园区的建筑面积也并不大,园区、社区与街区之间缺乏互动,使文化创意产业之间的融合受到很大的制约,对所在区域的带动效用并不明显,导致产业之间的跨界融合与协同发展的效应不强。同时,由于中心城区人口密度高、居住面积拥挤,居民社区和文化创意产业园区往往交织在一起,园区运营过程中各种不可调和的矛盾不断产生并逐步激化。未来长三角文化创意产业发展在战略层面应当优化空间布局,引导政府资本、社会资本和私人资本的投资方向、投资趋势和投资重点,将园区开发与设计纳入区域发展主体框架,从社会、经济、法律等各个方位来全面构建文化创意产业的政策体系,从推动区域整体转型发展的战略高度,来做好和规划园区的开发与建设。

研究表明,连片带状的组团式布局和产业投资式的运营模式是加速文化创意产业向特定区位集聚、促成文化创意产业跨界融合与协同发展的有效手段。未来建议长三角各级政府做好以下几个方面的工作,促成文化创意产业跨界融合与协同发展。一是以园区为依托,将街道社区和产业园区进行融合,促成本土文化资源与时尚创意元素的紧密结合,通过绿化、美化、亮化等手段,赋予街区、支路、马路更多的文化底蕴,在集聚区内培育浓郁的文化创意氛围。二是以现有文化创意产业集聚区为基点,对集聚区内的单体园区进行景观再造,对街区周围的建筑进行全新规划,对周边商业进行整体调整,形成集时尚创意产品的设计、展示、销售、服务、销售等于一体的产业生态链条。三是在交通便利、区位优势明显、景观优雅、环境优美的地方优先规划文化创意产业集聚区。发展规模以中小型园区为主,规划设计过程中应该吸收产业经营者、投资者、附近社区居民、专家共同参与。对于园区运营管理,可以因地制宜地采取不同的措施,一方面对现有资源进行充分的开发利用,另一方面通过与社区、校区的融合实现资源共享。

11.2.5　在产业持续发展上,培养复合型经营管理人才,不断激发产业创造活力

文化创意产业本身是一种智慧产业,产业的发展主要依靠智力资本,具有创造性的个体在整个产业发展中具有决定性的意义。人才是文化创意产业融合发展的智力支持,专业人才的规模和质量是文化创意产业持续发展的核心因素。创意专家约翰·霍金斯在《创意经济》一书中曾经明确指出:有创意的人在知识经济社会将变得更有价值。作为高度推崇个体创造性的文化创意企业来说,文化创意人才具有举足轻重的意义,文化创意企业的发展依靠的正是文化创意人力资本的投入以及文化创意阶层的崛起。因此,文化创意产业融合发展首先是各种创意人才的集聚,没有创意人才的集聚就没有文化创意企业的集聚,从而也没有文化创意产业集群的产生;文化创意产业价值链十分长,所涉及的产业分类也比较广,所以文化创意产业人才集聚往往不是单个文化创意产业各门类的单个人才的集聚,而是多个门类人才的融合和集聚。同时,人才的积累和集聚是一个长期的过程,这不仅是一个教育培训政策的问题,还牵涉到人力资本开发和管理、用人制度、激励机制等问题。2009 年国务院颁发《文化产业振兴规划》,明确提及发展文化创意产业过程中"人才要素不可或缺"。

通过调查发现,长三角文化创意产业人才结构有待优化,高学历的科技型人才偏少,处于价值链高端的设计、开发、营销、策划等专业人才较少,技术尖端人才和复合型管理人才尤其缺乏。长三角文化创意产业融合发展必须应重视复合型文化创意产业人才的培养,通过智力资本引领产业融合发展。目前,长三角各地已经开始探索突破传统的高等院校学历教育模式,培养专业化复合型人才。如已有相当一部分招收文化创意专业学生的院校,开设了培养画廊经理、体育俱乐部经理、拍卖行拍卖师等配套专业,通过运用多种教学方式模拟市场化运作,而不再以理论考试作为单一标准。而长三角部分文化创意产业园区也成立产学研合作教育基地,依托园区产业资源,联合培养专业化、实用型和市场化的创意人才。也有部分文化创意园区在政府支持下开设免费培训,不仅解决了就业难题,还为创意经济发展开启了新的渠道。此外,培养具有国际视野和充分了解国际规则的文化创意产业人才,可以更好地促进文化创意产业走出去。近年来,长三角充分利用现有的国际人才和营销网络,通过国际合作培养了大批了解国际

规则的本国人才,加快了本土人才培养进程。但在国际化人才培养方面仍有不足,仍然需要通过多种途径培养各种复合型人才。

11.3　具体措施

11.3.1　制订产业融合规划,促进区域产业发展的错落有序

(1)加强政府在长三角文化创意产业融合发展中的主导作用。文化创意产业融合发展离不开政府支持与政策引导。从日本、韩国、新加坡等国家发展文化创意产业的经验来看,这些国家的文化创意产业发展无一例外都受到国家产业政策有力的引导和扶持,都带有非常明显的政府烙印。区别仅在于日本书化创意产业形成是源于产业结构自发调整的结果,政府只是在雏形出现后才通过政策扶持来催化其成熟发展,而韩国和新加坡则是一个"以政府为中心的管制型"国家,文化创意产业就是政策引导的直接结果。国内文化创意产业发展也带有非常浓重的政策推进色彩,各地政府出台了一系列涉及土地、财税、工商、人才等多个方面的政策。然而,需要注意的是,随着新形势下文化创意产业的发展,政府需要转换思维与理念,要从依靠单一经济手段的简单管理思维中解放出来,更多地扮演好发展引领者的角色,将政策导向逐渐由鼓励发展向规范发展转变,将政策重点落在制定好法律法规、加强产业监管、制定产业标准、健全公共服务体系上。政府本身不应该参与文化创意产业的经营管理,而是通过非政府性的机构来推动、协调文化创意产业的发展。政府的作用应该体现在通过制定鼓励文化创意产业融合发展的政策体系,促成创意扩散和文化传播。同时加强动态管理,建立科学的评估体系,强化定期考核,完善园区退出机制。

(2)强化长三角文化创意产业融合发展的总体协调规划。长三角各地政府可通过制订文化创意产业发展规划,加大文化创意产业融合发展的实施力度。通过建立文化创意产业发展基金,进一步强化项目化管理。针对文化创意产业融合发展的重点工作和薄弱环节,有重点地推进一批文化产业项目,以实施项目推动工作落实。建立长三角创意产业发展联动机制,加强各省市文化创意集聚区空间治理和区域协调。加强地区间的分工合作,依托各地资源禀赋着力打造各具特色的"创意品牌",形成合理的区域创意产业空间治理结构。重视创意产业技术政策与创意产业创新政策,尽快制定长三角创意产业统计评估体系和创意指数体系,不断完善创意产品知识产权制度,为制定长三角创意产业融合发展

政策提供综合参考数据。编制区域文化创意产业融合发展的总体规划,区域内各城市文化创意产业发展规划需接受总体规划的指导,与其相协调、相配合,分层次规划发展各地区由制度安排和特定环境再造形成的外生性服务业集群,和由区域比较优势诱发形成的内生性服务业集群,最终实现长三角区域文化创意产业的合作与共赢。

(3)促成区域内产业梯度转移与无缝对接。近年来,随着产业升级与经济转型,一些低端产业逐步由中心城市下沉到三四线城市。同样,长三角的一些经济相对薄弱的三四线城市也陆续表现出发展文化创意产业的欲望,并且正在制订新的发展规划拟开发建设产业园区。对于这种情况,既要鼓励三四线城市承接一二线城市的产业转移,提升当地产业附加值,也要更加注重一体化的规划指导,避免加剧同质竞争,造成资源浪费。

(4)形成"政府引导+市场运作"的动力机制。文化创意产业的发源地英国提供了一个文化创意产业发展的基本思路:政府引导+市场运作。同样,影响长三角文化创意产业融合发展进程的核心因素主要有政府和市场。其中,市场是一体化融合发展的内因,是实现一体化融合发展的客观基础和动力机制。政府的引导是实现一体化融合发展的有力保障。在市场层面上促进区域文化创意产业实现融合发展的核心要素是促进市场的统一,最大限度地减少行政力量对市场的扭曲,形成公平、公正和充分有效的市场竞争机制和环境。长三角各地政府部门必须认真磋商,制定共同的游戏规则,在碰到类似问题时都按同样的游戏规则来办,防止为了局部和短期的利益而影响全局和长期的利益。为了增强长三角文化创意产业融合发展,实现区域一体化联动,加强在分工协作基础上的跨界融合,避免重复建设和同质化竞争,构筑统一协调产业链,需要长三角各地政府、市场、产业和社会等各方面形成合力,共同做好各方面的工作。

11.3.2 培育示范性产业园,形成产业融合发展的品牌效应

(1)强化区域资源重组与结构优化,培育产业融合发展的示范性园区。文化创意产业园区是文化创意产业融合发展的重要平台和载体,其开发建设高度依赖于城市经济发展所缔造的经济基础、社会结构、产业网络、人才积聚等基础条件,而且文化创意产业园区对外部知识、信息等要素的依赖性较强。因此,在盘活存量资源的基础上,很有必要适当运用行政手段,对重复设置、经营不力的文化创意园区进行资源重组和结构优化。另一方面,要鼓励强强联合、自由联姻,打造旗舰型的文化创意园区。长三角要做好各级园区中长期发展规划和行动计

划,应建设不同标准和水平的文化创意产业园区,上海、杭州、南京、合肥等城市要重点建设一批具有国家战略意义的示范园区,重点培育和发展一批实力雄厚、关联性大、带动性强的大型文化示范园区,发挥其辐射、示范、信息扩散和销售网络的产业龙头作用。这些国家级园区在国内要能够引领产业发展,在国际市场要具有能够充分展示长三角文化创意产业融合发展的水平;其他园区要加强整合,建设区域性、综合性的园区,吸引不同文化创意企业入驻,绝不能重复建设低水平或特色不突出的文化创意产业园区。

(2)促成科技与文化的有机融合,形成文化创意产业融合发展品牌效应。科学技术是文化创意产业融合发展的技术基础,推动传统文化创意产业的融合发展离不开高科技的应用。随着数字化时代的到来,文化创意产业发展与提升的速度和质量也将建立在信息技术,特别是数字技术和网络技术的平台之上,必须尽快出台与之相关的技术、鼓励和扶持细则。这一虚拟平台的搭建,将使得好的创意被更便捷、广泛地应用,创造更大的产业价值。长三角必须重视科技与文化创意元素的有机融合,依托云计算、大数据、物联网、虚拟现实等最新科技手段,加快推进内容产业和数字化进程,推动产业优化升级,大力开发各种科技含量和附加价值高的产品类型。同时,还必须盯住一至几个关键产业方向,解决关键性技术问题,打造产业精品项目,形成新的产品和市场。在扶持龙头企业和精品项目的同时,还必须培育适合创意生长的土壤,释放底层创意,激活潜在的消费市场。

(3)突出文化创意产业园区的特色和个性。文化创意产业最根本的立足点就在于创意,创意之父——约翰·霍金斯曾经评价过中国文化创意产业发展现状:"中国的设计产业和英国、美国、瑞典以及其他欧洲国家有些雷同。而美国、日本、欧洲国家的文化创意产业各具特点。目前的中国文化创意产业还缺乏个性,找到中国设计产业自身的特点有点困难。"这说明无论在长三角还是整个中国,创意还不够个性,也就是创意不够。传统的产业集群强调技术和管理的创新,文化创意产业集群强调文化含量和创意元素,这是文化创意产业的灵魂所在。创新行为与创意行为的一个重要区别在于所依据的知识是不同的。长三角各地文化创意产业园区正处于发展阶段,一些文化创意园区如上海8号桥、田子坊、张江文化创意产业基地在国内乃至国外虽已有一定知名度,但在创意意识的培育与园区品牌建设上必须尽快与世界接轨。未来必须加强对文化创意园区产品品牌的建设,力推一些优质文化创意产品品牌,提高市场竞争程度,打响文化创意产业的"长三角牌"。

11.3.3　完善分层分类管理，形成区域融合发展的体制机制

（1）形成新的区域合作机制，促进资源有效配置与利用。随着文化体制改革的深入，政企分开和事业单位改革使区域内产业联合和分工成为可能。文化创意产业的发展客观上需要加强区域间合作，打破行政壁垒，逐步形成区域内合理的产业分工。各地政府应对本区域的比较优势进行梳理，选择有本地特色优势的产业部门，做大做强优势产业，并充分发挥文化创意产业集群跨地域辐射能力。长三角区域是我国一体化进程最紧密、区域统一程度最高、城市高度集中的地区，加强长三角各地区间的协调性政策，旨在打破行政壁垒，促进生产要素自由流动。要主动加强长三角城市群之间规划与协调；既要发挥文化创意产业中心城市的领军作用，又要与其他城市实现联合互动效应，实现文化创意产业的错位发展与互补发展，避免盲目发展与重复投资，并从构建形成城市群之间相关产业链的高度出发，进行有效的资源配置和利用，达成区域产业转移、合作发展的共赢目标，建设资源共享、优势互补、分工合作的文化创意产业园区集群。

（2）完善分层分类管理体系，促进行业内部协作。长三角必须制定文化创意产业分类标准，统一统计口径，对原有的产业形态进行重新整合，形成新的从创作、生产、流通到消费的完整产业链，实现与传统产业的边界融合及产业间的横向发展。培育主导产业和龙头集聚区，把握集群发展的内在增长引擎。根据不同区域的要素条件、市场环境和产业基础，选择具有市场潜力、能形成产业链、代表区域特色的创意产业作为主导产业，并通过精心培育具有核心竞争力的集聚区，吸引外部企业进驻，逐渐衍生出一系列相关产业和机构。

（3）探索多元合作开发模式，促进文化创意产业有机融合。创意产业规模较少、抵御风险能力不强、成长速度慢，通过探索多元化合作模式，开发特色资源和建立公共服务平台，可以有效促进文化创意产业融合发展。一是按照"不同的定位，不同的政策"这一基本原则，将园区划分为孵化型、平台型、原创型等不同类型，鼓励单体园区联合关联产业部门，构建集技术创新、投融资服务、产品、产权交易、产业孵化等于一身的功能平台，实现集群内创意园区之间的信息共享，促进园区各类资源有效集聚。二是在产权关系不变的前提下，鼓励和吸引行业领军人物、核心项目以及社会资本入驻园区，促进园区的繁荣发展。三是将有历史风情的民居作为载体，采用租赁合作的方式，合作开发有利用价值的建筑，促成文化创意产业的转型发展。四是促成时尚艺术和工业设计资源集聚与优先发展。时尚艺术和工业设计既是高端服务业的重要组成部分，也处于文化创意产

业的最前沿,更是将"制造"转变为"智造"的重要环节。正如英国设计家保罗·雷莱斯指出的一样,"在竞争性增长的世界里,当工业化国家进入几乎用同样的原材料生产同一类产品的阶段的时候,设计就成为决定性因素"。未来长三角应强化附加价值高且适合都市环境的创意设计环节,形成"倒三角"式的产业结构(研发和营销环节放在长三角,生产制造环节放在长三角以外),将不太适合在大都市发展的其他产业环节分离出去,既便于调整和优化产业结构,也有助于长三角文化创意产业的跨界融合与协同发展。

(4)推行"飞地"式扩张和连锁式经营,促进文化创意产业走出去。发达国家的实践经验表明,形成经济规模和形成品牌是促进文化创意产业融合发展的重要手段,这一方面是由文化创意企业大多规模较小的特点所决定的,另一方面也是文化创意产业形成完善的产业价值链所需要的。连锁式经营和飞地式扩张,极易形成品牌效应和市场规模。目前,长三角文化创意产业发展已有了一定的规模,部分文化创意园区建设也有了一定的品牌认知度,未来应该推进"走出去"战略,通过强化同兄弟省市的合作交流,在区域以外寻找发展契机,将品质功能突出、建筑体量适中的厂房资源,采取合作经营、投资入股、租赁等不同方式盘活过来,将其打造成具有地方特色的文化创意产业园区,促成创意资源和创意人才的集聚,促成文化创意产业的跨界融合与协同发展。

11.3.4 完善产业服务平台,提高区域产业协同与关联效应

(1)完善区域文化创意产业价值链。文化创意产业融合发展战略确定后,一个重要问题就是梳理产业关联度,完善产业链。长三角必须紧紧围绕内容的生产和提供,通过建构和整合社会或行业领域的资源平台,在资源平台上部署不同层次和类型的内容产品,并依托信息资源平台的内容增值服务,将其打造成为社会或行业领域价值链条中不可或缺的一个环节。同时通过打造多赢的价值链,以求对市场全程覆盖,达到最大收益。长三角各地必须不断完善文化创意产业价值链的不同重要节点的功能,以产业价值链为核心,以资本为例纽带,形成各具特色的文化创意产业集聚地,突出资本、人才、技术和市场优势,构建竞争合力。如在动漫产业发展过程中,可以整体规划上海、杭州、南京、合肥、常州、无锡、苏州等地园区功能,考虑以上海"国际化"为优势,构筑面向国际化的动漫产业的桥头堡,确立上海为长三角动漫产业的创意中心地位;以杭州创意为优势,积极发展原创动漫作品,形成长三角动漫产业的编辑中心;以苏南地区众多城市的技术为优势,大力推进动漫产品制作水平的提升,打造长三角动漫产业的生产

基地,尽快形成具有国际竞争力的长三角动漫产业集群。

(2)搭建文化创意产业融合发展所需的公共服务平台。公共服务平台的搭建可以集聚一系列非营利性的创意中介服务机构,包括金融、法律、建筑、产业等各方面的资深专家,他们能帮助创业者发展其创业意愿和创业能力,为文化创意企业物色风险资金,争取政府基金支持,进行项目策划和评价,进行人才培训等,从而可为文化创意类企业提供有效的服务。通过非营利性的公共服务平台可以整合社会资源,形成具有优势的文化创意产业链。未来长三角大力发展文化产业咨询、经纪、代理、评估、鉴定、推介、拍卖等各类中介组织,培育重点文化中介企业,充分发挥市场中介机构在文化产业发展中的积极作用。

(3)建立长三角地区多元化投融资机制。无论是创意的研发设计还是创意产品的生产制造往往需要雄厚的资金支持,长三角许多文化创意企业正是由于外部融资困难而显得后劲不足。因此,未来长三角必须进一步拓宽投融资渠道,积极探索适合文化创意企业特点的信贷融资方式,加快建立健全多元化投融资体系。支持版权、品牌、技术、科研成果等无形资产作为 资本投资文化产业。对于通过股份制改制,实行投资主体多元化的文化企业,符合条件的可支持其申请上市。对民间资本投入国家重点扶持的文化产业项目,鼓励国有资产授权经营主体参股。鼓励民营文化企业通过独资、合资、参股、承包、租赁等方式参与文化创意产业项目的开发建设。各地政府应该发挥导向作用,分担出资,创立长三角文化创意产业担保基金和引导基金。利用政府资金引导、银行贷款筹资、民间资本投资、上市融资等多种途径,实行多元化投资。支持重点文化创意产业园区公共技术服务平台的建设和经认定的重点文化创意企业的发展,采取贷款贴息、补贴和奖励等多种方式予以资助。鼓励企业运用资本运作的办法筹集发展资金,支持企业通过引进战略投资者、吸纳社会资本等形式,加快推进企业股权多元化。

11.3.5　完善人才成长机制,为产业融合发展提供人才保障

高素质的文化创意人才可以对长三角文化创意产业资源进行整合,能够快速推动文化创意产业的融合发展。研究表明,经过多年的培养和发展,目前长三角地区拥有丰富的创意人才资源,其中的时尚艺术、工艺美术、工业设计等智力资源更是国内有名。统计数据表明,目前在我国一线城市从事时尚创意开发的人员约 60%是来自长三角。长三角拥有的高校较多,已逐步成为全国重要的文化创意人才培养基地,也替上海、浙江、江苏、安徽各省市培养大量的高素质专业

设计人才。但在人才政策的制度设计、人才培养模式以及专业设置方面仍然存在各种不同的问题。未来长三角文化创意产业跨界融合与协同发展必须着力改革人才培养模式,培育高素质创新型人才,优化人才成长环境,促成创意阶层的成长,鼓励创意人才脱颖而出。

(1)改革创意人才培养模式。长三角各省市政府应加强合作,在政策、环境等方面提供支持,优化人才培养的体制机制。应在人才引进、人才培养的软环境建设有更多的作为,应建立创意人才培养和流动的合作机制,要考虑适合专业人才所需的环境条件,从制度设计与供给方面来解决好创意人才在物质和精神上所需的富有情调和时尚的各种问题。要加强具有国际视野的本土创意人才的培养,在相关院校的艺术、设计和传媒学院中开设相应的经营与管理课程,培养一批既懂文化创意产业发展规律又懂国际化经营理念的复合型人才。要加强各省市院校之间的合作培养,鼓励企业之间、企业与教育科研机构之间联合进行文化创意产业专业培训,建立产学研合作平台,加强与国外的人才交流与合作等。加强岗位职业培训,全面推进职业资格证书制度。要学习欧美等发达工业国家在文化创意产业方面的发展经验,将艺术、人文、媒体、设计、广告、制作等内容纳入高等教育的各个阶段,着力提升长三角区域内居民的文化素养和创意能力,如在相关的管理院校中多开设设计、传播、传媒、艺术等选修课程,在相关的艺术院校里开设管理学或经济学选修课程,培养那种熟悉文化创意产业发展规律同时又知晓企业运营管理的高素质综合人才。要把长期的学历教育和短期的非学历教育相结合,形成多层次、开放性的人才培养体系,更好地促成人才与市场的对接。如高等院校以实训工程为突破口,通过产教融合大力实施大学生创业实训工程,积极推出技能培训、管理培训、订单培训,建立适合国情并与国际标准接轨的专业技术人才职业能力培养与测评体系。

(2)创新创意人才激励机制。建立人才引进和激励机制,大力引进国内外优秀的文化创意产业专业人才。要加快研究制定引进高层次人才的配套政策措施,出台切实可行的人才引进政策规范,确保引进来的文化创意人才能够安心留下来。如政府出台引进国内外优秀创意人才和创意团队的优惠政策,在住房、落户、保险、医疗、配偶安排、子女入学等方面给予他们实实在在的优惠与扶持。再如对于具有研究开发能力的特殊人才,允许他们以技术资产、知识产权入股企业,参与到企业管理和利润分成中,促成高端创意人才的产业化。建立人才引进"绿色通道",努力把文化创意产业园区建设成创意高端人才的"聚集高地"。

(3)优化创意人才成长环境。政府除了要制定可操作性强的人才培养政策以外,还必须为创意人才成长提供制度保障。要打破学历和身份限制,为文化创意人才提供尽可能公平和公正的舞台。如通过举办专业竞赛、专业评比、资格认证、公开招聘等方式,动员更广泛的文化创意产业人才广泛参与。对通过创意大赛等脱颖而出的优秀人才和项目立项,将资金和政策更准确定位到个人和项目。要加强文化创意产业人才的国际合作,促成专业人士之间的相互交流,吸引那些在文化创意产业领域颇有成就的顶尖人才和研究机构前往长三角进行合作交流,大力促进长三角成本土人才的成长,培养在研发、制作、策划、设计等方面的高层次创意人才。要创造宽松的政策环境,重视文化复合经营型人才的培养和使用。增设国家级和各政府级的论坛和项目,通过"政府搭台、企业唱戏",进一步发挥长三角各种平台作用,开展文化创意比赛活动,让文化创意产业人才的培养和创作成果与市场有更多的结合机会和渠道,让创意人才之间有更多的与外界交流的机会。

11.3.6 强化知识产权保护,为产业融合发展提供法治保障

(1)推进知识产权管理创新。文化创意产业是一种"智慧经济""头脑产业""知识+资本"经济,其核心是知识产权,而盗版现象将严重打击创业者的积极性。为此,长三角必须深入实施知识产权战略,出台相应的知识产权保护政策,切实提升文化领域知识产权创造、运用、保护与管理能力,强化知识产权对文化产业融合发展的制度保障作用,不断优化文化创意产业融合发展环境。要探索知识产权管理体制机制改革,放宽知识产权服务业准入。研究制定知识产权评议制度,建立重点领域知识产权评议报告发布制度。创新文化企业无形资产管理模式,规范无形资产保护、开发、利用及转让,探索建立以知识产权为重要内容的创新驱动发展评价制度。鼓励传统知识、民间文艺等文化知识产权的传承与发展,支持有条件的县(市、区)开展国家知识产权强县创建等活动,拓展版权登记保护区域试点范围。引导重点文化产业园区、重点文化企业建立健全知识产权管理制度,支持在文化产业领域建设一批国家级知识产权示范单位、知识产权保护规范化培育市场和知识产权示范企业。要采取事前机制和事后机制相结合的方法,对一些迫切需要解决的问题,应事先做好法规建设和事前审查工作。

(2)培育知识产权优势领域。要探索开展知识产权服务行业协会组织"一业多会"试点,加强文化产业重点领域知识产权保护。推进优势与特色版权产业发展,着力推进长三角优秀出版物和原创影视作品输出,加快培育以动漫游戏、网络传媒、文化娱乐、广告设计、文化软件服务、工业品外观设计等为重点的版权产

业。积极实施品牌战略,充分发挥产业集群优势,推进产业集群商标和区域品牌集群建设,加快创立和培育文化演艺、文化创意、专业设计、文化节展等文化服务品牌。要依托长三角产权交易中心,搭建更大范围的文化创意产业知识产权交易平台,定期开展文化创意产业知识产权的挂牌交易,促进文化产品合理、有效地流通。

(3)加强知识产权风险防控。长三角要建立健全文化创意产业知识产权保护体系,形成知识产权保护的联动机制,通过加大知识产权保护执法力度,加强对自主创新成果的保护和运用。各地政府要依照不同产业链的需要,承担好不同角色,为实现文化创意产业融合发展提供必要的法治保障。要强化国内外知识产权相关信息的动态分析与对策研究,开展文化领域重点行业、重点企业、重点技术和出口产品的知识产权预警工作。开展网络文学、音视频、游戏、动漫、软件等行业侵权盗版专项治理,查处侵权和传播制售假冒伪劣商品信息的网站,曝光违法违规网络接入企业。建立版权与公安、文化、工商、通信管理等相关部门的协同执法机制,形成共同参与的版权执法工作格局。加强国际贸易中的文化知识产权保护,打击出入境知识产权违法犯罪行为。

11.4　支撑平台

长三角文化创意产业融合发展的最终目标与任务在于形成较为健全的文化创意产业发展体系、市场服务体系、要素支撑体系和政策保障体系,文化产业发展主要指标位居全国前列,为打造全国文化创意内容生产的先导区、形成全国文化创意产业融合发展的示范区、创建全国文化创意产业融合发展的引领区奠定坚实的产业基础。为了实现上述目标和定位,未来长三角必须顺应"文化+"和"互联网+"的发展趋势,推动新型业态、高端要素加快集聚,着力打造支撑长三角文化创意产业融合发展的创业创新平台、公共服务平台、要素保障平台和政策支持平台,不断完善文化创意产业创新发展体系、市场服务体系、要素支撑体系和制度保障体系。

11.4.1　搭建创新创业平台,完善文化创意产业创新发展体系

未来长三角所需建立的文化创意产业创新发展体系是:动漫游戏、创意设计、广播影视、新闻出版、文化服务、休闲娱乐、文化产品生产流通、文化装备制造等重点领域发展水平位居全国前列,文化创意产业与相关产业全方位、深层次、

宽领域的融合发展格局基本建立,"文化+"新模式和新业态快速发展,基本形成以长三角为一体,以上海、杭州、南京、合肥为核心,以不同板块相配套的"一体四核"的空间布局和结构体系。为此,未来长三角必须做好以下几方面的平台。

(1)文化创意产业孵化平台。充分发挥文化创意产业适宜创业、带动就业的优势,优化产业扶持政策,培育一批特色鲜明、服务优质、创业生态圈完善的孵化平台。努力引进创业人才和团队,力争实现每个重点文化创意产业园区都有文化创意产业孵化平台。加快提升企业孵化器、加速器,引进和培育高水平的园区运营企业,实现规模化和专业化运营。积极鼓励从事文化领域的创新创业项目,逐步提高创新创业扶持力度,鼓励发展众创空间和服务平台,力争实现财政支持、导师辅导、中介服务等方面模式创新,培育一批功能完善、成效显著的文化创意产业孵化平台。加大对文化创意产业创业成功案例的宣传推广力度,营造良好的创新创业氛围。

(2)文化科技创新平台。为了应对新技术发展潮流,长三角必须实施"文化+科技"行动计划,积极推广应用数字技术、网络技术,加快建设一批文化技术创新平台。鼓励高校、科研机构及有条件的骨干企业开展文化创新研究,引导跨国企业和海外高端人才在长三角设立文化技术服务机构。建立健全共享机制,实现国家重点实验室、国家工程中心等技术平台向文化创意企业开放。建立跨区域文化与科技协同创新机制,加快推进长三角区域协同创新平台建设,加大对文化领域科技创新的支持力度。进一步支持上海、浙江、江苏、安徽三省一市国家级文化和科技融合示范基地建设,打造一批文化与科技融合示范项目和示范园区,鼓励有条件的地区创建国家级示范基地。

(3)深化国有经营性单位改革。推进重点国有文化企业公司股份制改造,推动出版、发行、影视、新闻网站、已改制非时政类报刊等进一步完善公司法人治理结构,形成有文化特色的现代企业制度。推动国有文化企业跨地区跨行业跨所有制兼并重组,培育一批具有强大实力和竞争力、影响力的现代文化企业集团。鼓励上市国有文化企业开展股权激励试点,进一步激发企业活力。

(4)推进文化事业单位内部机制改革。按照国家关于事业单位分类改革的总体部署,明确不同事业单位功能定位,建立法人治理结构,推动图书馆、博物馆、文化馆、科技馆等公共文化机构组建理事会,吸纳有关方面代表、专业人士、各界群众参与管理和监督。继续深化文化事业单位劳动人事、收入分配、社会保障、经费保障等制度改革,完善绩效考核机制,强化文化服务功能。

11.4.2 搭建公共服务平台,完善文化创意产业市场服务体系

未来长三角所需建立的文化创意产业市场服务体系是:文化创意产业市场竞争力和综合实力大幅提升,文化创意企业活力得到进一步释放,多元市场主体逐步形成,文化创意产业市场发展格局基本形成;文化消费升级进程不断加快,在城乡居民消费结构中的比重明显增加,文化市场监管能力不断增强;文化创意产品和服务的国际市场不断拓展,对外文化贸易和国际综合竞争力进一步提升。为此,未来长三角必须充分利用现有公共技术和平台资源,加快建设开放、快捷、专业的公共服务体系,包括成果展示和交易平台、公共信息服务平台、品牌和市场推广平台等,为文化创意产业融合发展营造良好的生态环境。

(1)成果展示与产权交易平台。围绕文化创意产品提供方和需求方的有效对接,强化产权交易平台建设。鼓励区域内文化艺术品交易所、文化产权交易所等创新交易模式和产品,打通资本与产业对接渠道。建立文化艺术品保税中心(仓库),以艺术品保税展示、仓储、交易为重点,促进高端文化艺术品引进来和走出去。完善具有江南特色的版权创新、保护和服务体系,加快建立版权交易中心,提升服务企业的能力。

(2)公共文化信息服务平台。借助大数据、虚拟技术领先的优势,建设长三角文化创意产业发展服务云平台,强化文化信息数据中心和数据交换系统功能,实现文化信息服务的智慧化。建设长三角文化资源多媒体数据库,整合政府资源、文化资源、技术资源,建立图像库、音频库、3D全景图、虚拟现实库、非物质文化遗产库等数据库。加快发展智能制造、众创众设、云服务等新型生产方式和产业形态,基本实现广播影视、新闻出版、动漫游戏、文化演艺等领域的数字化和网络化发展。谋划成立由报刊、广电、出版、影视等单位共同参与的知识产权(IP)综合开发利用联盟。

(3)品牌与市场推广平台。利用数字技术,打造无界域"虚拟集聚区",构建集创意研发、设计、生产、销售、流通为一体的市场推广平台。随着科技进步,文化创意产业对宽带网络、数据库、信息服务机构、数字化制作加工等依赖性越来越大。因此,可以在实体性文化创意产业集聚区建设的基础上,借助先进的互联网技术,打造一个无边界的"虚拟集聚区",并建立与之相应的实体性客商,包括创意阶层、设计人员、生产厂商、物流公司、配送中心等,形成虚拟的创意产业集聚区和实体性客商、科研院所之间的良性互动。

(4)加快文化消费供给侧改革。优化文化产品供给结构,打造各具特色的文

化精品,满足多样化、多层次的文化消费需求。通过政府购买服务、消费补贴等途径,引导和支持文化企业开发新技术、新产品、新业态和新商业模式,培育新的文化消费增长点。引导文化企业适应数字化、网络化发展趋势,发展文化电子商务,减少流通环节和成本,为消费者提供更多质优价廉的文化产品和服务、更加便捷高效的文化消费体验。

11.4.3 搭建要素保障平台,完善文化创意产业要素支撑体系

长三角所要构建的文化创意产业要素支撑体系是:突破一批文化创意产业领域的共性关键技术,创新一批文化创意金融产品,培育一批行业领军企业和复合型人才,建成一批具有鲜明地域特色的文化小镇、文化创意产业园区、文化创意街区等产业集聚区块,搭建一批文化创意产业公共服务平台,文化创意产业发展的人才、资金、科技、知识产权、土地等要素支撑和产业创新能力不断增强。为此,未来长三角必须搭建以下几个方面的平台。

(1)文化金融服务平台。金融是现代经济的核心,资本是产业的血液。要鼓励各级政府投资设立文化创意产业发展投资基金,扩大文化创意产业发展专项资金规模,提高资金使用效率。推动设立跨区域文化创意产业投资机构,创新文化创意产业投融资服务方式,在重大文化创意产业项目投资、文化创意企业融资平台搭建、文化资本运作等方面做精做深。鼓励银行设立文化创意产业支行、文化创意产业专营机构,支持文化创意企业开展投融资业务。支持文化创意企业依法合规运用互联网支付平台、网络借贷平台、股权众筹融资平台等手段,创新融资方式。充分发挥长三角上市公司、企业集团融资渠道优势,引导投资文化创意产业。培育一批知名文化创意产业风险投资基金,推动初创文化创意企业发展。积极利用好证券交易市场,推动文化创意企业上市。探索建立地方政府和文化、金融等多部门沟通协作机制,积极创建国家级文化金融合作试验区。

(2)文化创意人才引进培养平台。深入实施数字、文学、影视、戏剧、造型艺术等青年人才培育计划,打造一支素质优良、结构合理的文化创意人才队伍。推进上海、浙江、江苏、安徽各地方政府、高等院校、科研院所、金融机构、社会中介开展政、产、学、研、用五位一体的深入合作,创新科教、产教、教研融合模式,培养一批适应文化产业发展需要的创新型、高层次的文化产业人才。鼓励文化产业职业教育和师徒传承,弘扬工匠精神,强化技能培训,培养一批文化产业实用型人才。以文化小镇、文化产业园区、文化创意街区和重点文化企业等为重要载体,引进和培养一批文化产业领军人才、经营管理人才和创新团队。

（3）完善文化产业信用评估平台。进一步提高对文化创意产业信用评估工作重要性的认识,切实加强对文化创意产业信用评估工作的组织领导。围绕文化创意产业活动加强调查研究,及时了解掌握文化创意产业新业态及发展情况。进一步完善文化创意产业统计调查制度,建立长三角文化创意及相关特色产业统计监测体系,定期开展统计调查监测,适时发布长三角文化创意产业发展情况。健全文化创意产业考核制度。强化责任传导、协同推进和激励约束机制,制定绩效考核目标和考核办法。强化考核结果的应用,定期通报考核结果。

（4）建立中小企业服务平台。创意产业大多是中小企业和民营企业,很有必要建立相应的服务平台,加强对中小企业和民营企业的扶持。未来长三角必须落实鼓励民间资本进入文化领域的政策,引导社会资本投资、兴办文化企业。加大小微文化企业扶持力度,指导小微文化企业以创意创新为驱动,走"专、精、特、新"和与大企业协作配套发展的道路。鼓励文化企业依托电子商务、第三方支付平台拓展经营领域,利用互联网创业平台、交易平台等载体拓宽发展渠道,支持文化企业集聚形成特色文化产业集群。同时,与国内外优秀文化创意企业建立外部联系,可尝试吸引跨国文化创意企业进驻文化创意产业集聚区。

11.4.4　搭建政策支持平台,完善文化创意产业制度保障体系

未来长三角所要建立的文化创意产业融合发展的制度保障体系是:文化创意产业发展的战略地位得到广泛认同,重点领域和关键环节改革取得实质性突破,文化管理体制和运行机制逐步健全,文化经济政策不断完善,形成具有江南特色的文化法规体系,文化创意产业统计制度进一步规范。为此,需要围绕以下几个方面搭建政府支撑平台。

（1）推动政府简政放权。按照政企分开、政事分开的原则,推动政府部门由"办文化"向"管文化"转变,推动有关部门与其所属文化企事业单位进一步理顺关系,赋予企事业单位更多的法人自主权。继续推进政府职能转变,加快文化领域审批制度改革。发挥文化改革发展工作领导小组协调作用,整合相关部门资源,推动形成工作合力。

（2）加大市场监管力度。加快推进文化法治建设,巩固深化文化市场综合执法改革,推动执法重心下移,加强县、乡综合执法能力建设。坚持放管并重,加强事中事后监管,完善"扫黄打非"工作机制,规范文化市场秩序。健全文化产品和服务评价体系,建立市场准入和退出机制,降低市场准入门槛,鼓励各类市场主体公平竞争、优胜劣汰。定期开展文化市场集中整治行动,进一步提高文化经营

业主的法规知识和安全意识。发挥文化行业协会自律作用,促进文化市场健康有序发展。

(3)完善投融资政策。支持组建长三角文化产业投资基金,鼓励社会资本参与,逐步扩大基金规模。大力引进社会资本,鼓励设立辐射长三角的文化产业分支机构。鼓励文化产业创业创新,积极引进和对接各类风险投资机构,加强对民营文化企业的扶持。探索政府和社会资本合作(PPP)文化公共设施建设新模式,提高文化设施的建设运营效率。合理设计财政资金的投向,提高使用效率。建议专项资金应着重投向三个方向:公共服务的平台建设、有利于推动产业链形成和产业化发展的项目以及在行业发展中具有领军和先导作用的企业。建议与国际接轨,从国家层面尽快制定技术等级分类标准,对网游、动漫产品进行分级补贴。

(4)完善配套服务政策。推动出台《长三角文化创意产业促进条例/行动计划》,整合区域文化经济政策,加大在用地、高端人才引进等方面的扶持力度。加大对重大文化创意产业项目的用地倾斜力度,优先考虑列入重大产业项目库,鼓励利用闲置工业厂房、仓储用房、老旧建筑等存量资源兴办文化创意产业项目,在特色小镇建设中合理确定文化创意产业的用地比例。加大文化创意人才子女就学、人才用房等方面的支持力度,落实文化创意企业的税收优惠、补贴等扶持政策。

第 12 章

研究的结论与展望

加强对文化创意产业的理论研究与实证分析,可以厘清文化创意产业发展过程中的许多实际问题,明确区域文化创意产业发展的思路与方向,为区域文化创意产业发展提供决策参考。本章在对前文进行归纳总结的基础上,提出未来有待深入研究的问题。

12.1 研究的结论

文化创意产业通过高科技手段和现代制造工艺,将文化、创意、经济融为一体,可以大幅度提高传统产业的文化内涵、科技含量和附加价值,以强劲的品牌知名度和国际竞争力促成产业结构优化升级和区域经济社会的可持续发展。自进入 21 世纪以来,长三角通过集聚区建设促成文化创意产业快速发展。近年来,随着各地扶持力度的加大和政策的推动,长三角文化创意产业存在着产业发展方向趋同、区域联动不够、协作机制不协调等诸多问题。面对国家对长三角率先发展的战略要求,长三角必须将文化创意产业一体化融合发展作为区域经济社会发展的重要突破口。借助文化创意产业的辐射和带动效应,既可以促进长三角产业结构优化升级,也可以推动长三角跨区域一体化融合。

本书的研究表明,长三角文化创意产业跨界融合与协同发展不仅仅是区域一体化发展的结果,同时也是助推区域经济增长一个重要过程。无论是对于经济社会的转型发展,还是产业结构优化调整,都具有极其重要和积极的意义。而政府转变职能,产业融合发展,市场统一开放,既是未来长三角文化创意产业跨界融合与协同发展的力量来源,也是区域经济一体化发展的必然趋势。可以预料,未来随着长三角文化创意产业跨界融合与协同发展的不断深入,整个长三角地区各省市的政治、经济、文化、社会等各个方面将不可避免地会受到影响。因此,这不仅需要促进长三角各省市之间加强合作沟通、培养协同创新精神和平等互利共赢的心态,还要求政府主管部门站在战略的高度用发展的思维和全局的意识,来全盘规划和制订文化创意产业发展纲要。各省市及地方政府不仅要认识到在产业发展过程中自己的资源禀赋和比较优势,是否自己具备适合发展某些产业的环境条件,是否关联地区的条件更适合发展这些产业,发展文化创意产业是否拥有先天优势还是后发优势,等等。通过比较分析自己同区域内关联区域的环境条件与比较优势,规划自身产业发展的方向。再不断整合资源与能力,充分利用自身优势发展具有本土特色的产业项目。在制订具体的产业政策时,上海、浙江、江苏和安徽各省市必须按照国务院关于长三角一体化发展的整体规划和政策精神,对区域内文化创意产业发展进行总体部署,并进一步细化和出台具有指导性意义的产业政策,并在秉承合作互利双赢的基础上,避免各地政策之间的冲突,共同培育产业创新生态系统,不断改善营商环境,建立面向长三角的统一开放的文化创意产业大市场。未来长三角在市场层面上必须促进区域文化创意产业实现核心要素资源的整合,形成公平、公开、公正、开放、统一的市场,营造充分有效的竞争机制和生态成长环境,最大限度地减少行政力量对市场的干预。长三角三省一市的政府部门必须制订统一的游戏规则,认真磋商各方分歧,防止因为短期利益和局部影响破坏整个机制。未来长三角各省市也只有共同努力,在合作共赢的基础上加速推进文化创意产业跨界融合与协同发展,才能实现长三角区域经济社会的跨越式发展。

12.2　研究的不足

本书的研究只是起一个抛砖引玉的作用,意在引起更多专家学者对长三角文化创意产业融合发展这一问题的关注。由于研究时间跨度相对较短,本书在研究过程中存在诸多的不足之处。一是调研样本的多样性方面存在不足,主要局限于典型园区,未能全面深入到长三角中小型产业园区;二是调研和访谈对象主要局限于园区管委会和政府管理人员,未能对园区基层管理者和文创企业管理人员进行深度访谈;三是本书在构建长三角文化创意产业融合发展评价指标体系时对相关指标的选取以及评价结论的真实性仍然有待实践检验;四是本书对发达国家文化创意产业融合发展经验的总结主要基于文献研究的基础上,未能一一深入这些国家及园区展开实证调研;五是本书所设计的战略方案以及所提出的政策建议价值性尚有待推广和发挥。

12.3　研究的展望

随着社会经济的持续发展,越来越多的地区大力发展创意产业,然而,由于对创意扩散认知不够,导致许多地方的创意产业没有发挥出相应的融合与带动功能,初步发展的文化创意产业也缺乏进一步的产业创造力。本书分析了创意扩散的过程,借鉴传染病扩散原理构建了创意扩散模型,分析了创意扩散过程机制,探讨了影响创意扩散的环境因素,拟为区域创意产业融合发展和产业园区开发建设提供决策参考。本书的研究主要在于从学理上探讨创意扩散的基本原理,未能从实证和案例角度来展开进一步的技术分析,如何结合典型样本或案例来展开对创意扩散问题的深入探讨,以期为长三角文化创意产业融合发展和文化创意产业园区开发建设提供具体指导,将是下一个有待深入研究的重大课题。

文化创意产业是以创造力为核心的新兴产业,具有附加价值高、融合性强、辐射力大、产业链条长、关联效应强等特点。文化创意产业的跨界融合,使原本附加值较低的传统产业向微笑曲线两端延伸,提升了产业价值空间,拓展了市场需求,形成更具创造力的强势产业,文化创意资源与传统产业两者各自的价值得到了体现和利用,产业的深度和广度得到拉伸。长三角丰富的历史文化资源为文化创意产业跨界融合奠定了丰富的物质基础,而近年来高科技的发展又为文化创意产业跨界融合奠定了技术基础,两者的有机融合巩固了文化创意产业的市场地位。推动文化创意产业跨界融合可以带动关联产业协同发展,由此打破产业分立的传统局限,催生出新的产业形态和新的经济增长点,拉长传统产业价值链,提高传统产品的附加价值,对于区域经济增长与产业结构转型升级具有极其重要的作用与意义。而未来如何结合长三角典型的样本和案例,来探讨长三角文化创意产业跨界融合与协同发展的模式及影响因素,将是下一个有待深入的重大课题。

长三角文化创意产业是在国家产业政策引导和长三角各级政府指导下所取得的结果,各种体制机制是促进长三角文化创意产业迅猛发展的重要影响因素。而未来如何对文化创意产业发展进行体制机制创新,如何从跨区域、跨产业、跨园区三个方面,通过优化空间布局和产业结构,来寻求更大范围内的融合,实现长三角文化创意产业的跨越式发展,引领长三角区域经济向高端发展,进而实现区域一体化融合发展,将是下一个有待深入研究的重大问题。

　　文化创意产业与特定区域文化资源、科技创新水平、发展现状、人才培养状况等有着紧密关联,因此,文化创意产业及其所在区位因素与文化创意产业发展有着重要影响。未来如何结合新经济地理学知识和区位理论,运用经济学中SCP模型,从实证角度分析长三角文化创意产业行为、产业结构与产业绩效三者之间的关系,用以指导长三角文化创意产业跨越发展,将是下一个有待深入研究的重大课题。

参考文献

[1] Adam Brandenburger, Barry Nalebuff. Co-opetition [M]. New york: Currency Doubleday,1996:17.

[2] John Howkins. The Creative Economy: How People Make Money from Ideas[M].London:Allen Lane,2001:150.

[3] 孙莹,汪明峰.纽约时尚产业的空间组织演化及其动力机制[J].世界地理研究,2014(1):130-139.

[4] 田蕾.世界文化创意产业结构优化的发展趋势及启示[J].经济问题探索,2013(11):55-60.

[5] 倪宁,王芳菲.试论文化创意产业的概念及运营模式——基于世界成功文化创意产业园区运营经验的考察[J].南京理工大学学报(社会科学版),2013,26(4):8-14.

[6] Romer P. Increasing Returns and Long-run Growth[J]. Journal of Political Economy,1986(94):1002-1037.

[7] Hansen. The Creative Class and Regional Growth: Toward knowledge Based Approach[J]. Urban Affairs Review,2005(1):134-142.

[8] 理查德·E.凯夫斯.创意产业经济学:艺术的商业之道[M].孙绯,等译.北京:新华出版社,2004:45-67.

[9] James Kaufman,Robert Sternherg.The international handbook of creativity [M].New York:Cambridge University Press,2016.

[10] 孔令刚,蒋晓岚.基于产业融合视角的文化创意产业发展战略[J].华东经济管理,2007(06):49-52.

[11] 中华人民共和国国家统计局.中国统计年鉴(2014)[M].北京:中国统计出版社,2014.

[12] 中华人民共和国国家统计局.中国统计年鉴(2015)[M].北京:中国统计出版社,2015.

[13] 中华人民共和国国家统计局.中国统计年鉴(2016)[M].北京:中国统计出

版社,2016.

[14] 顾颖琪.2016 年上海文化产业发展报告[N].文化上海滩,2017-2-16.

[15] 十八大以来文创设计发展综述:多轮驱动,跨界融合迎来行业风口[OL].
2017-10-17,中国经济网.http://www.chycci.gov.cn/news.aspx? id＝
30494

[16] 厉无畏,蒋莉莉.发展文化创意产业,增强文化创造活力[N].文汇报,2013-
5-20(9).

[17] 编者.创新设计创造美好未来——专家解读国务院将如何扶持文化创造和
设计服务产业[N].光明日报,2014-3-3(9).

[18] 郑峰.基于 SCP 范式的上海创意产业发展现状研究[J].经营管理者,2014
(33):158－160.

[19] 马晓红.国外创意产业发展及对我国启示[J].知识经济,2011(22):103－
104.

[20] JFFELDNHUSEN, CREATIVITY. A knowledge base, metacognitive
skills and personality factors[J].Journal of Creative Behavior,1995,29
(4):255－268.

[21] RJ Sternberg.Domain-Generality Versus Domain-Specificity of Creativity
[J].Knowledge & Space,2009(2):25－38.

[22] TM Amabile. The Social Psychology of Creativity[J].SpringerBerlin,
2012,13(3):253－271.

[23] J Zhou,Y Su.A Missing Piece of the Puzzle:The Organizational Context
in Cultural Patterns of Creativity[J]. Management & Organization
Review,2010,6(3):391－413.

[24] TM Amabile.A Model Of Creativity And Innovation In Organizations[J].
Research in Organizational Behavior,1988,10(10):123－167.

[25] 董云飞.借鉴国外经验发展我国创意产业[J].学术交流,2007(7):103－106.

[26] 马春.国外创意产业发展现状及对我国的启示[J].科技管理研究,2015,30
(2):33－34.

[27] 黄雄.澳大利亚文化产业发展的启示与借鉴[J].亚太经济,2006(5):69－71.

[28] 王国颖.国外文化创意产业发展的启示[J].沈阳大学学报:社会科学版,
2013,15(1):37－40.

[29] 林玉,刘恒.国外文化创意产业集群战略研究[J].北方文学旬刊,2014(5):

227 - 227.

[30] "世界主要经济体文化产业发展现状研究"课题组.世界主要经济体文化产业发展状况及特点[J].调研世界,2014(10):3 - 6.

[31] 蔡荣生,王勇.国内外发展文化创意产业的政策研究[J].中国软科学,2009(8):77 - 84.

[32] E Mcfadzean. Encouraging creative thinking [J]. Leadership & Organization Development Journal,1999,20(7):374 - 383.

[33] J Zhou, JM George. Awakening employee creativity: The role of leader emotional intelligence[J]. Leadership Quarterly, 2003, 14(4 - 5):545 - 568.

[34] J Zhou, JM George. Motivating Creativity in Organizations: On Doing What You Love and Loving What You Do[J]. Leadership Quarterly, 2003, 14(4 - 5):545 - 568.

[35] 陈兵.论长三角文化创意产业的一体化发展[J].经济论坛,2009(05):45 - 48.

[36] 冯根尧.长三角文化创意产业一体化发展:浙江的选择与实现[J].浙江树人大学学报,2009,9(3):63 - 67.

[37] 卢志刚.集聚区视角的长三角文化创意产业一体化研究[J].中国发展,2014(5):79 - 82.

[38] 杨国华.论长三角地区文化创意产业集群竞争力的提升[J].中国浦东干部学院学报,2013(1):85 - 88.

[39] 周国强.长三角城市群文化创意产业发展格局及效应研究[D].宁波:宁波大学,2017:12 - 18.

[40] 史征.长三角城市群文化创意产业集聚合作发展的有效路径研究:以沪、宁、杭三地文化创意产业园区为视角[J].兰州学刊,2011(2):76 - 80.

[41] 山东省发展和改革委员会.关于长三角区域合作及上海市、江苏省经济合作工作调研报告[R].山东省发展和改革委员会网站,2014-05-14.

[42] John Kreidler. Creative Community Index[M].NewYork:basie, 2002.

[43] Pratt A C. The cultural industries production system: A case study of employment change in Britain, 1984—91[J]. Environment & Planning A, 2008, 29(11):1953 - 1974.

[44] Allen J Scott. Cultural-Products Industries and Urban Economic

Development：Prospests for Growth and Market Contestation in Global Context[J]. Urban Affairs Review，2004(3)：461-490.

[45] Allen J. Scott. The Cultural Economy of Cities：Essay on the Geography of Image Producing Industries[M].London：SAGEPublications，2000.

[46] Pratt A C. Creative Clusters：Towards the governance of the creative industries production system? [J]. Media International Australia incorporating Culture and Policy，2004，112(112)：50-66.

[47] Wallas G. The art of thought[M]. New York：Harcourt Brace，1926.

[48] Gullford J P.Creativity[J].American Psychologist,1950(5):444-454.

[49] 李沂霖.韩国文化产业发展探究[D].长春：吉林大学,2011.

[50] Mumford，D Michael，Gustafson，B Sigrid. Creativity syndrome：Integration，application，and innovation[J].Psychological Bulletin,1988，103(1):27-43.

[51] Cummings O A. Employee Creativity：Personal and Contextual Factors at Work[J]. The Academy of Management Journal，1996，39(3)：607-634.

[52] Csikszentmihalyi M. Society，culture，and person : A systems view of creativity[J]. Nature of Creativity，2014：47-61.

[53] Stermberg R J. Cognitive Psychology[M].Orlando：Harcourt Brace.1996.

[54] 马仁锋.中国长江三角洲城市群创意产业发展趋势及效应分析[J].长江流域资源与环境,2014，23(1)：1-9.

[55] 李婷.上海文创产业混搭与金融、科教等跨界融合成新兴业态[N].文汇报,2016-05-04.

[56] 佚名.上海2015年1号文突出文化创意产业"融合发展".中国经济网[EB/OL]. http://www. ce. cn/culture/gd/201502/10/t20150210_4557503. shtml.2015-02-10.

[57] 励漪.2014年上海文化创意产业增加值占GDP比重达12%[EB/OL].人民网.http://sh.people.com.cn/n/2015/0205/c347221-23807969.html.2015-02-05.

[58] 王斌.2014年上海文化产业发展报告[EB/OL].东方文创网.http://shcci. eastday.com/c/20150128/u1ai8558349.html.2015-01-28.

[59] 上海创意产业中心.上海培育发展创意产业的探索与实践[M].上海：上海科学技术文献出版社,2006：34-37.

[60] 邵培仁,廖卫民.文化传播力:解读长三角文化产业发展现状全景图——对2006年以来中央媒体的一种实证研究[J].杭州师范大学学报(社会科学版),2008,30(2):20-27.

[61] Torrance EP.Torrance Tests of Creaative Thingking[J].Lexington,MA:Personal Press,1974.

[62] Amabile.Motivating Creativity in Organizations[J].California Management Review.1987:80-92.

[63] Miege B.The logics at work in the new cultural industries[J].Media Culture &.Society,1987,9(2):273-289.

[64] Miege B.The capitalization of cultural production[M].New York:International General,1989.

[65] 李宁.长三角文化产业发展现状与趋势:2010年率先转型中的长三角[M].北京:社会科学文献出版社,2010:119-127.

[66] 向勇.文化产业融合战略—源多用与全产业价值链[J].新美术,2014,35(04):20-26.

[67] 洪振挺.文化创意产业与相关产业融合发展的机理研究[J].中国市场,2016(26):98-106.

[68] 蒋婷婷,谢富纪,张言,黄蒨群.基于软创新理论的文化创意产业创新系统研究[J].中国科技论坛,2014(09):34-39.

[69] 王信东.发展文化创意产业中生产性服务业,促进产业结构优化[J].工业技术经济,2012,31(11):3-9.

[70] 周锦.产业融合视角下文化产业与制造业的融合发展[J].现代经济探讨,2014(11):35-38+48.

[71] 刘文辉,姚远.江西省旅游业与文化创意产业融合发展研究[J].科技广场,2013(09):225-229.

[72] 雷晚蓉,喻彩霞.文化创意产业和旅游业协同发展的运作机制研究[J].湖北经济学院学报(人文社会科学版),2015,12(11):45-46.

[73] 周刚,王翔.文化创意产业与现代服务业融合途径研究[J].现代物业(中旬刊),2013,12(04):150-151.

[74] 上海市统计局.上海统计年鉴(2014)[M].北京:中国统计出版社,2014.

[75] 上海市统计局.上海统计年鉴(2015)[M].北京:中国统计出版社,2015.

[76] 上海市统计局.上海统计年鉴(2016)[M].北京:中国统计出版社,2016.

［77］上海市统计局.上海统计年鉴(2017)［M］.北京:中国统计出版社,2017.

［78］孙洁.上海文化创意产业园区发展研究［OL］.道客巴巴网,2016-09-12.

［79］上海市创意产业协会.上海市文化创意产业发展三年行动计划 2016—2018
　　　年［OL］.新浪上海,2016-05-05.

［80］江苏省统计局.江苏统计年鉴(2014)［M］.北京:中国统计出版社,2014.

［81］江苏省统计局.江苏统计年鉴(2015)［M］.北京:中国统计出版社,2015.

［82］江苏省统计局.江苏统计年鉴(2016)［M］.北京:中国统计出版社,2016.

［83］江苏省统计局.江苏统计年鉴(2017)［M］.北京:中国统计出版社,2017.

［84］吴楠.专家学者聚焦:江苏文化产业发展现状与趋势［OL］.中国社会科学
　　　网,2015-01-11.

［85］江苏省文化厅.江苏省"十三五"文化发展规划［OL］.江苏省文化厅网,
　　　2016-08-08.

［86］浙江省统计局.浙江统计年鉴(2014)［M］.北京:中国统计出版社,2014.

［87］浙江省统计局.浙江统计年鉴(2015)［M］.北京:中国统计出版社,2015.

［88］浙江省统计局.浙江统计年鉴(2016)［M］.北京:中国统计出版社,2016.

［89］浙江省统计局.浙江统计年鉴(2017)［M］.北京:中国统计出版社,2017.

［90］浙江省杭州市文创办课题组."十二五"时期杭州市文化创意产业的发展趋
　　　势、瓶颈问题及对策研究［OL］.我们杭州,2013-03-19.

［91］安徽省统计局.安徽统计年鉴(2014)［M］.北京:中国统计出版社,2014.

［92］安徽省统计局.安徽统计年鉴(2015)［M］.北京:中国统计出版社,2015.

［93］安徽省统计局.安徽统计年鉴(2016)［M］.北京:中国统计出版社,2016.

［94］安徽省统计局.安徽统计年鉴(2017)［M］.北京:中国统计出版社,2017.

［95］李晓红.评:我国文化创意产业发展空间巨大［N］.中国经济时报,2015-4-23
　　　(6).

［96］张莹莹.国外文化创意产业发展的政策支持经验及启示［J］.辽宁行政学院
　　　学报,2013,15(2):25－26.

［97］刘彩凤,郑燕玲,林宏明.广东文化创意产业园发展研究［OL］.参考网,
　　　2017-07-31.http://www.fx361.com/page/2017/0731/2117500.shtml.

［98］联合国教科文组织.创意经济报告［M］.北京:社会科学文献出版社,2014:
　　　54－58.

［99］康保苓.长三角构建国际文化创意城市群的策略研究［J］.经济论坛,2011
　　　(4):120－123.

[100] 奚建华.环长三角文化创意产业战略竞合下的浙江抉择——兼论浙江文化创意产业发展的原则[J].浙江社会科学，2009(3):34-37.

[101] 夏芬芬.长三角地区文化创意产业关联效应实证分析[D].上海:华东理工大学，2012:32-39.

[102] 郑洪涛.基于区域视角的文化创意产业发展研究[D].郑州:河南大学，2008:78-79.

[103] 王馨民.基于区域视角的文化创意产业发展研究[J].邢台职业技术学院学报，2014，31(2):92-94.

[104] 宣烨,宣思源.国外文化创意产业发展的典型模式及启示[J].市场周刊(理论研究)，2013(1):3-5.

[105] 李建林.国外文化创意产业金融支持的经验模式与启示[J].未来与发展，2012(12):33-39.

[106] 赵春雪.浅析国外文化创意产业发展现状及经验启示[J].商品与质量，2011(s8):127-127.

[107] 陈琳.国外文化创意产业发展策略分析及启示[J].广西社会科学，2018(06):195-198.

[108] 康胜,金波.国内外文化创意产业发展的趋势特征及其启示[C].海峡两岸文化创意产业高校研究联盟白马湖论坛，2014:34-36.

[109] 贺艳.京津冀文化创意产业协同发展的问题及对策研究[J].理论与现代化，2016(3):26-30.

[110] 刘光宇,张京成.打造首都经济圈协同发展京津冀文化创意产业[C].2011京津冀区域协作论坛论文集，2011:43-46.

[111] 王琳.京津冀文化创意产业协同发展的思考[C].天津市社会科学界学术年会，2014:76-79.

[112] 李红强,李元海,秋君.基于产业链的京津冀文化创意产业协同发展研究[J].商业经济研究，2017(2):189-190.

[113] 孙洪哲,李静,马成举.当前京津冀文化创意产业融资问题及对策研究[C].2011京津冀区域协作论坛，2011.

[114] 郑德理,肖超.以资本市场为抓手加快发展珠三角文化创意产业[J].中小企业投融资，2011(3):68-70.

[115] 詹双晖.珠江三角洲文化创意产业的现状、问题与发展战略[J].中国文化产业评论，2011(1):94-113.

[116] 樊继达.文化创意产业发展与区域经济转型——来自珠三角的观察[J].
经济研究参考,2012(40):59 – 65.

[117] 张翔.区域文化创意产业发展的空间策略——以大珠三角地区为例[J].
特区经济,2012(9):30 – 32.

[118] 杨永超.产业融合对文化创意产业发展模式的影响[J].中共山西省直机关
党校学报,2012(5):55 – 57.

[119] 方菲,吴昊明,吕成果,沈杰.上海文化创意产业发展的阶段及其政策特征
[J].中州大学学报,2010,27(06):60 – 63.

[120] 曹如中,郭华,付永萍.促进我国创意产业集群发展的战略思考[J].科技管
理研究,2013,33(09):62 – 66.

[121] 张冰冰.国内外文化创意产业发展对江苏的启示[J].美与时代(上),2017
(09):23 – 24.

[122] 顾颖琪.江苏省文化厅"十三五"文化发展规划[R].中国经济网,2017-7-6.

[123] 浙江省人民政府 http://www.zj.gov.cn /art /2016 /10 /14 /art_ 12461_
285827.html.

[124] 方慧艳.安徽省文化创意产业竞争力研究[D].上海:华东师范大学,2015:
23 – 27.

[125] 袁梦.安徽省文化创意产业发展的困境与出路——基于高校专业建设的
视角[J].华东经济管理,2017,31(06):180 – 184.

[126] 徐斌秀.基于区域熵指标的文化创意产业集聚水平测度实证研究——以
安徽为例[J].长春大学学报,2016(9):27 – 30.

[127] 翁之媛.苏州旧城空间文化创意产业园发展策略研究[D].苏州:苏州科技
大学,2017:87 – 89.

[128] 郑耀宗.上海文化创意产业园区发展现状研究[J].上海经济,2015(Z1):
21 –26.

[129] 冯根尧.浙江文化创意产业园区建设现状与对策[J].绍兴文理学院学报
(哲学社会科学),2012,32(01):42 – 44+59.

[130] 吴衍发.转型期安徽文化创意产业园发展现状与特点[J].阜阳师范学院学
报(社会科学版),2015(06):27 – 32.

[131] 马宁.跨界发展:江苏文化创意产业的未来[J].唯实,2014(06):25 – 28.

[132] 李凤亮,宗祖盼.科技背景下文化产业业态裂变与跨界融合[J].学术研究,
2015(1):137 – 141.

［133］陈颖.文化创意产业化融合的路径、障碍与对策［J］.深圳大学学报（人文社会科学版），2018,35（02）:48－52.

［134］孙洁.文化产业与其他产业融合发展的机理、思路与模式——以上海为例［J］.上海经济,2015（08）:12－17.

［135］黄晓懿,杨永忠,钟林.循环经济理论视野下的中国制造业与文化创意产业融合模式研究［J］.科技进步与对策,2016,33（06）:71－75.

［136］韩远彬.欠发达地区生态观光农业与当地文化创意产业融合研究——以浙江丽水市为例［J］.湖北农业科学,2012,51（02）:419－421＋425.

［137］朱蓉.基于产业融合的文化产业升级路径研究——以浙江省为例［J］.改革与战略,2014,30（01）:110－114.

［138］高明珍.江苏文化产业融合与跨界发展培植新经济增长点对策［J］.大众文艺,2018（16）:245.

［139］联合国教科文组织联合国开发计划署.创意经济报告 2013 专刊［M］.北京:社会科学文献出版社,2013:3.

［140］王学人,杨永忠.我国文化创意产业融合发展的策略研究［J］.经济体制改革,2014（04）:105－109.

［141］汪海波.产业融合视角下的安徽文化创意产业发展新战略［J］.福建论坛（人文社会科学版）,2017（08）:93－98.

［142］Beyers W B. Culture, services and regional development.［J］. Service Industries Journal，2002，22（1）:4－34.

［143］周末,李东.文化产业与南京区域经济发展［J］.南京社会科学,2007（5）:28－32.

［144］王林,顾江.文化产业发展与区域经济增长——来自长三角地区 14 个城市的经验证据［J］.中南财经政法大学学报,2009（02）:84－88＋144.

［145］林拓.世界文化产业发展前沿报告（2003-2004）［M］.北京:社会科学文献出版社,2004:98－101.

［146］康小明,向勇.产业集群与文化产业竞争力的提升［J］.北京大学学报（哲学社会科学版）,2005（02）:17－21.

［147］花建.区域文化产业发展［M］.长沙:湖南文艺出版社,2008:282.

［148］上海创意产业集聚区风采［EB/OL］. htp://www. scic. gov. cn/creative industry cluster/index. htm,2010.

［149］中共杭州市委、杭州市人民政府关于打造全国文化创意产业中心的若干

意见[EB/OL].htp://www.hangzhou.gov.cn /main /wjgg /hzb /200805 /lhfw /T246249.shtml,2010.

[150] 世界之窗创意产业园荣获 2007 中国创意产业最佳园区奖[EB/OL]. htp:// www. nanjing. gov. cn /zxkd/200711 /t20071113226800. htm,2010.

[151] 何娣,朱喆.江苏文化产业集群发展对策研究[J].江苏社会科学,2009 (05):234－236.

[152] 刘蔚.文化产业集群的形成机理研究[D].广州:暨南大学,2007:71－76.

[153] R.FLORIDA.The Rise of the Creative Clas[M].NewYork:Basic,2002: 78－81.

[154] 尼尔・波兹曼.娱乐至死[M].章艳,译.桂林:广西师范大学出版社, 2004:4.

[155] 米切尔・J・沃尔夫.娱乐经济[M].北京:光明日报出版社,2001:41.

[156] 国家"十一五"时期文化发展规划纲要[N].人民日报,2006- 09- 15(10).

[157] 孙海鸣,赵晓雷.中国区域经济发展报告——长江三角洲区域规划及统筹 发展[M].上海:上海财经大学出版社,2005:135－140.

[158] 上海文化创意产业园区现状和问题分析[J].上海房地,2017(07):31－35.

[159] 刘彧.关于上海文化创意产业园区的调查报告[J].艺术科技,2017,30 (09):128－129.

[160] 周蜀秦,徐琴.全球化的创意产业与城市空间再造[J].世界经济与政治论 坛,2007(02):40-45.

[161] 金兴盛.浙江发展文化创意产业的战略选择[J].今日浙江,2008(04):56 －57.

[162] 王志成,陈继祥,姜晖.基于特征分析的城市创意经济发展支点研究[J].财 经研究,2008(06):4－15.

[163] 曹如中,史健勇,郭华.创意产业创新生态系统演化机理研究:动因、模型 与功能划分[J].经济地理,2015(2):107－113.

[164] 孙光磊.电视媒体创意扩散机理及模型研究[D].哈尔滨:哈尔滨工业大 学,2013:5－20.

[165] 埃弗雷特・M.罗杰斯.创新的扩散[M].辛欣,译.北京:中央编译出版社, 2002:18－22.

[166] 古继宝,张玮.创新扩散、路径依赖与文化模式[J].科技进步与对策,2005

(3):55-57.

[167] 王庆金,侯英津.文化创意产业集聚演化路径及发展策略[J].财经问题研究,2015(02):33-37.

[168] 曹如中,史健勇.文化创意产业创造力培育机制研究[M].上海:上海交通大学出版社,2017.

[169] 陈劲.创意产业中企业创意扩散的影响因素分析[J].技术经济,2008(3):37-46.

[170] 彭艳.文化创意产业中的创意扩散模式研究[D].武汉:武汉理工大学,2010:23-24.

[171] 陈艺超.创意产业中企业创意扩散的影响因素分析[D].杭州:浙江大学,2007:9-41.

[172] 张庆普,李沃源.创意产业集群创意扩散过程及扩散模式研究[J].研究与发展管理,2014(1):22-33.

[173] 王颖晖,张雪钰.历史资源型文化产业的创意扩散驱动机理研究[J].人文杂志,2013(12):119-125.

[174] 高长元,王京.网络视角下软件产业虚拟集群创新扩散模型研究[J].管理科学,2014,27(04):123-132.

[175] 王砚羽,谢伟.基于传染病模型的商业模式扩散机制研究[J].科研管理,2015(07):10-18.

[176] 刘迎东.带扩散的具有垂直传染和预防接种的传染病模型[J].北京交通大学学报,2012(03):122-125.

[177] 郭金生,齐文凤,唐玉玲.一类具有预防接种和垂直传染的 SIR 传染病模型的定性分析[J].贵州大学学报(自然科学版),2014(2):11-14.

[178] 王俊峰,薛亚奎.一类具有垂直传染和预防接种的传染病模型的稳定性[J].生物数学学报,2011(3):169-174.

[179] 孙光磊,鞠晓峰.创意扩散理论基本概念解析与概念模型[J].哈尔滨理工大学学报,2011(06):129-132.

[180] 武超.创意产业集群的创意扩散研究[D].北京:北京交通大学,2007:10-43.

[181] 程茂吉.技术创新和扩散过程的一般理论分析[J].经济地理,1995(2):31-38.

[182] 鞠晓峰,孙光磊.创意扩散的自由碰撞统计模型[J].中国软科学,2011(9):

187 - 192.

[183] 李沃源.复杂环境下创意产业集群创意扩散研究[D].哈尔滨:哈尔滨工业大学,2014:7 - 30.

[184] 李沃源,张庆普.复合价值视角下创意产业集群中创意扩散主体决策研究[J].研究与发展管理,2015(03):57 - 72.

[185] 李沃源,张庆普.基于可拓方法的创意产业集群创意扩散环境评价研究[J].科学管理研究,2014(21):152 - 158.

[186] 张玲玲.文化产业创意机制研究[D].济南:山东师范大学,2009:98 - 102.

[187] 李南,黄杰.UGC模式下创意扩散效率影响研究[J].中国科技论坛,2018(02):71 - 78.

[188] [美] 理查德·弗罗里达.创意经济[M].方海萍,魏清江,译.北京:中国人民大学出版社,2006:23 - 34.

[189] Rosenberg N.Technological change in the machine tool industry:1840—1910[J].The Journal of Economic History,1963,23(2):414 - 416.

[190] Malhotra A. Firm strategy in converging industries: an investigation of US commercial bank responses to US commercial-investment banking convergence[D].Doctorial thesis of Maryland University,2001.

[191] Michael E. Porter,Competitive Strategy[M].Beijing:Huaxia Publishing House,1980:12 - 19.

[192] [美] 乔尔·科特金.全球城市史[M].王旭,等,译.北京:社会科学文献出版社,2006:23 - 27.

[193] 王发明,宋雅静.缄默知识在创意产业集群网络中的共享与转移研究[J].软科学,2013(5):4 - 9.

[194] 王艳,侯合银.基于社会网络视角的创意产业园区运行机制研究[J].科技管理研究,2010(16):176 - 179.

[195] 王重远.基于生态理论的都市创意产业集群研究[J].贵州社会科学,2009(9):26 - 30.

[196] 尹宏.文化创意产业集聚的空间演化研究[J].四川师范大学学报(社会科学版),2013(2):39 - 45.

[197] 付永萍,王立新,曹如中.创意产业集聚区演化路径及发展模式研究[J].科技进步与对策,2012(19):59 - 62.

[198] 蒋慧,王慧.城市创意产业园的规划建设及运作机制探讨[J].城市发展研

究,2008(2):6-12.

[199] 董秋霞,高长春.基于模块化理论的创意产业集群知识创新系统运行机制及协同发展评价研究[J].科技进步与对策,2012(16):110-113.

[200] 李萱.产业融合:文化产业创新的强大动力[J].郑州大学学报(哲学社会科学版),2008(04):10-11.

[201] 杨旦修.创意产业的进路:文化与科技融合发展的战略取向[J].西南民族大学学报:人文社会科学版,2015,36(7):171-175.

[202] 宋暖.融合历史文化资源与创意产业探讨[J].东岳论丛,2015,36(4):5-12.

[203] 易华.论经济新常态下文化科技融合推动文化创意产业发展[J].学术论坛,2017,40(01):145-149.

[204] 朱蓉,邢军.推进文化创意与相关产业深度融合发展研究[J].江淮论坛,2018(1):50-53.

[205] 胡慧源.文化创意产业与相关产业融合路径研究[J].中国出版,2016(7):33-36.

[206] 李丹,刘春红,曹如中.基于解释结构模型的时尚产业区位选择决定因素[J].经济地理,2018(4):132-138.

[207] 黄赛,张艳辉.创意产业与制造业的融合发展——基于泛长三角区域投入产出表的比较研究[J].软科学,2015,29(12):40-44.

[208] 林秀琴.产业融合与空间融合:文化产业融合发展的思维创新[J].福建论坛(人文社会科学版),2016(6):165-173.

[209] 张艳辉.创意产业的融合功能研究:共生演化视角[J].社会科学,2015(5):51-58.

[210] 曹如中.区域创意产业创新生态系统演化机理研究[M].上海:上海远东出版社,2014.

[211] 朱欣悦,李士梅,张倩.文化产业价值链的构成及拓展[J].经济纵横,2013(07):74-77.

[212] 梁学成.产城融合视域下文化产业园区与城市建设互动发展影响因素研究[J].中国软科学,2017(1):93-102.

[213] 郭健,甘月童.文化创意产业与制造业融合的内在机理与策略选择[J].现代传播(中国传媒大学学报),2018,40(05):160-162.

[214] 鲁皓,张玉蓉.旅游与文化创意产业融合发展动因实证分析[J].商业经济

研究,2015(13):124-126.

[215] 蒋园园,杨秀云.我国文化创意产业政策与产业生命周期演化的匹配性研究——基于内容分析的方法[J].当代经济科学,2018,40(01):94-105+127.

[216] 王敏.我国创意产业发展特征及区域比较[J].理论学刊,2013(07):64-67.

[217] 史征.长三角城市群文化创意产业集聚发展的有效路径研究以沪、宁、杭三地文化创意产业园区为视角[J].兰州学刊,2011(2):76-81.

[218] 冯根尧.长三角创意产业集聚区经济空间的治理问题[J].当代经济,2009(07):93-95.

[219] 汤尚颖,孔雪.区域空间形态创新理论的发展与前沿[J].数量经济技术经济研究,2011,28(02):148-161.

[220] 吴怡雯.上海创意产业集聚区比较研究[D].上海:华东师范大学,2011.

[221] 浙江省政府办公厅.浙江省人民政府办公厅关于印发浙江省文化产业发展"十三五"规划的通知[OL].浙江省人民政府网,2016-10-10.

[222] DCMS. Creative industries mapping document 1998 [R]. London: Department of Culture, Media and Sports of the United Kingdom, 1998.

[223] 杜冰.韩国文化产业发展现状[J].国际研究参考,2015(10):25-28.

[224] 李海霞.日本书化产业战略思想及其启示[J].现代日本经济,2010,174(6):24-30.

[225] 王琳.我国旅游业与文化创意产业的融合发展研究[J].生产力研究,2014(09):73-75+154.

[226] 谢传仓.美国文化产业的价值取向[J].现代哲学,2014(5):26-31.

[227] 李静.文化创意产业与乡村旅游产业的融合发展研究[J].管理世界,2017(6):182-183.

[228] 陆秋洋,陈玉慧.厦门市信息产业与制造业融合发展水平评价的实证研究[J].厦门科技,2018(05):8-15.

[229] 袁俊,高智.珠三角地区文化产业与旅游业融合发展水平测度[J].资源开发与市场,2018,34(01):108-112.

[230] 王爽,邢国繁,高一兰.海口市旅游产业与文化产业融合发展水平的测度与评价[J].对外经贸,2018(02):101-104.

[231] 段婷婷.中原城市群9市旅游产业与信息产业融合度评价[J].平顶山学院学报,2018,33(02):104-109.

［232］王冠孝,梁留科,李锋,蒋思远,段小薇.区域旅游业与信息化的耦合协调关系实证研究[J].自然资源学报,2016,31(08):1339-1350.

［233］王兆峰,范继刚.西部地区旅游产业与信息产业融合发展研究[J].中央民族大学学报(哲学社会科学版),2013,40(05):78-85.

［234］刘迎迎,郝世绵.特色小镇产、城、人、文融合发展评价体系研究[J].重庆科技学院学报(社会科学版),2018(05):58-61+78.

［235］刘新超.西部地区流通产业发展与居民消费水平的融合度评价[J].商业经济研究,2016(06):208-210.

索　引